〈分断〉と憲法

法・政治・社会から考える

新井　誠
友次晋介
横大道聡　編

弘文堂

はしがき

I　問題意識

憲法学を含む社会科学では、かねてより、身分制が解消され、生活が豊かになったりすれば、人々の間の社会的、経済的格差が徐々に縮まり、わだかまりも減り、寛容な社会の実現に近づくのではないかといった希望的観測が、少なからぬ場面で示されてきたように思われる。確かに私たちは、かつての状況から少しずつ脱し、人々は物質的にも精神的にも豊かになっているのかもしれない。

しかし、グローバル化や情報化が進展する現代、世界を股にかけて自由に移動し、富が集積する世界の大都市で暮らしながら多様な情報を駆使して生活する人々が出現している一方で、グローバル経済の「負の遺産」を背負い、ますます便利に拡大する都市との間での不均衡に嘆きながら生きる人々もいる。自身が生まれた土地からの離脱を事実上許されず、十分かつ適切な情報を手にしないまま生きることを強いられる人々の中には、にわかには言語化しづらい感情を抱きながら、世の中に対するプロテストを様々な形で主張するものもあり、そうした社会現象が、近年よく見受けられる。こうした中で、人々の間で新たな「分断」が生まれてきているのではないか。

もっともこれは、分断をめぐるひとつの側面にすぎない。現代社会では、これまで可視化されづらかった政治的、経済的、文化的な分極化現象が多面的に生じており、それらを単線的かつ断片的に捉えることは難しくなっている。その中で、いずれにせよそれらを要因に分断化された人々がお互いに敵対的姿勢を露わにする社会が到来し、一定の近代的なコンセンサスを前提とした人々の間の緩やかな統合の契機が失われれば、取り返しのつかない危機的状況が生み出される可能性があることも否定できないであろう。

このような状況を前に、私たちはこの問題をどのように捉え、新たな解決策を模索することができるのか。こうした問題は、近代的な価値の体現を目指すことが暗黙の前提とされる中で、人々の間に新たに露見した現代の「感情」に戸惑う憲法学に対しても、重大な課題を突き付けている。もっとも、それらの問題の発見と解決のためには、従前の憲法学の枠にとどまるのではなく、多面的な学問分野の力を結集して対処していくことが求められよう。

『〈分断〉と憲法』というタイトルの下、本書には、憲法の観点から分断の諸相を検討する論稿が多く含まれる。しかしここには、それらに加えて、関連する多様な分野の研究者による各自の専門知を踏まえた視点からの論稿が収められており、分断化時代の法・政治・社会をめぐる分野横断的な総合検証が目指されている。各論稿は、①どのような問題が生じているのかを示しながら、ときに、②その修復のための処方箋を示すべく、将来的展望を述べている。

2 構成

本書では、従前の憲法学や周辺の学問領域において見られる分断の諸相を、四つのテーマ（第Ⅰ部～第Ⅳ部）の中に収めて検討していくこととしたい。以下、各論稿の内容を簡潔に紹介する。

◉第Ⅰ部「〈分断〉と民主主義」

西山隆行「アイデンティティ政治がもたらす分断――〈契約国家アメリカ〉のゆくえ」は、アメリカにおける政治的分極化の現象について捉えながら、アメリカで活発化しているアイデンティティ政治に焦点を当て、それがアメリカ社会に分断をもたらしているとともに、アメリカという国家のあり方自体にも変容を迫りつつあることを明らかにする。

新井誠「分断化する『中央』と『地方』——憲法の視点から改めて考えてみたいこと」は、グローバル化の進展の中で、世界的に起きている大都市部への人口や機能の集中化現象が、国家統治や民主主義のあり方に関わる無視しえない問題を引き起こしているとして、現在の憲法学における議論の過少状態を確認しながら、今後に向けての新たな課題を提示している。

湯淺墾道「サイバー空間における分断——インターネットによる民主主義の新たな可能性と民意の分断」は、情報通信技術の発展やインターネットの普及が、政治の領域では国家間の対立や国民の分断を招いていることを指摘する。また近年のSNSの普及により、民意の分断や操縦が可能となったため、民意を誘導して選挙に干渉しようとする事例も見られるようになった点にも注目する。同論稿はまた、技術的に可能となった直接民主主義的な制度の導入の可能性などにも触れつつ、上記の諸問題に関する諸外国の例などを紹介し、日本における対策についても考察を加える。

◉第Ⅱ部「〈分断〉と人権の諸相」

横大道聡「新型コロナ対策における分断——日本型対策の諸問題」は、新型コロナウイルスの感染予防対策のために採られた国の諸施策などによって生じた憲法上の人権をめぐる諸問題について概観する。新型コロナウイルス対策は多岐にわたり、関連する人権論も多様である。そこから生じるいくつかの分断の契機について検討する。

森口千弘「社会の分断がもたらす人権の『武器化』——マイノリティの権利の観点から」は、人権の「武器化」の問題に直面するリベラル派が、マイノリティの諸権利を中心に、それらが他の権利や価値観との間で衝突する事態が生じるに際して、場合によっては修正一条の諸権利への制約を選択する必要に迫られている状況に目を向ける。そこで、保守派により「武器」として用いられている人権のひとつである「宗教的自由」に焦点を当て問題の一端を明らかにする。

山本健人「〈多文化主義による分断〉と多様性の管理――カナダにおける合理的配慮を中心に」は、多文化主義による分断・多文化主義の失敗という言説の実態を分析し、これらの言説がレトリックである場合が多いこと、これらの言説をレトリックと理解するとしても、多文化主義の暴走に一定のブレーキをかけたり、多様性を管理したりする必要性があることを示す。これを踏まえ、多文化主義の成功例であるカナダに焦点を当て、多様性の管理手法として有力である合理的配慮を法理論的に分析する。

岡田順太「共同体の分断と関係性の再構築――『結社による自由』の可能性」は、結社の自由の意義について経済的自由の側面に着目した理論的再評価をするとともに、戦後憲法学が推し進めた個人の「分断」の受け皿としての協同組合に注目した理論を提示する。これを通じて、「分断」の要因分析と関係性に着目した解決策の提示を行う。

◉第Ⅲ部「〈分断〉と立法・政策」

新井誠「職業・分断・憲法学――コロナ禍における性風俗業への持続化給付金不給付から考える」は、新型コロナウイルスのまん延防止を理由として、事業継続が困難となる中小事業者等に対する持続化給付金が支給される中で、性風俗業に関して、その給付をしないという政策判断をめぐって生じる、憲法上の問題点について論じている。

友次晋介「政治の分極化と外交政策――米国の対北朝鮮・イラン核兵器不拡散外交の振幅」は、揺れ動くアメリカの核兵器不拡散政策について検討する。民主党のクリントン政権が北朝鮮の第一次核危機に際して採用した米朝枠組み合意と、ブッシュ（子）政権がこれに代わって新たに構築した「六者会合」までの政策の振幅について、議会や政権内の強硬派と穏健派の対立を踏まえつつ跡付ける。次に、イランの核問題に対しオバマ政権が締結した包括的共同行動計画（ＪＣＰＯＡ）とトランプ政権による同計画の放棄につき、米国国内政治の観点から評価する。

横大道聡「『記録』がつなぐ『分断』――『過去、現在、未来をつなぐ国の重大な責務』としての『記録』」は、「記録」の作成・管理・保存・開示が過去・現在・未来をつなぐものであるという公文書管理の意義を憲法論に結びつけた上で、統治情報の「記録」と「公開」の意義を明らかにする。その観点から、国会における「記録」に関する課題として、会議録への記載内容の問題と会議録に残らない情報の問題を指摘する。

和泉田保一「行政法規をめぐる分断についての一考察――ローカルルールの意義に着目して」は、行政法規の執行に際して可視化される分断について、地方自治体がローカルルールによって解決等を図ろうとした事例をいくつか採り上げ、その機能および意義について若干の検討を行う。以上の検討を経た上での筆者の私見が最後に示される。

◉第Ⅳ部「〈分断〉と社会」

西山千絵「入会地紛争にみる差異と分断――人の移動の観点から金武町杣山訴訟を再考する」は、沖縄・金武町の入会地がもたらす軍用地料の配分と入会団体の会員資格をめぐる裁判闘争を「女たちの社会運動」と位置づける見解に接し、賃料収入という収益形態をとる入会団体は公共性を代表しうるかと問い、同訴訟の再検討と今後の展望を試みる。

向井洋子「災害対策関係諸法制度の複雑さがもたらす分断――『社会的亀裂』を広げる要因の考察」は、わが国の自然災害からの復旧・復興を規定する災害対策関係諸法の成立と改正に焦点を当て、災害で生じた分断を生み出す「社会的亀裂」について論じる。そこで、災害後の分断が生じる要因として、被害程度を認定する災害対策関係諸法の複雑さが「社会的亀裂」となっている可能性が示される。

吉川晃史「事業継続とレジリエンス思考——災害による分断を乗り越える」は、災害による社会経済の分断は多岐にわたるとして、サプライチェーンの分断による物流の途脱、社会インフラの分断による人流の途脱、事業承継の分断による事業継続の途脱などを挙げ、このような様々な途脱に対する取り組みから、事業継続の多様なあり方を論じ、レジリエンス思考が共通の重要課題であることを述べる。

藤本穣彦「小水力発電技術の分断と再生——地域産業創生の取り組み」は、小水力発電のローカル技術の消失に直面し、その再生にチャレンジしてきた一〇年の経験を、「白糸の滝1・2・3夢プロジェクト」の事例研究に即して考察し、若者や技術者の育成がうまくいったことにより、結論として小水力発電の技術が再生できたことの意義について示している。

3　読者の方々へ

本書は、「分断」を共通のテーマとしながら、各研究者が従前より行ってきた研究をベースに執筆された諸論稿で成り立っている。それらの内容は、学問的見地からの意義があり、一面においては研究者に向けた発信ともなる。ただし、本企画で特に意識されたのは、広く「分断」という問題に関心のある学生や市民との間での情報や意識の共有である。そこで本書は、現代社会の「分断」を考える授業や学習教材として学生が利用できる内容となっている。憲法学やその他の法学のみならず社会科学を総合的に学ぶ大学生、大学院生の方々に広く読んでいただきたい。また、実務的視点からの提案も含まれている部分もあることから、日頃、地域における政治や行政、コミュニティの担い手となっている方々にも読んでいただければ幸いである。

＊＊＊

本企画は、広島大学東千田キャンパスを拠点として全国の大学における多様な学問分野（憲法学、行政法学、政治学、経済学、会計学）の研究者を集めて形成された研究会の活動に端を発している。その後、そこで得られた成果を出版する方向へと話が進んだ。一定レベルの仕上がりを見せていた論稿のいくつかを弘文堂の登健太郎氏に送り、同社での出版についてご相談したところ、これをご快諾いただいた。以上の経緯の中で友次晋介氏と横大道聡氏と私（新井）の三名が編者となる本書の企画が組まれた。登氏には本書の構成その他で多様なアイディアを寄せていただき、的確な編集作業の下、充実した内容の書物を世に送り出すことができた。お礼申し上げたい。

新型コロナウイルスのまん延によって世の中が様々な意味で疲弊している中で、人々の間で新たな分断が生じてきている可能性は否定できない。そうであるからこそ本書が、それらの分断を認識しつつ修復していくためのヒントとなるような、何らかの意義をもつことを期待している。

二〇二一年四月一日

編者、共著者を代表して
新井　誠

目次

第Ⅰ部　〈分断〉と民主主義

アイデンティティ政治がもたらす分断
——〈契約国家アメリカ〉のゆくえ

西山隆行

多民族・多宗教国家であるアメリカは、自由、民主主義、平等などの理念（アメリカ的信条）や統治機構への信頼に基づく社会契約を結ぶことで成立した「契約国家」だと自己規定してきた。だが今日では、社会契約の基礎となる連帯感が損なわれるほどに、対立と分断が進んでいる。政治社会に対立と分断をもたらす要因の中でも、本稿はアイデンティティ政治がもたらすそれに焦点を当てて分析を行う。

アイデンティティ政治による分断は、左右両派からもたらされている。左派によるものとして、ブラック・ライヴズ・マター運動、一六一九プロジェクトとキャンセル・カルチャーを、右派によるものとして、トランプ現象をもたらした白人労働者層による「憤りの政治」を取り上げながら、アイデンティティ政治が今日顕在化している背景とその意味、そして、限界について検討する。

これら、自らが属する集団に基礎を置くアイデンティティの追求は、社会全体としての対話や問題解決を否定ないし軽視する危険性を秘めている。各集団の尊厳とそれがもたらす多様性を重視した上で、多民族の包摂を可能にするナショナル・アイデンティティを作り出すための戦略が、今日のアメリカに求められているのである。

Ⅰ　アメリカ政治における分断

◉政治・社会の分断

規格外の現職大統領ドナルド・トランプとワシントン政治究極のインサイダーであるジョー・バイデンによって争われた二〇二〇年のアメリカ大統領選挙は、八〇〇〇万票を超える、大統領選挙史上最多の票を獲得したバイデンの勝利に終わった。この選挙が明らかにしたのは、アメリカの政治社会が党派によって分断されていることだった。驚くべきことに、敗北したトランプが獲得した票数は七〇〇〇万を超えて二〇一六年と比べてむしろ増えており、二〇〇八年と二〇一二年にバラク・オバマが勝利した時に獲得した票よりも多かった。近年、アメリカ国民の政治的態度は、年齢や人種、エスニシティ、ジェンダー、教育、宗教などよりも党派性に強く規定されているとされる（Mason 2018; Pew Research Center 2019）。二〇二〇年大統領選挙では、政治・社会の分断を前提とした上で両陣営が動員合戦を行い、それを踏まえて有権者が投票したといえるだろう（西山 2020a; 2020b）。

アメリカの政治・社会の分断状況は、世論調査結果からも見て取ることができる。二〇二〇年の選挙で最も重要な争点は何かを問うた調査によれば、民主党支持者がコロナ対策（三六％）と人種政策（二七％）を、共和党支持者が経済（三六％）と刑事司法・警察（二三％）を一・二番に挙げている（KFF Health Tracking Poll 2020）。これは二大政党の支持者が同じ問題を異なる枠組みで捉えていることの表れである。つまり、民主党支持者がコロナ対策を重視し、感染症の拡大を防ぐために経済活動の休止もやむを得ないと捉えるのに対し、共和党支持者は経済活性化を求めている。また、二〇二〇年五月に警察官による不適切な拘束を受けて黒人男性が死亡したのを機に再燃したブラック・ライヴズ・マター運動についても、民主党支持者が人種差別克服を重要課題と考えるのに対し、共和党支持者は一部暴徒化した人々の強制排除等、刑事司法や警察の問題が重要だと考えている（西山 2020b）。

●社会契約の崩壊？

社会的・政治的分断は建国期以来常に存在してきたが、今日の分断は深刻である。アメリカという国やその政治制度の正統性に疑念を突き付ける動きが存在するからである。

アメリカは建国以前から一貫して多民族国家であったため、国民性を民族や宗教、言語で説明することができない。そこでアメリカは、ナショナル・アイデンティティを自由や民主主義などの理念（アメリカ的信条）や、統治機構への信頼に基づいて説明してきた。アメリカは社会契約を結ぶことで成立した「契約国家」だという形で、国のアイデンティティを説明してきたのである（西山 2018: 第一章）。しかし現在、この社会契約の基礎となる連帯感が失われるほどに対立と分断が進化しているように見える。

この分断のきっかけを作ったのが誰かを確定するのは難しい。二大政党はともに、相手方が分断を作り出したと非難するだろう。民主党支持者の多くは、一九九四年の中間選挙で共和党のニュート・ギングリッチ院内幹事が採用した敵対的な手法に起源を求めるだろう。他方トランプ支持者の多くは、アイデンティティ・リベラルと呼ばれる人々が分断を作り出したと考えている。近年のアメリカではマイノリティも白人もアイデンティティ政治を展開しており、ブラック・ライヴズ・マター運動もその一環だといえる。

本稿では、アメリカで活発化しているアイデンティティ政治に焦点を当て、それがアメリカ社会にもたらす分断の諸相を明らかにしたい。

2　アイデンティティに基づく分断

●サミュエル・ハンチントン『分断されるアメリカ』

世界的ベストセラーとなった著書『文明の衝突』で、冷戦終焉後の世界ではアイデンティティをめぐる争いが紛争の焦点となり、儒教文明圏とイスラム文明圏が西洋文明圏に挑戦するという刺激的な問題提起を行ったサミュエル・ハンチントンは、『分断されるアメリカ』で、アメリカ国内でのアイデンティティに由来する衝突についても警鐘を鳴らしている（ハンチントン 1998; 2004）。

アメリカは多様な移民を受け入れてきた移民の

国であるが、ハンチントンは、そのアイデンティティは、アングロ・プロテスタントの入植者が作り上げたアメリカ的信条に基づくと指摘する。自由、平等、個人主義、民主主義、法の支配などの価値を中核とするアメリカ的信条は政治制度に体現され、移民もそれを受け入れてきた。だが近年、そのナショナル・アイデンティティが危機にさらされている（ハンチントン 2004）。

その背景としてハンチントンが注目するのが一九六〇年代以降に急増した中南米からの移民と多文化主義である。メキシコがアメリカと陸続きなこともあってメキシコ系には多くの不法移民[*1]が含まれており、移民の流れも持続的である。将来の帰国を念頭に置きつつ、子どもにスペイン語も習得させようとして多言語教育を推進する者も多い。二重国籍奨励策をとる中南米諸国が増加していることもあり、アメリカに忠誠を示さない人々が増大しているとハンチントンはいう。また、移民の民族文化的アイデンティティを尊重すべきと主張する知的エリートも増加している。これら移民の存在と多文化主義の隆盛が、理念の国であるアメリカを分断しているとハンチントンはいう（ハンチントン 2004）。

ハンチントンの議論は賛否両論を巻き起こしている。近年ではメキシコ系もアメリカ社会に定着しつつあり、その懸念は杞憂ではないかと指摘されることも多い。また、多文化主義は国の分断ではなく、多様な民族文化的集団の共存を目指す工夫だとの指摘も一般的である[*2]。だが、民族文化的集団のアイデンティティを重視するアイデンティティ政治こそがアメリカを分断の危機に晒しているという指摘は、近年強くなっている（リラ 2018）。

◉多文化主義論争

『歴史の終わり』で、歴史の発展が行きつく先は自由主義国家であるとの有名なテーゼを発表したフランシス・フクヤマは、自由民主主義国においても尊厳の承認を渇望する心の働きがナショナリズムや宗教などの形をとって社会を脅かすと予想した（フクヤマ 2005）。またフクヤマは『アイデンティティ』において、経済的動機に基づくと考えられる要求も、実は承認欲求に根差している場合

＊1　不法移民という言葉に対する英語として illegal immigrant、undocumented immigrant のいずれを使うかという分断もアメリカには存在する。この点については西山（2021: 179-181）を参照。

＊2　カナダの多文化主義政策の具体例につき、本書第II部の山本論文も参照。

には、経済的手段で満たすことはできないと述べている（フクヤマ 2019）。

アメリカでは一九六〇年代以降にアイデンティティ政治が顕在化した。黒人を白人と同等に扱うよう求めた公民権運動の成果として、今日、すべての人々の権利や法の支配が確立している。だが、社会の周縁に追いやられてきた黒人らが実質的な尊厳を得るのは容易でなかった。そこでマイノリティ集団の中から、集団としての権利や利益関心を追求する動きが登場した。六〇年代末に存在感を増したブラック・パワー運動は、黒人はその独自の伝統と意識に誇りをもち、敵意ある白人社会と対峙するべきとの立場を示した。この運動は激しい論争を巻き起こしたが、多様性を尊重するべきというエリートの主張とも共鳴した。その主張は文化的多元論や多文化主義と呼ばれ、その対象はジェンダーやエスニシティにまで拡大していった。

多文化主義をめぐる問題が注目を集めた事件に、スタンフォード大学の必修科目「西洋文化論」をめぐる混乱がある。黒人活動家のジェシー・ジャクソンらがその廃止を求めて行った抗議が全米の注目を集めたのである。同科目ではヘブライ語聖書に始まり、マキャベリ、マルクス、ダーウィンなど西洋文化の古典とされる文献を検討することになっていたが、その対象に非白人や女性の著作が含まれていないことが問題とされた。

そこで強調されたのは、非白人や女性の著作が扱われればそれら書き手が属する文化への敬意が強まり、同文化を共有する学生の自尊心も高まるということだった。それらの著作を扱うことで時代を超越した知識や認識が得られると主張されたわけではなかったのである。尊厳をめぐる議論では、「ありのままの自分が評価されてしかるべきだ」という立場が示されることが多い。その素晴らしさに気づかない人々や社会に問題があるのであり、他者から評価されるべく自己を変化させる必要はないという前提が置かれる場合もある（テイラーほか 1996）。

こうしたアイデンティティ政治は、社会の周縁に押しやられた人々や集団が平等な承認を求めることによって展開されてきた。アイデンティティ政治の興隆はアメリカ社会における伝統的評価軸に疑念を突き付け、社会の共通基盤とされてきたものを揺るがす可能性を秘めているのである。

3 左派によるアイデンティティ政治

◉ブラック・ライヴズ・マター運動

先ほど指摘した通り、アメリカでは、アメリカ的信条と呼ばれる価値観の共有に基づいて国民性を定義してきた。だが、近年では左派の中からこの見方を拒絶する人が登場するようになっている。たとえば、ブラック・ライヴズ・マター運動は、アメリカ的信条を構成するとされる諸価値は黒人には認められてこなかったと主張している。たとえば、アメリカは建国期以来黒人を平等な存在として位置づけていなかったし、公民権運動以後も実質的な意味での平等は実現していないとしている。

これは、個人主義や法の支配をめぐる問題とも関わってくる。アメリカは個人主義の国であり、肌の色と無関係に個々人の特性に基づいて処遇されるといわれる。だが現実として、黒人は白人と比べて高い頻度で警察に取り締まられている。犯罪を減少させるためには、犯罪発生率が高い地域で取り締まりを行ったり、犯罪に関与する人に頻繁に見られる属性をもつ人を中心に取り調べたりするのが効率的である。収監者に占める黒人比率が高いことを考えると、人種的プロファイリングを正当化する余地は存在する。だが、黒人の取り締まりを積極的に行うようになると、白人に対する取り締まりを行うための警察資源が少なくなる。そのため、仮に白人と黒人が同じ比率で犯罪に関与しているとしても、黒人の方が犯罪を発見されやすくなる。人種的プロファイリングは法執行機関の意図とは無関係に人種差別的な結果を生み出す（西山 2021）。このような制度的人種差別を目の当たりにすると、黒人は集団の構成要素とみなされていて個人として尊重されていないとか、法の支配が実現していないという指摘にも説得力があるといえよう。

このような背景もあり、二〇二〇年に警察による不適切な拘束の結果として黒人男性が死亡した後に警察予算剥奪論が提唱された。これは警察のあり方を考え直そうという問題提起であり、多くの論者は穏健な議論を展開していた。だが言葉の強いイメージが先行した結果、社会の分断が生じてしまった。犯罪発生率が低い地域では、警察官は地域の問題を解決してくれる良き隣人というイメージがもたれている場合がある。警察予算を剥奪せよという議論はかえって反発を招くことも多いのである（西山 2021: 終章）。

　ブラック・ライヴズ・マター運動はやがて穏健化して多くの国民の支持を得るようになったものの、初期にはブラック・パワー運動と類似するメッセージを伴うこともあった。それを記憶している人の中に、ブラック・ライヴズ・マター運動に反感を抱く人も多い点にも注意する必要があるだろう。

◉一六一九プロジェクトとキャンセル・カルチャー

　これに関連し、ニューヨークタイムズが始めた「一六一九プロジェクト」も論争の的となっている。アメリカの建国といえば一七七六年の独立宣言や、一七八七年に作成された合衆国憲法との関連で語られるのが一般的だが、このプロジェクトはアメリカの起源を一六一九年に求める。アメリカを最も強く特徴づけてきたのは人種差別だという立場から、黒人奴隷が初めてアメリカ大陸に連れてこられた一六一九年にアメリカの起源を求めるべきだとするのである。この立場によると、独立革命ですら人種差別主義者による奴隷制維持のための企てだとされる（New York Times Magazine 2019）。

　これと類似の発想に立つものとして、キャンセル・カルチャーと呼ばれる動きがある。過去に偉大な業績を達成した人々、たとえば独立宣言を起草したトマス・ジェファソンや、民主政治を進展させたアンドリュー・ジャクソン、第一次世界大戦を終わらせて国際連盟を創設したウッドロウ・ウィルソンも人種差別主義者だとして[*3]、彼らの銅像を引き倒そうとしたり、紙幣に印刷された肖像を変更しようとしたり、大学の研究機関や建物[*4]からその名前を外そうとする動きのことである。だが、人種差別的な側面があれば過去の功績を全否定する態度を否定的に捉える人もいるのである。

＊3　ジェファソンは奴隷所有者であったこと、先住民の強制排除を招いたインディアン移住法を提唱したこと、ウィルソンはプリンストン大学の学長を務めた際に黒人学生の入学を認めなかったことなどを理由として、人種差別に加担したと批判されている。

＊4　プリンストン大学の公共政策や国際関係論を扱う「ウッドロウ・ウィルソン・スクール」や、学生寮「ウィルソン・カレッジ」の改称が決定している。

先ほど、アメリカはアメリカ的信条と統治機構への信頼に基づく契約国家だと指摘した。もちろん社会契約は一種の擬制であるものの、独立宣言と合衆国憲法をその契約文書だと考えることも可能だろう。社会契約の考え方をとる場合、契約内容が移民などの途中参加者や後世の人に受け継がれることが重要となる。移民の場合は入国時にアメリカ的価値観について審査されるので、ある種の「契約」が結ばれたといってよいだろう。そして、後世の人に契約内容を伝えるためには、初等・中等教育でアメリカ的価値観を教えることが重要だと考えられてきた。だが今日、一六一九プロジェクトの成果を学校の教材として使おうという提案がアイデンティティ重視派によってなされている。そのような試みは、アメリカ的信条に基づく契約国家のあり方を大きく変え、分断を起こす可能性を伴っているのである。

4　右からのアイデンティティ政治

◉白人労働者層とトランプ現象

今日では、伝統的にマジョリティに属すると考えられていた人々の中に、マイノリティによるアイデンティティ政治に対する不満を背景にして、カウンターとしてのアイデンティティ政治を展開する人々も存在する。今日では、それらの人々は「新たなマイノリティ」と呼ぶべき状況に置かれているという指摘も存在する（ゲスト 2019）。

トランプ現象を支えた白人労働者層はその典型例である。彼らは、自分たちの声が政治家などのエリートに聞き入れられていないという意識をもっている。彼らの要求は経済的なものだけではなく、アイデンティティや尊厳にも関係している。彼らの声を汲み上げたのはアイデンティティを重視するリベラル派ではなく、トランプだったのである。

二〇一六年大統領選挙でトランプに勝利をもたらし、その岩盤支持層となったのは、かつての製造業の中心でラストベルト（錆び付いた工業地帯）と呼ばれる地域に居住する白人労働者層である。彼らは、製造業に従事して労働組合で存在感を示していた時代と比べて、社会経済的地位を低下させた。かつては人間が担っていた労働の多くが機械に取って代わられたことや、人件費が安いアジアや中南米に企業が拠点を移したこともあり、製造業は衰退した。また、高度な技術や知識に高い価値を置くように産業構造が変化した結果として低学歴の労働者が担いうる役割が減少し、全産業中にサービス業の占める割合が大きくなったこともあり女性の労働力人口が増大した結果、白人労働者層の男性の社会経済的地位は低下した。

近年では、産業の空洞化に伴う収入低下や失業率増大を受けて、白人労働者層の住むコミュニティでは、犯罪率の上昇、オピオイドの蔓延、家族の崩壊などの社会的病弊が広がっている（マレー 2013）。オピオイド系鎮痛剤の乱用が蔓延し、薬物過剰摂取での死亡者数が交通事故によるそれを上回って白人男性の平均寿命が短くなったことは、白人中間層の社会的衰退を象徴的に示している (Case & Deaton 2015)。

このような経済格差や社会問題が存在するならば、経済的平等や社会正義を主張する左派に対する支持が増大してもおかしくない。だが白人労働者層は左派ではなくトランプを支持した。この事態は、人々が経済的欲求のみに基づいて行動しているわけではないことを明らかにしている。

◉憤りの政治と尊厳の喪失

ウィスコンシン州の白人労働者層が共和党のスコット・ウォーカー知事を支持した理由を解明した[*5]研究でキャサリン・クレイマーは、地方在住の白人労働者層が保守的な政治行動をとる背景に「憤り」があると主張する。衰退する地域に居住する彼らは、繁栄する大都市在住のリベラル派エリートが自分たちを見下していると考えている。また彼らは、働くことが可能であるにもかかわらず働かず、政府に依存している貧困者を非難する。彼らは自らに落ち度があるとは考えず、他者を糾弾する傾向が強い。同様の傾向は、オハイオ州ヤングスタウンやルイジアナ州の事例を分析した研究でも指摘されている（Cramer 2016; ゲスト 2019; ホックシールド 2018）。

重要なのは、いずれの地域でも、経済的苦しみが尊厳の喪失として認識されていることである。アイデンティティをめぐる問題は、自らの価値や尊厳を社会が正当に評価していないとの不満が生

＊5　従来なら民主党を支持していた労働者層が共和党候補を支持した構図は、のちのトランプ現象と同じである。

じた際に顕在化する。アメリカのように、経済的成功を人物評価と結びつける傾向の強い国では、経済的困窮も自尊心の喪失と結びつく可能性が高くなる。

近年、白人労働者層はその代表性が低下したと感じている。政治・社会・経済の中核を担ってきたとの自覚をもっていた彼らは、労働組合の活動が活発な時代には民主党内で発言力があったが、組合の衰退に伴いその発言力は低下した。組合に守られていた職を失うと、社会的絆も喪失した。アメリカの中核を担う労働者としてのアイデンティティを失った彼らは、白人性や国民性という属性的アイデンティティに依拠するようになる。

他方、努力と実力でアイデンティティを獲得しようとする人々は、属性的アイデンティティを強調する人々を批判的に捉える。また今日では、社会において周縁化されたマイノリティの尊厳を重視する活動家が、伝統的な労働組合は実は特権階級に属し、より貧しい黒人や移民の窮状に対する共感をもっていないと主張するようになった。そして、マイノリティを取り巻く状況の改善に力点が置かれ、白人労働者層を含むすべての人々の状況を改善する試みはなされなくなった。

このような中で白人労働者層は、成功した白人エリートからは見下され、人種的・民族文化的マイノリティからは積極的差別是正措置《アファーマティブ・アクション》という名の逆差別を受けていると感じるようになった。とりわけ男性は、妻の収入に依存する状況に置かれると、妻に見下されるようになったという思いも抱くようになった（ゲスト 2019）。このような背景があるため、彼らは、グローバル化や移民、女性に批判的な発言を繰り返すトランプを、自らの代弁者と考えるようになった。

他方、白人労働者層が左派の主張に魅了される可能性は低い。収入と尊厳が結びついている以上、たとえばベーシック・インカムの構想を提示しても支持は広がらない。アメリカでは公的扶助ですら労働と結びつけて構想されており[*6]、仕事は社会的承認を得るための条件とされる（西山 2015）。小さな政府の立場を追求するティーパーティ運動の活動家ですら、納税者であることに強い誇りを感じているということは、働いて納税し

＊6　公的扶助政策の中核をなす貧困家庭一時扶助プログラムを受給する者には、原則として労働の義務が課されている。

ているという意識が人々のプライドの源泉となっていることを象徴的に示している（Williamson 2017）。生活上の困難を階級と結びつける左派ではなく、アイデンティティや地位と結びつける右派ポピュリストに惹きつけられる人々がいる所以である。

アメリカでは、左派によるアイデンティティ政治が、かつて社会の中核を担っていた白人労働者層とのつながりを断ち切ってしまった。そこに、白人労働者層の尊厳を守るべく、彼らが中心を占めていた時代のアメリカに立ち返るよう主張する人物が登場し、様々な立場の人々の怒りと対立を招くようになったのである。

5 アイデンティティ政治の限界

他者のアイデンティティを尊重することは重要である。だが、「個人」の権利や尊厳を承認することと、社会の周縁に置かれたり注目を集めなかったりした「集団」の尊厳を認めることは、位相が異なる。今日のアメリカにおいて、個人としての平等を求める公民権運動の理念は広く共有されている。だが、集団の尊厳を認めるよう要求することの是非については論争がある。そして、アイデンティティ政治の議論や戦術は、いくつかの限界を抱えているとされる。*7

第一に、アイデンティティ政治を展開する人々は、マイノリティを社会的弱者とみなし、そのアイデンティティの実現を目指す。だが、彼らが多数派あるいは既得権者に属するとみなす人々のアイデンティティや利益関心には十分な関心を払わないことが多い。

アメリカの多文化主義論者は主流派文化を白人に有利なように偏ったものと位置づけ、白人（とりわけ男性）を既得権益者とみなす傾向が強い。論者によっては、白人（男性）を、マイノリティに対して無意識のうちに差別的態度をとる存在とみなすこともある。だが、左派のアイデンティティ重視派や多文化主義論者が既得権者とみなした人の中でも白人労働者層はむしろ自分たちを被害者とみなしている場合がある（ゲスト 2019）。

そして、彼ら「新たなマイノリティ」（ゲスト 2019）もアイデンティティ政治を展開しており、

*7 以下はリラ（2018）、フクヤマ（2019: 162-171）などを参照して整理したもので、西山（2020b: 第三章）の文章を一部再利用している。

それがトランプ現象と共鳴している。彼らは、今日のアメリカでは黒人の立場を擁護する集団の運動は正当化されるのに、白人の権利を掲げて運動を展開すると人種差別主義的だと解釈されることに憤りを感じている。そして、マイノリティを新たな既得権者とみなし、その利益関心を重視することは不正義だと感じているのである。

第二に、アイデンティティ政治の担い手は、自分たちの立場を独特なものと捉えて、他者には理解することはできないと主張することがある。ブラック・ナショナリズム運動は、黒人の利益関心を白人が理解するのは不可能であるため、真に黒人の利益を実現するには分離独立を検討すべきとの立場をとっていた。フェミニズム運動の中にも、女性の意識と生活経験は男性とは根本的に異なると主張する立場がある（ボーヴォワール 2001; マッキノン 2011）。集団がもつ独自のアイデンティティは他者には理解できないという考え方は、集団の違いを越えて経験や見解、感情を共有することの重要性を否定ないし軽視する考え方につながる危険性を秘めている。

第三に、アイデンティティ重視派はアメリカ国民全体に共通する利益の実現を目指していないと批判されることがある。アイデンティティ重視派が自らの立場を絶対視すると、立場の異なる人々が互いに歩み寄り、共通利益の実現を図るという、リベラル・デモクラシーが目指してきたものが達成されなくなってしまう。リベラル派が目指す社会政策を実施するには、国民の間に一体性の感覚や連帯感が必要になる。だが、自らの立場を絶対視して対話を拒否する立場を多くの集団がとるようになると、政治社会が断片化するようになり、全体に共通する価値や利益の実現を目指すことができなくなる。

第四に、アイデンティティ政治には、尊厳や人権など、それ自体としては誰も否定できない価値を掲げ、異論を認めず敵対者を糾弾するというイメージが伴うことがある。その非難・攻撃というスタイルは暴力的だが、その暴力性に無自覚な人も多い。仮にその暴力性を認識していたとしても、自らは正しい規範に依拠していると考えているため、その暴力性を正当化することが多い。この傾向は、とりわけ左派について指摘されることが多い。自らに対する批判をリベラルな規範の否定と捉え、糾弾者をさらに批判するという現象も発生する。このような状態は、自らの奉じる価値や規範は絶対視するものの、他者に対する敬意を欠くものとみなされる。

6　アイデンティティ政治と契約国家アメリカのゆくえ

今日の西洋民主主義諸国では、人種、民族、宗教、ジェンダー、性的指向などの多様性は現実のものとして受け入れられている。この多様性は、イノヴェーションや創造性を生み出す可能性がある一方で、社会を分断する危険性も伴っている。

人々が尊厳の承認を求めるのは当然であり、社会の周縁に置かれた集団が承認を求めるようになったのは望ましいことである。だがこれら集団の主張が非妥協的になり、その手法が暴力的になると、その支持を広げるのは容易でなくなる。今日、左派は社会の周縁に追いやられた集団に傾注し、労働者層なども包摂する大きな連帯を作ろうとはしなくなった。そして、それら集団に取って代わられたと感じた集団が反発し、憤りを特徴とする新たなアイデンティティ政治を作り出している。いずれの側も集団固有のアイデンティティに固執し、話し合いや問題解決を拒否する態度をとっている。

自由民主主義国は、国民と政府の間で、また国民相互間で暗黙の契約が結ばれているという擬制の上に成り立っている。リベラル・デモクラシーは多様な集団を結びつけることを目指すが、そのためには共通の規範が必要だとされる。社会が集団に分かれて共通性や連帯感を感じなければ、他者を資源を奪い合うゼロサムの競争相手とみなすようになる。フクヤマは、「既存の自由民主主義社会に既に存在する多様性を考慮に入れた、もっと大きく統合的なナショナル・アイデンティティ」を構築することが必要だと主張している（フクヤマ 2019: 171）。国家におけるメンバーシップや所属がもつ意味について考察することは重要である。

アメリカでは、尊厳の問題を考える上では集団ではなく個人を単位とするべきだと主張されることが多い。だが、アメリカ社会の現実を見ると、マイノリティがその属する集団に基づいて判断される経験を繰り返しているのも事実である。そのような経験に基づく形で、人種・民族上の不正義を糺すべく、アメリカが依って立つ基本原則を打ち棄てることも必要だと主張する論者がいるが、その戦略はアメリカという国家のあり方——契約国家——を根底から変えてしまうだろう。現在の不正義を意識した上で、多民族の共生を可能にする、包摂的なナショナル・アイデンティティを作り出す戦略が求められているといえよう。

【参考文献】

ゲスト、ジャスティン　2019『新たなマイノリティの誕生—声を奪われた白人労働者たち』吉田徹・西山隆行・石神圭子・河村真実訳、弘文堂.
テイラー、チャールズほか　1996『マルチカルチュラリズム』佐々木毅・辻康夫・向山恭一訳、岩波書店.
西山隆行　2015「自由主義レジーム・アメリカの医療保険・年金・公的扶助」新川敏光編『福祉レジーム』ミネルヴァ書房.
西山隆行　2018『アメリカ政治入門』東京大学出版会.
西山隆行　2020a『格差と分断のアメリカ』東京堂出版.
西山隆行　2020b「アメリカ大統領選—分断社会の中で」『神奈川大学評論』96.
西山隆行　2021『〈犯罪大国アメリカ〉のいま—分断する社会と銃・薬物・移民』弘文堂.
ハンチントン、サミュエル　1998『文明の衝突』鈴木主税訳、集英社.
ハンチントン、サミュエル　2004『分断されるアメリカ—ナショナル・アイデンティティの危機』鈴木主税訳、集英社.
フクヤマ、フランシス　2005『歴史の終わり（上）（下）』渡部昇一訳、三笠書房.
フクヤマ、フランシス　2019『アイデンティティ—尊厳の欲求と憤りの政治』山田文訳、朝日新聞出版.
ボーヴォワール、シモーヌ・ド　2001『第二の性』『第二の性』を原文で読み直す会訳、新潮社.
ホックシールド、A. R.　2018『壁の向こうの住人たち—アメリカの右派を覆う怒りと嘆き』布施由紀子訳、岩波書店.
マッキノン、キャサリン　2011『女の生、男の法（上）（下）』森田成也・中里見博・武田万里子訳、岩波書店.
マレー、チャールズ　2013『階級「断絶」社会アメリカ—新上流と新下流の出現』橘明美訳、草思社.

リラ、マーク　2018『リベラル再生宣言』夏目大訳、早川書房.

Case, Anne & Deaton, Angus. 2015. "Rising Morbidity and Mortality in Midlife Among White non-Hispanics in the 21st Century." *Proceedings of the National Academy of Sciences* 112 (49).

Cramer, Katherine J. 2016. *The Politics of Resentment: Rural Consciousness and the Rise of Scott Walker*. University of Chicago Press.

KFF Health Tracking Poll. 2020. "Top Issues in 2020 Election, The Role of Misinformation, and Views on A Potential Coronavirus Vaccine." September, 2020.

Mason, Lilliana. 2018. *Uncivil Agreement: How Politics Became Our Identity*. University of Chicago Press.

New York Times Magazine. 2019. "The 1619 Project." 〈https://www.nytimes.com/interactive/2019/08/14/magazine/1619-america-slavery.html〉 August, 2019（二〇二一年一一月三一日最終アクセス）.

Pew Research Center. 2019. "In a Politically Polarized Era, Sharp Divides in Both Partisan Coalitions." December 17, 2019.

Williamson, Vanessa S. 2017. *Read My Lips: Why Americans are Proud to Pay Taxes*. Princeton University Press.

分断化する「中央」と「地方」

――憲法の視点から改めて考えてみたいこと

新井　誠

現代の日本社会が抱える問題のひとつに、日本全体の人口減少と反比例して進む人口の首都圏一極集中化がある。過疎化はかつて「都市」対「農村」の構図の中に出現していたが、現在、東京を中心とする首都圏人口のみが増加する傾向が著しい（総務省統計局 2021）。東京への多様な機能の過剰集積とその弊害を是正するため、これまでも首都の移転構想や機能分散、地方分権や地方創生といった諸課題が示されてきたものの、東京一極集中の実質的状況が変わる気配はない。

大都市部への人口や機能の集中化に伴う中心部と周縁地域との間の分断現象は、世界的に生じている。民主党と共和党との間の政治的分断が進んでいるアメリカ合衆国では（本書第Ⅰ部の西山論文）、その分断傾向が都市部と周縁部との対立の中にも見られるように感じられる（新井 2021a: 23）。二〇一九年に地方生活者による政治不信から生じた「黄色いベスト運動」が起きたフランスでは（尾上 2019: 107）、首都パリを中心とする都市政治の優先に対する地方部の反発の中に、分断を読み取ることができる。現代では、多数者としての都市生活者の生活利益の追求が周縁の少数人口地域のそれを凌駕し、その利益が多く達成された不均衡な国土形成の中で、それに数的には抗うことの難しい周縁地域の居住者による反乱が起きているといってよい。本稿では、分断化する「中央」と「地方」問題をめぐり、憲法の視点から考えられる諸論点について再考してみたい。

1　具体的問題状況

◉多数決から正当化される都市の正義

冒頭で述べたような状況が出現している遠因を分析した場合、次のような諸問題を挙げることができる。

第一に、物事の決定において人口集積地域の利益が優先されることで、周縁に置かれた人々の声は多数決主義的な視点から結果的に無視される状況が過度に進行し、周縁に置かれた人々の政治参加に関する不安・不満や無関心が広く生じているのではないか、という問題である。

一部地域への人口集中が進んだ今日、都市部への人々の集中化を前提とする諸政策が「正義」とされる傾向は顕著である。こうした現象はあらゆる点に見られる。東京を中心として延びる鉄道網、東京を中心として発信される情報もそうである。さらに、各地域における空き家問題やインフラ整備の観点から、人々の居住地の集積を目指すコンパクトシティ化を図ることが、ひとつの理想型として喧伝されることも（内閣府 2012: 第三章第二節）、人口をベースにした政策決定が優先されるからではないか。こうした議論は、（たとえば、先祖代々伝わるような土地に住む）人々の居住地に関わる主張がかき消される事態を招来しかねない。

他方、人や情報、インフラが一部地域に集積する中で、国家レベルのマクロな視点で必要とされながらも個人的な視点からは不安要素となる「迷惑施設」を設置する状況を想定してみよう。その場合、仮に全国民による直接投票（あるいはそれを決定する代表者を選ぶ間接投票）を行うにしても、人口多数地域では、多数者にとって不安要素になるがゆえに、多数者が住むところにその施設は設置しないという意思が示されることが容易に想像される。人口少数地域に住む人々は、そうした決定の「敗者」の地位に常に置かれることになる*1（中央からの距離がある人口少数地域における人々の主張の希釈化につき、糠塚 2017: iv）。

◉決定者の首都圏集中化

第二に、首都を中心に様々な機能が集約する結果、様々な決定の内容形成には首都圏に住まう

*1　とはいえ、多数決主義的決断では、常に少数派の存在が生じることから、少数派の不利益を最小限とする制度を構築するのが現代国家の常態である。そこで、一定の差別につながりかねない視点（性、人種、その他）については「不当な差別」という指標が歴史的に形成され、差別を断罪する一定の基準が設けられてきた。特に、性差と政治参加をめぐっては、普通選挙原則の視点から投票段階からの実質的差異の解消のためのシステム構築には至らないにしても、候補者選定段階で男女同数での立候補を実現させようとするパリテ政策論などが、憲法学でも試みられる。しかし、地方の声をめぐっては、そうした考証の対象になりづらいのはなぜだろうか。

人々のみがコミットし、そこで決定される内容自体、彼・彼女らの生活の諸条件を前提とするものが無意識のデフォルトとなっていないか、という問題がある。

　地方における（都市に比べて一票の価値が重いことから生じる）「代表の過剰」が（投票価値の平等のみを重視する）憲法学により批判される一方、国家的プロジェクトの決定をめぐるもうひとつの問題が、現代の首都への人口集中化に見られる。それは、実際の国土全体の政策決定が、一定の土地に住まう人々に独占される点である。具体的には、首都圏における決定事項の集中化が招くということであるが、さらに、仮に全国の様々な地域から多様な代表者が選出されたとしても、立候補時すら居住条件が設定されていない国会における代表者たちは、東京都心部の居住者であることに変わりなく、政策に関わる官僚機構や審議会等のメンバーも「特定地域≒首都圏の居住者」で寡占される。

　こうしたことは、具体的にいかなる弊害になるのだろうか。この点、憲法学の分析は少ないものの、周辺領域では一定の問題意識が提示されている。やや古い文献であるが、行政学者の昇秀樹は、「現在の日本の都市間競争が公平なものになっていないこと」を挙げ、「日本全国の問題のことを、東京の人が東京の感覚で決めてしまう」ことに加えて、「ナンバーワンの都市のことがあたかも日本全体の問題であるかのような錯覚を生む恐れが十分ある」（昇 2002: 31-35）との危惧を示している。他方、一般的には様々な情報が東京に集まっているイメージがもたれる中で、昇によれば、「地方は東京の情報と地方の情報を知っているのに対して、東京は東京の情報しか知らない」（昇 1991: 80）との指摘もされる。[*2] 国家レベルの様々な政策決定は、特に首都圏、そしてその一部地域のみで行われる可能性がある中で、[*3] 以上の指摘は「民主主義と地域」との関係性を検証するにあたっての重大な問題提起になる。

●地域間分断と民主主義

　さらに見逃せない現象が、リベラルな価値の担い手が都市に集まり、そうでない人たちが周縁の土地の声を担う可能性がある点である（アメリカ大

＊2　その影響は、憲法をめぐる諸問題にも現れる。各地の視点から憲法論を語ることを目的として『法学セミナー』での連載をまとめ出版された新井ほか（2011）のほか、新井（2014: 217）も参照。

＊3　「日本全国の問題のことを、東京の人が東京の感覚で決めてしまう」という指摘との関係において、さらに偏狭な東京都心部における決定の集中化の問題点へと迫る言説として、政治文化を担うエリート集団のタコツボ化を語り、それこそが日本における代表民主主義の欠陥であると指摘する、樺島（2017: 301）も参照。

統領選における人々の投票行動の傾向につき、新井2021a: 23)。近年、人々の世界的な「モビリティ」の可能性が拡がる一方で（エリオット・アーリ 2016）、実はそうした動ける主体が事実上限られている事態があることは見逃せない。周縁からの都市への反発は、土地に対する紐帯が薄く自由に動けるリベラルな諸個人の（土地への）無関心さに対するものでもある（宇野 2019: 247; 新井 2021a: 26）。追って詳述する日本での参議院選挙の合区導入問題も、それを導入した都市の思考による機械的数値に基づく扱いこそが、土地にまつわるこだわりを軽視する姿勢として地域の人々に映り、それが強い反発を招いている可能性がないか。こうしたことの繰り返しが、世界的に生じている都市と周縁との政治、文化、その他の分断の契機になっていないか、改めて考える必要があろう（新井 2021a: 27-28; 2016: 22）。*4

2　国政レベルの政治的意思表示をめぐる憲法論

◉投票価値の平等の重視

以上のような問題が生じながら、従前の憲法論ではそうした諸課題に自覚的ではなかったように感じられる。それどころか、こうした問題群に対しては極めて消極的な姿勢を示すにすぎない。以下では、その具体例として、国政選挙の投票のあり方に関する従前の議論を見ておきたい。

日本国憲法における規律や選挙法原則には、憲法一五条に見られる公務員の選定罷免権と普通選挙原則や、同一四条一項が一般的には根拠規定とされる平等（選挙）原則がある。さらに、憲法四三条の両議院の議員の「全国民の代表」性をどう理解するかも重要である。そうした中で代表と地域との関わりに関する憲法学上の課題として長らく判例・学説で分析されてきたのが、選挙における「一票の較差」論である。この議論は、とりわけ二つの要素をめぐって展開されてきた。ひとつが平等（選挙）原則であり、もうひとつが「『全国民の代表』をめぐる性格」である。平等（選挙）原則の理解では、一人一票とともに投票価値の平等が語られることが多い。これらのうち前者のみをその原則と捉える場合と後者を含めて捉える考え方があるが、現在の一般的な考え方は、両者を重要な

*4　そもそも地方が抱える諸問題を日本憲法学の主要課題として取り組む姿勢が伝統的に弱かったという状況もある。長谷川（1979: 156）は、日本国内における地方的研究の意義を述べているが、翌年の同コーナーでも「昨年は、外国法と日本法という伝統的問題に加えて、法学研究における中央と地方という新しい問題を提起しておいたが、この方は残念ながらなんの反応もなかった。数のうえからいえば、地方の大学で研究するものが圧倒的に多いのにかかわらず、法学研究者にとって地方のもつ積極的意味が反省されない現状は、あまり健康な研究状況とはいえない」（長谷川 1980: 160）と嘆く。

価値と捉えるものである（芦部 2019: 144）。他方で、「他の選挙区との比較において投票の計算における平等は何ら要請されない」（野村 1964: 138）とする見解もある。

このように、投票価値の平等を選挙制度設計における最重視すべき価値として考えるのか、それとも諸要素の中でのひとつの考慮されるべき価値と考えるのか、といった点をめぐる議論は残る。この点をめぐっては、衆参の各選挙区選挙でそれぞれ議論されるが、衆議院の場合にその厳格さを求める傾向が判例では早く見られた。一方で、参議院の場合には、両院制の基本性質の視点から、参議院の都道府県代表的性格という議論をどのように評価するのかにより、投票価値の平等に対する重視の度合いにつき論者によってスタンスの違いが見られる。

一部の利益を代弁すべきではないという規範的意味があたえられている憲法四三条の「全国民」の代表には、次の二つの意味があると説明される。ひとつは、議員が国政において一部利益（地元の利益）を代弁しない場合に、当該議員が選出された選挙区民から法的責任が課されたり選挙区から召還を受けたりするといった事態を防ぐための「命令委任の禁止」という「禁止的意義」である。もうひとつは、「現実の国民の意思ができるだけ議会に反映されなければならない」とする「積極的意義」である（樋口 1998: 152）。両議院の議員はともに全国民代表としての性格が憲法に明記されていることから、参議院議員にのみ都道府県代表的性格を付すことは、憲法上の疑義があると評価される場合も多い。

◉近年における最高裁の姿勢

衆参両院の選挙区選挙における投票価値の平等の確保をめぐり最高裁は、この問題が議論された当初、投票価値の平等の確保につき比較的緩やかな考えをもっていた。特に参議院をめぐっては、都道府県代表的性格に関しては一定の時期まで許容していた（新井 2016: 18-）。日本では両院制を採っている以上、両院の議員をめぐる代表としての性格には、憲法上の全国民代表としての性格の下、両者において異なる代表観をある程度認める見解も存在する。とりわけ都道府県代表的性格は、「公正かつ効果的」な代表を確保する視点から最高裁[*5]でも重視されてきたことの意義は大きい。

ところが、参議院選挙でも投票価値の平等の確保をより厳格に求めるロジックが最高裁で多数派になりつつあるのが近年――特に平成二四年判決[*6]や平成二六年判決[*7]――の特徴である。これらの判決では、投票価値の平等を重視する議論へと転換し、都道府県代表的性格の維持あるいは都道府県を選挙区基盤とすることへの批判的スタンスが強くなっていった[*8]。最高裁によるこうしたロジックが示されたことから、参議院に合区選挙区が導入されたと考えられる（新井 2018a: 285）。参議院では従来、その選挙区選挙について都道府県を選挙区とする制度が長年導入されてきたが、国会は、人口少数県について合区して新たな一人区を作ることで、一票の較差を一定程度是正する法改正を行った。しかし、該当県の人々の間では、自らの県からの選出議員を出せないことに対する不安や反発が生じている（新井 2018a: 287-）。また全国知事会では、賛成多数により、合区をなくすことを目的とする決議がたびたび出されている（新しいものとして、全国知事会・令和二年六月四日付決議）[*9]。こうしたことが影響してか、最高裁平成二九年判決[*10]や令和二年判決[*11]では、都道府県を単位とする選挙区設計に対する批判的スタンスがやや「後退」したかのように見える。これには、「近の二つの判決、とりわけ令和二年判決に、ある種の揺り戻しを感じとる向きがあっても無理はない」（安念 2021: 223）との評価もある。

「一票の較差」訴訟に対する最高裁判決をめぐる近年の憲法学の分析では、投票価値の平等確保をめぐる、国会と最高裁との「対話」論や裁量統制手法の議論といった、判例技術的な話への関心が近年強い（e.g., 山本 2019: 13）。一方で、国政レベルの諸決定において都市をベースとする価値を重視する傾向が続く中、「公正かつ効果的」な利益を反映させる代表制を国政議会でどのように形成すべきか、という点を改めて問い質す議論が少ないのが実情である（例外的に、大石 2021: 158-159, 210など）。これに対して、令和元年七月実施の参議院議員通常選挙に関する仙台高裁秋田支部判決[*12]は、「都

*5　最大判昭和五八年四月二七日民集三七巻三号三四五頁。

*6　最大判平成二四年一〇月一七日民集六六巻一〇号三三五七頁。

*7　最大判平成二六年一一月二六日民集六八巻九号一三六三頁。

*8　平成二四年判決の評釈として德永 (2019: 327) など。

*9　http://www.nga.gr.jp/ikkrwebBrowse/material/files/group/2/20200604_goukuketugi.pdf（二〇二一年五月二七日最終アクセス）。興味深いのは、大阪や愛知などの大都市を抱える知事が反対・慎重な意見にまわる点である。

*10　最大判平成二九年九月二七日民集七一巻七号一一三九頁。本判決に対する筆者自身の分析として、新井 (2018b: 69)。

*11　最大判令和二年一一月一八日民集七四巻八号二一一一頁。

*12　仙台高秋田支判令和元年一〇月二五日判時二四三八号四〇頁。

道府県は……単に都道府県民という心理的一体感の素因として存在するにすぎないものではない」として都道府県の法的実体に注目する。[*13]

3　民主主義社会における決定と領域

◉社会における人々の地域意識と民主主義

民主主義の体制では、政治的決定や代表者の選出等に関する権利や権限を有する国民・市民による自己統治の原則に基づいて、国家や公共団体が一定の決定や決断を行うことになる、とひとまず仮定しよう。代議政を採用する国家では、国民を代表する議会議員を選出する場面における選挙権の行使により、人々が国家の意思形成に間接的に参加する。そこでは、人に付随する諸要素を捨象した個人格としてカウントされる各選挙民が、等価的権利のある「一票」をもち、代表者の決定の投票に参画できることが期待される政治ゲームが行われる。

もっとも私たちは、すべて同じ条件の下に生きているわけではない。特に生活基盤に着目すれば、人々は各々が住む各地域に点在し、その地域を中心に生活をする。広い国土の下、国民の中には中央から遠く離れた地域の住民もいる。そうした中で人々は、国政に参加するにあたり少なくとも二つのことを考えるであろう。ひとつは、国全体を見据えた政策課題に関する事項であり、もうひとつは、自らのことに関わる事項である。後者には、諸要素が考えられるものの、そのうちのひとつが、自らの居住地域との関係における政策課題である。さらに、土地・地域との紐帯の中で代表者を選ぶ人々は、自ら住まう地域から代表者が出ることによって、自身の地域に関係する政策課題に関する強い声が示されるのではないか、という安心感の中で投票する可能性が否定できない。

◉代表制と地域

ところが、日本の憲法学の場合、実際に地域を基盤とする選挙制度が採用されたとしても、そうした選挙区としての「地域」の利用は便宜的なものと評価する傾向がある。[*14] というのも、様々な属性を人から捨象した個人格のみを基準とする政治的意思表示の可能性を模索しながら、投票価値の

*13　上告審：最大判令和二年一一月一八日裁時一七五六号二〇頁。この仙台高裁秋田支部判決を含む筆者の評価として、新井(2020a: 133-)。

*14　他方、日本国憲法四三条の「全国民代表」に地域代表の意味を読みこむ例外的学説として、岩間(2011: 226)など。

等価性を確保することによってのみ代表者選出にかかる正義が達成されると考える一般的な理念からは、地域を踏まえた代表論の構成が、「全国民代表」という憲法規範に対するハザードのように見られるからであろう。しかし、こうした理念を十分首肯するとしても、現実的な代表選出の場面で各人が自分の住む場所の利益の確保に期待した投票行動に出ることも事実である。特に地域を基盤とする場合、二つの視点からの事実的代表観がそこに現れる。

第一に、多数人口地域の人々からすれば、投票価値の平等論を貫徹することにより、多数人口地域の利益が全国土にとっての多数利益となることは必然であること、そして、その多数利益を満たそうとする国土構造の中で、人々が多く住む地域をより優先的に住みやすい場にしようと考えるインセンティヴが働くこと、である。第二に、少数人口地域の人々は、自ら所属する一定の土地などへの愛着などを前提に、どの地域に住まう者だとしても、自らの土地と自分たちも国家運営の参加者として見捨てられないようにすることを希望し、当該土地から近い存在の代表者が中央の議会へと向かうことに一定の意義を見出すこと、である。ところが実際には、人口が少ないがゆえに自らの声は常に少数者となる可能性がある。生身の個々人は、自らの手の届く地域の発展や後退への関心をもちながら生活しており、各地域の発展を願う平等の資格があるはずだと考えながらも、現実には少数人口地域ではそれが働かないのである。

以上の問題の検討に消極的な従来型の全国民代表観念の下で、一票の価値を一時的に重視して人口多数地域から多くの代表者を選ぶことを推し進められるとしよう。その場合、現実の代表者選出において地域を基盤とする選挙区制が採られる以上、「命令委任の禁止」があるとしても、国会議員の候補者が、選挙で勝ち続けるために当該地域の選挙民の声を聴くことが事実上要請されることは、大都市部でも同じである。つまり、「全国民代表」の規範は、全国土をくまなく発展させる全国民利益を広く検討することを規範として求めていても、実態として人口多数地域の利益で物事が決定するという状況からはなおも逃げられない。かつて「国民」の名の下にそのイデオロギー性が問われたのと同様、現代における全国民代表は、大都市圏住民の利益代表機能を有することになる。*15

この点、憲法学には社会学的代表のような議論も存在する。社会学的代表につき芦部は、「国民意思と代表者意思の事実上の類似が重視されるようになり、社会学的な観点を含めて代表の観念を構成する考え方」であり、「具体的には、国民の多様な意思を出来るかぎり公正かつ忠実に国会に反映する選挙制度が憲法上要請される」(芦部 2019: 304) と説明する。他方で芦部は、「国民の意思を公正かつ効果的に代表するために考慮される非人口的要素 (例、行政区画を一応の前提として定められる選挙区制) は、定数配分が人口数に比例していなければならないという大原則の範囲内で認められるにすぎない」(芦部 2019: 144-145) ともいう。本稿では、定数配分を支える「投票価値の平等」論が、代表のあり方を考える上で内在的に抱える問題を示すことを中心的課題としており、それを補正するための議論の可能性を提示している。その前提にあるのは、芦部の示す「社会学的代表」論と「投票価値の平等」論との関係には収まらない課題が、特に地域と社会学的代表論との関係において残っているのではないかという問題意識である。

◉首都における政策決定と地方自治制度

代表制のあり方とともに、地方自治の諸制度をめぐる政策に関する決定者の首都集中がもたらす弊害も、ここで挙げることができよう (新井 2021a: 24-25)。具体的には、たとえば、国政レベルでの代表が大都市中心になるという問題に対応するために、中央の権限を縮小し、地域の問題は地域で解決できるように地方分権を推進するという方法も考えられるが、その地方自治制度設計自体が中央目線で行われる可能性があることである。

「地方自治」自体の理念は、各地域の自治を達成させる意味で今なお重要である。地方・地域をめぐる国法上の制度としての地方自治は、憲法における「地方自治の本旨」(九二条) として、各自治体住民が自らその地域の決定主体となるといった「住民自治」と、各自治体は国や他の自治体からの不当な介入なくしてその地域運営を行うといった

*15 本稿の立場は、特定の地域にかかる代表としての「地域代表」を積極的に導入すれば解決するという議論ではない。仮に全国民代表の理念型を貫徹することにより、「利益代表」をどのように排除しようとしても、結局のところ、人格ベースのみで選挙権の平等原則を考えた場合には、人口多数地域における事実上の (土地にまつわる) 声が支配することになることを、どのように憲法学的に統制すべきであるのかということを考える思考の試みである。「代表」の禁止的規範意味は近代的個人主義の世界観を反映することにあるのだから、「地域」は後退せよという言説 (樋口 1998: 153-154) があるが、筆者の問題意識は、この枠組みでは議論できない。全国民代表の理念を確保する中で出てくるあからさまな都市利益が示されてしまう「事実」の発生との関係で、公正で効果的な代表を確保するための補正的機能としての「都道府県代表的性格」への期待を示したいからである。

「団体自治」とを含意し、実際に各地域で自治を展開するためのシステムが用意される。もっとも住民自治に関連する諸制度も、対象となる各地域で一定の人的なリソースがあることが前提に構築されていることを忘れてはならない。これに対して現在では、デフォルトである「住民自治」や「団体自治」自体が本当に持続可能であるのかといったことが問題となる。人口少数村である高知県大川村が、地方自治法九四条、九五条に定める町民総会の設置の検討をしたニュースなどがあったことは記憶に新しい（朝日新聞二〇一七年六月一二日）[*16]。また、団体ごとの法的諸制度の実施には審査会や審議会などの人的、質的限界があることにも注意したい。たとえば、都市から離れた各地域では、専門家を抱える各大学の所在地から各地域の行政機関までの距離が遠く、そうした場所では審議委員などの確保が難しい可能性も指摘される（梶原ほか 2005: 493）。各自治体の条例制定権の行使には、独自の条例を各自治体がどれだけ制定できるのかという「自律」の限界も生じる。もっとも、そうしたことの政策が具体的に決定されるのも実のところ「中央」であるという現実は隠しようもない[*17]。しかし、このあたりにかかる規範を形成する議論は、現在の憲法学ではほとんど見られない。

4　まとめにかえて——ささやかな期待

「〈分断〉と憲法」という本書のコンセプトの下、本稿では、首都（中央）と地方（周縁）との間の分断化に関する現況について概観しながら、代表制や地方自治に関する従前の憲法論は、それに対する適切な処方箋を必ずしも十分に示してこなかったことを、従前の憲法論自体が「都市目線」を内在的に備えていることを示しながら論述してきた。筆者は、この議論を繰り返し検討してきた[*18]ものの、必ずしも賛同されるわけではない。それどころか、都市部と地方部との間の人口の違いから生じる地方部の不安を論じる政治学者からも「法曹のみなさんにもぜひお願いしたい」（品田 2016: 97）と指摘され、法律関係者の無関心さが印象的に示されていることにも象徴されるように、このことへの問題意識が憲法学で十分に共有されていないように思われる。本稿の問題提起が、より広

*16　https://www.asahi.com/articles/ASK6C55PLK6CPLPB22J.html（二〇二一年五月二七日最終アクセス）。同年八月一八日、大川村は、しばらくは議員の確保は可能であるとしてその検討を見送った（朝日新聞二〇一七年八月一八日〈https://www.asahi.com/articles/ASK8L34YHK8LPLPB006.html〉（二〇二一年五月二七日最終アクセス））。他方、総務省に設置された「町村議会のあり方に関する研究会」（二〇一七年七月二七日から計七回）の報告書（二〇一八年三月）が出され、「住民が一堂に会する町村総会については、現在、実効的な開催は困難であるものと考えられる」との結論を出している。

*17　実は、政策決定者側の地域的偏りの問題は、先述の合区選挙区の導入にも同様のことがいえる。自らの声が多数派になることが前提にある中央では、合区によって失われる利益などに対する思いが及ばない可能性がある。

*18　新井（2021a: 23-）。この問題をグローバル化の中での民主主義のあり方の視点から検討した、新井（2021b: 19-）など。

く人々の間で共有されることが、首都と地方との分断化の進行を緩和する始まりの視点となれば幸いである。

【参考文献】

芦部信喜 2019『憲法〔第七版〕』高橋和之補訂、岩波書店.

新井 誠 2014「（講演録）地域から憲法を語ることの意義」（資料「地域に学ぶ憲法」内）『熊本法学』132.

新井 誠 2016「地域の利害（あるいは感情）と憲法学―参議院議員選挙の『合区』問題によせて」『法学セミナー』738.

新井 誠 2018a「議会上院の選挙制度構想：参議院議員選挙区選挙の合区解消に向けた一考察」『法学研究』91(1).

新井 誠 2018b「参議院議員選挙の都道府県選挙区制をめぐる最高裁判決の動向：最高裁平成二九年九月二七日大法廷判決を素材として」『広島法学』42(1).

新井 誠 2020「二〇一九年参議院議員選挙区選挙の『一票の較差』訴訟をめぐる高裁諸判決」『判例時報』2454.

新井 誠 2021a「〈田舎と都会〉の憲法学」『法律時報』93(1).

新井 誠 2021b「グローバル化と民主主義」横大道聡・新井誠・菅原真・堀口悟郎編『グローバル化のなかで考える憲法』弘文堂.

新井誠・小谷順子・横大道聡編 2011『地域に学ぶ憲法演習』日本評論社.

安念潤司 2021「参議院定数配分不均衡訴訟の来し方―最大判令二・一一・一八に接して」『論究ジュリスト』36.

岩間昭道 2011『憲法綱要』尚学社.

宇野重規 2019「解説」パトリック・J・デニーン『リベラルはなぜ失敗したのか』角敦子訳、原書房.

エリオット、アンソニー／アーリ、ジョン 2016『モバイル・ライブズ―「移動」が社会を変える』遠藤英樹訳、ミネルヴァ書房.

大石 眞 2021『憲法概論Ⅰ 総説・統治機構』有斐閣.

尾上修悟 2019『「黄色いベスト」と底辺からの社会運動―フランス庶民の怒りはどこに向かっているのか』明石書店.

梶原文男・吉武哲信・新城龍成・出口近士 2005「九州地方における市町村都市計画審議会の学識経験者委員の構成に関する研究」『都市計画論文集（都市計画学会）』40(3).

樺島博志 2017「代表民主主義における理念と現実」糠塚康江編『代表制民主主義を再考する―選挙をめぐる三つの問い』ナカニシヤ出版.

品田　裕　2016「衆議院の都道府県間定数配分について—なぜアダムス方式なのか」『法律時報』1098.
総務省統計局　2021「住民基本台帳人口移動報告 二〇二一年（令和三年）四月結果」〈https://www.stat.go.jp/data/idou/sokuhou/tsuki/index.html〉（二〇二一年五月二七日最終アクセス）.
徳永貴志　2019「参議院における議員定数不均衡」長谷部恭男・石川健治・宍戸常寿編『憲法判例百選Ⅱ〔第七版〕』有斐閣.
内閣府　2012『地域の経済二〇一二—集積を活かした地域づくり—』〈https://www5.cao.go.jp/j-j/cr/cr12/chr120302.html〉（二〇二一年五月二七日最終アクセス）.
糠塚康江　2017「まえがき」糠塚康江編『代表制民主主義を再考する—選挙をめぐる三つの問い』ナカニシヤ出版.
昇　秀樹　1991『遷都と地方自治』たいせい.
昇　秀樹　2002「基調報告（二）」『国際比較政治研究（大東文化大学）』11.
野村敬造　1964「選挙に関する憲法上の原則」清宮四郎・佐藤功編『憲法講座3—国会・内閣』有斐閣.
長谷川正安　1979「公法学の動向（現代公法研究会—公法学の動向・世界と日本）」『法律時報』51(1).
長谷川正安　1980「公法学の動向（現代公法研究会—公法学の動向・世界と日本）」『法律時報』52(1).
樋口陽一　1998『憲法Ⅰ』青林書院.
山本真敬　2019「投票価値較差訴訟の諸論点」『法律時報』91(5).

サイバー空間における分断

――インターネットによる民主主義の新たな可能性と民意の分断

湯淺墾道

インターネットの発展により、経済や社会のボーダーレス化が加速し、私たちの日常生活はグローバルなサプライチェーンによって支えられるようになった。インターネットによって技術的に不可能とされていたことも可能となるため、液体民主主義（これについては本文で詳述する）のように、最新の技術を駆使した新たな民主主義の仕組みも提案されている。

しかしサイバー攻撃が、国家間・地域間の紛争にも利用されるようになるなど、インターネットは国家間の分断を煽る役割も果たすようになった。また、他国の選挙や政治に介入することを目的として、ソーシャルネットワーキングサービス（ＳＮＳ）等を利用して主権者である国民の意思に影響を与えることにより世論を誘導し、民意の分断を図ろうとする行為も、各国で観察されるようになり、深刻な問題になってきている。

ＥＵやアメリカではこのようなインターネットによる他国からの世論誘導や民意の分断に法的に対処しようとしており、日本も民主主義を守るための法的対応を検討すべきであろう。そこで本稿ではその方策について考えてみることにしたい。

1　インターネットの夢と現実

インターネットの商用利用が本格的に始まり、個人やオフィスのパソコンからインターネットに接続しやすくしたＯＳであるウィンドウズ95が発売された一九九五年は、「インターネット元年」と呼ばれることがある。

当時、インターネットによって実現するとされていたサイバー空間は、国境のないボーダーレスな社会であり、時間的制約や地理的制約が取り払われ、国家権力から解放された自由かつ自律的な社会になることが期待されていた。

しかし、それから約三〇年が経過した現在、そのような期待の多くは裏切られたといわざるを得ない。

確かに経済活動については、インターネットはボーダーレスな商取引を加速した。個人から大企業に至るあらゆるレベルで商取引とそれに伴う国境を越えたデータ移転が行われるようになり、私たちの日常生活はインターネットを介したグローバルなサプライチェーンによって支えられるようになった。しかし、インターネットは主権国家とそこに住む人々との間の対立や分断をむしろ煽るような役割を果たすようになったのである。

今日、インターネットを利用したサイバー攻撃が国家間の紛争や地域紛争にも利用されるようになり（大谷 2017: 414）、サイバー空間は、陸、海、空、宇宙に続く第五の戦場であるという見方もある。国家が背景となって他国にサイバー攻撃を行ったと多くの有識者が見ている実例が複数存在し（伊東 2016: 56）、どのような攻撃が国際法上の武力行使に該当するのかについて議論されるようになっている*1（中谷ほか 2018）。

さらに、一九九〇年代には、ウェブサイト（ホームページ）と電子メールに加えて、静態的だったウェブサイトに情報発信者と受信者との相互コミュニケーションの要素を追加したブログが登場して普及し（ローゼンバーグ 2010）、二〇一〇年前後からはソーシャルネットワーキングサービス（ＳＮＳ）がスマートフォンの普及と呼応するようにして幅広く利用されるようになった（原田 2007）。しかし、これらの新たなツールは国民の間の深刻

*1　本稿の本文脱稿後、ロシアによるウクライナへの武力侵攻という事案が勃発した。ウクライナ事案では、武力による侵攻に付随する攻撃としてサイバー攻撃が行われたと見られている。

な世論の分断を助長するとともに、外国からの世論誘導や世論分断にも利用されるようになってきている。さらには、サイバー攻撃やインターネット上での新たなツールを利用した世論誘導・世論分断は、代表民主主義という国家の根本的な理念にも影響を与え、その断片化を招くおそれすら生まれている。

2 代表民主主義と直接民主主義

◉直接民主主義の実現可能性

インターネットを活用した様々なサービスの普及により、これまで技術的に困難とされてきたことが実現可能となってきている。そのうちのひとつが、直接民主主義的な制度の導入である。

直接民主主義は、小国や地方公共団体であればともかくとして、国政において導入することは技術的に困難であるとされてきた。しかし直接民主制的な制度は、少なくとも技術的には導入可能となっており、またそのコストも低廉になりつつある。

実際に、ヨーロッパにおいて二〇〇〇年代後半から各国で支持を伸ばした海賊党がかつて提唱していたのが、直接民主主義的要素を取り入れた「液体民主主義」である。海賊党は、著作権法の改正やファイル共有ソフトの合法化をめざして二〇〇六年一月にスウェーデンで設立された。その後、ドイツでも二〇〇六年九月に設立され、スウェーデン海賊党の理念を継承して個人情報保護、国家の透明性、オープンアクセス、個人のコピー権の保障、特許権の制限およびインフラ整備などを求めて静かなデジタル革命を起こすことを目指すという方向性を打ち出した（浜本 2013: 62）。海賊党が目指すデジタルな社会における新しいガバナンス構築手段として提唱されたのが、液体民主主義である。

液体民主主義とは何かについては、次のように説明される（薬師寺 2014: 84）。

> 液体民主主義は、委譲民主主義（Delegative Democracy）とほぼ同義とされ、代表制民主主義と直接民主主義の中間に位置付けられる、集団的な意思決定の一方法である。液体民主

主義においては、①有権者は、自己の権限行使を他者に委譲する受動的な個人（Individuals）となるか、自己及び委譲を受けた他者の権限を行使する積極的な被委譲者（Delegates）として活動するか役割の選択を行う（被委譲者は、代表制民主主義における代表者と類似の役割を担うが、人数の制限はない）、②さらに、被委譲者は、どの分野でどの程度活動を行うか選択し、分野ごとに、委譲を受けた権限を含む自らが持つ権限の行使を他の被委譲者に再委譲することができる、③被委譲者が行使する権限の強さ（最終的な投票の局面における票数）は、委譲を受けた有権者の数に比例するとされる。

液体民主主義は、その提唱者や時期によっても詳細が異なるので、前述の説明には当てはまらない場合もある。かつてドイツ海賊党が提唱していた液体民主主義は、有権者が決定した意思の表出を、各種のソフトウェアを用いて代理人に委任するというものであった。その際、前述の説明とは異なって、有権者の代理としての国民代表の選出にあたって選挙を必要としないとしていた（浜本 2013: 68）。なお、ヨーロッパでは議員の選出にあたって選挙は必要とせず、くじ引きで選ぶのが最良の方法であるという主張が話題になっていることを考えると（レイブルック 2019）、海賊党の主張も荒唐無稽なものとはいいがたい。

◉国民代表の理論

このように技術的に直接民主主義を導入可能になったとしても、少なくとも日本国憲法の下では、国政に直接民主主義的制度を導入するには大きな障壁がある。日本国憲法は、前文において国民は代表を通じて行動することを宣命し、四三条において国会が全国民を代表する選挙された議員によって構成されることを規定しているからである。しかし、技術的には直接民主主義的な制度を導入することが容易になった現在、改めて直接民主主義に対する代表民主制の優位について見直す必要があろう。換言すれば、直接民主主義は国政にはふさわしくないのか、そうだとすれば、それはなぜなのかについて改めて問い直される必要があるということである。

その手がかりのひとつとなるのは、カール・シュミット[*2]の直接民主主義に対する見解であろう。シュミットは、民主主義と自由主義が本来お互いに相容れないことを指摘している。独自の民主主義観に立った上で、シュミットは直接民主主義の可能性について論じている（シュミット 2018）。シュミットによれば、民主主義とは、〈統治する者と統治される者が等しい〉〈投票する人民とその投票を受けて人民を代表する者が等しい〉〈人民代表によって制定される法の内容と人民の意思が等しい〉という想定の下に、国家の統治権力を正当化するものであるという。液体民主主義は、制定される法の内容と人民の意思が等しいということを実現するのに法の制定にあたって人民代表すら必要としないという点で、シュミットの直接民主主義論の先に行くものとして捉えることも可能かもしれない。

一方、技術的に直接民主主義が採用可能になったことは、代表理論にも影響を与える。

今日、民主主義と代表制・選挙とは不可分の関係にあるといっても過言ではないであろう。ほとんどの民主国家がその統治原理の根幹に代表民主主義を採用し、いまだ民主化の途上にある国家では、民主化の促進を目指して民主化過程の初期に選挙が導入されている。日本国憲法は前述したように代表民主制の採用を定めているが、このような明文規定が存在しない憲法をもつ国の場合でも、民主制≒代表制であるとする理解は、各国で見られる。たとえば「共和制（republic）」を根幹原理とするアメリカ憲法の場合、「共和制」とは代表制を意味するものとして捉えるのが一般的である（湯淺 2009: 87）。

代表民主制において、代表に関する議論は、議員と選挙民との関係をどのように理解すべきかという問題に常に行き当たる。問題の中核は、議員は選挙民の意思に拘束されるべきか（命令的委任）、選挙民の意思に拘束されず自由であるべきか（自由委任）という二つの理念との間の対立にあり、この問題は代表に関する議論の中心となってきた。

近代議会制において成立した代表制は、元来、必ずしも民主制に適合的なものではなかった。代

＊2　ドイツの思想家、法学者、政治学者でベルリン大学教授（一九三三〜四五年）。議会制民主主義や自由主義を批判してナチスを支持し、ナチスの法学理論を支える役割を果たした。

表者が自己の良心に従って選挙民の意向から離れて統治を行う点が、むしろ民主制よりも優れたものとして観念されていたのである。このため、代表制と民主制を両立させるには、「デモクラシーをその直接制という制度的側面ではなく、人民による政治支配という理念的・精神的側面に重点を置いて捉え直し、他方で代表制を命令的委任の禁止という法的側面ではなく、選挙という制度的側面において捉え直す」（高橋 1997: 6）ことが必要であった。前者はアレクシス・ド・トクヴィル、ジョン・スチュアート・ミルらの民主主義の捉え直しによって達成されたという。一方で、後者は代表が人民の選挙によって選出されることを要求する理念の生成によって達成された。第二次世界大戦前後にドイツとアメリカで活躍した著名な政治学者カール・フリードリッヒは、それを「代表と選挙を同一視する最近の傾向」（Friedrich: 1937）と名付けている。その後の代表理論は、さらにそれを推し進めて、日本国憲法四三条一項の「全国民の代表」条項を、命令委任の禁止という禁止的規範だけではなく、議会にあたかも地図を描くようにして有権者の意思（「実在する民意」）を反映することを求める「社会学的代表」の積極的規範をも包摂すると理解するようになった。もっとも、その反映については、「国民意思と代表者意思の事実上の類似が重視されるようにな」ったと理解されており（芦部 2019: 278）、必ずしも厳密な類似を求めているわけではない。

このような経緯をへて、日本国憲法四三条一項は「両議院は、全国民を代表する選挙された議員でこれを組織する。」と定めているが、この「全国民の代表」条項は、命令委任の禁止という禁止的規範とともに、議会があたかも地図を描くようにして有権者の意思（「実在する民意」）を反映することを求める「半代表」「社会学的代表」の積極的規範をも包摂すると一般に理解されるようになった。

◉民意は忠実に反映されるべきか

しかし、「国民の多様な意思をできるだけ公正かつ忠実に国会に反映する選挙制度が憲法上要請されることになる」（芦部 2019: 278）とすれば、液体民主主義のような制度は、国民の多様な意思を忠実に国会に反映する選挙制度であるという評価も可能なのではないか。液体民主主義では議員は不要なものとしているが、技術的には、液体民主主義用ツールを改良し、有権者の民意を測定して忠実に法案に対する議員の投票に比例させるツールを開発することも可能であろう。それを利用して、有権者の民意を法案に対する議員の投票に忠実に比例させるようにすれば、それこそが議会があたかも地図を描くようにして有権者の意思を反映させていることにはならないか、ということなのである。液体民主主義の理念や技術をおしすすめれば、民意の分布を客観的な数値として把握することも不可能ではないとすれば、有権者の民意を忠実に法案に対する議員の投票に比例させることにとどまらず、国民代表である議員が法律として制定する予算の中に、有権者の民意を忠実に反映させるべきであると考えることも、あながち荒唐無稽とはいえないだろう。

一方で、代表民主制の主な機能が個人の民意を統合するところにあると解するのであれば、民意を忠実に議席分布に反映させたり、議員の法案議決や予算忠実に反映させたりすることは、民意統合機能を阻害し、統合されるべき民意を逆に分断するという批判を受けることになるかもしれない。

3　サイバー攻撃やSNSを通じた世論誘導による分断

◉SNSの普及の影響

ICT技術が代表制に与える影響として、近年大きな問題になってきたのは、サイバー攻撃による選挙への干渉と、ソーシャルネットワーキングサービス（SNS）の普及による民意形成への様々な影響である。後者に関しては、フェイクニュース・ディスインフォメーション[*3]の流布とその規制、プラットフォーマーによるアカウント凍結の是非、特定の個人を標的として民意誘導を狙うマイクロターゲティングなど多くの問題が生じている。

選挙の機能は、有権者の民意を代表者の選出を通じて国政に反映させることにあり、そのためには有権者が自由に政治的意思を決定して民意を形成することが重要とされてきた。しかし、SNSの急速な普及とプラットフォーマーの台頭、それ

*3　民意を誘導するために意図的に虚偽の情報を作成して流布すること。文字情報だけではなく、動画像等も流布されるようになっている。また真実ではあるが悪意のある情報の大量流布が行われることもある。広告配信技術や個人識別技術を利用し、特定の個人を対象としたディスインフォメーションも行われている。

によるマスメディアの退潮は、自由な政治的意思の決定とそれを統合したものとしての民意という選挙の前提自体を揺るがしかねないものになっている。

選挙は、有権者の民意を候補者や政党への投票を通じて有権者を代表する議員の議席に変換することによって、有権者の民意を政治に反映させるものである。その過程で、特にSNSを介し、有権者の民意の形成や候補者・政党への選択の過程に対して影響力を行使することが可能となっている。具体的には、SNSによって収集される有権者個人の社会経済的属性や政治的思想の傾向、行動範囲や交友範囲等に応じて、誤情報を含む特定の情報を意図的に流布したり、特定の思想信条等に偏向した広告を表示させたりすることによって、有権者の民意の形成や候補者・政党への選択を特定の方向に誘導しようとすることが挙げられる。

SNSを通じた民意の誘導が問題視されるようになったきっかけは、フェイスブックが行った「感情伝染実験」が、一種のゲリマンダーとしてハーバード・ロースクール教授のジョナサン・ジットレインに批判されたことにある。ジットレインはSNSによる世論操作を通じた投票行動への影響力行使を批判し、それをデジタル・ゲリマンダーと名付けている（Zittrain 2014）。実際にはデジタル・ゲリマンダーには様々な側面があり、サーチエンジンの検索結果の操作により世論を操作する、サイバー攻撃やフェイクニュース・ディスインフォメーション等を通じて選挙全般に介入するという問題もその射程となる（湯淺 2017）。

◉EUの対策

現時点において、EUの方がアメリカよりもSNSを通じた民意誘導問題への対応には積極的である。EUでは、虚偽情報の流布は表現の自由という基本的人権の侵害であると捉えられており、SNSの個人データが世論誘導や選挙干渉に悪用されることを排除してセキュアでレジリエントな民主的手続を確立する必要があるとされている。

このようなEUの立場が明確に示されているのが、二〇一八年六月二一日にセキュリティを担当するジュリアン・キング委員が行ったスピーチである（King 2018）。キング委員は、選挙に対する干渉としては二つのカテゴリーがあるとする。第一は制度に基づくものであり、第二は有権者の行動に基づくものである。

第一のカテゴリーに含まれるのは、有権者の数や票数を変えるために選挙管理や投票関係技術にサイバー攻撃を行って操作する行為である。選挙管理システムに侵入して有権者登録ができないようにしたり、投票データを入手してデータを改ざんしたりすることが想定される。キング委員は、第二のカテゴリーの方が深刻であるとしている。

ＥＵは、二〇一八年一月一五日に「フェイクニュース及び虚偽情報流布に関する有識者会合」[＊4]を設置した。同有識者会合は、二回の会合をへて、三月一二日に最終報告書を公表し、概略次の通りの提言を行った。

まず、公的にも私的にも検閲に該当するような対策は明確に排除されるべきであるとした。さらに、インターネットにおける分断や憎悪をもたらすような技術的方策も避けるべきであるとした。このことを前提として、報告書では共同規制的な対応を行うことが有用であるとして、それを「多元的な対応（multi-dimensional approach）」と名付け、その必要性を指摘している。このことを踏まえＥＵでは二〇一八年四月二六日、虚偽情報に対する「多元的な対応（multi-dimensional approach）」が正式に提案された。

プラットフォーマーに対しては二〇一八年七月までに共通の行動規範（a common Code of Practice）を策定して遵守することを求めた。行動規範は、具体的には以下を目的とするとしている。

1　スポンサーがついているコンテンツ、特に政治広告についての透明性を確保すること、また政治広告のターゲティングオプションを制限し、虚偽情報の提供者の利得を削減すること。

2　アルゴリズムの機能と第三者による検証を可能にすることについて、明確に説明すること。

3　他の視点を代表する異なるニュースソースをユーザが発見してアクセスしやすい

＊4　High-Level Group on Fake News and online disinformation.

ようにすること。

4　フェイクアカウントの特定と閉鎖対策、自動ボットの問題への取組を開始すること。

5　ファクトチェッカー、研究者、および公的機関がオンラインの虚偽情報を継続的に監視できるようにすること。

その後、EUはSNS事業者から月に一回のペースで共通の行動規範の遵守状況についての報告を徴しているという。

◉アメリカの対策

一方、アメリカは主として選挙に対するサイバー攻撃対策に取り組んでいる。その背景には、多くの国の選挙に対して実際にサイバー攻撃が行われていると見られ、アメリカもその被害を受けていることがある。

二〇一六年大統領選挙においては、共和党から出馬したドナルド・トランプ候補を有利にするためのSNSを利用した世論誘導工作や、候補者・政党関係者（特に民主党のヒラリー・クリントン候補の関係者）へのサイバー攻撃のほか、選挙人登録名簿データベースへのハッキングが行われ、実際にアリゾナ州とイリノイ州ではハッキングによる選挙人情報の流出が確認されている（川口 2020）。このため国土安全保障省は、ハッキングが行われている可能性がある州に対して選挙システムの防御のための支援を申し出、ほとんどの州がこれを受けた。

その後、二〇一七年一月六日に選挙管理システムは国土安全保障省によりサイバーセキュリティに関する重要インフラ指定を受けた。重要インフラ指定を受けたことにより、国土安全保障省は州の要請に応じて選挙システムのセキュリティに関する支援を行うこととされた。また選挙システムに関しても、情報共有及び分析センター（ＩＳＡＣ）として選挙インフラＩＳＡＣ（Elections Infrastructure ISAC = EI ISAC）が設置されることになった。

重要インフラ指定を受ける選挙管理システムには、以下が含まれる。

・有権者登録データベースおよび関連する情報通信システム

・選挙管理に使用される情報通信インフラおよびシステム（投票結果の開票、集計および表示システム、選挙後の選挙結果検証報告用のシステムなど）

・投票システムおよび関連するインフラ

・選挙管理および投票システム用のストレージ装置

・期日前投票所を含む投票所

なお政治活動委員会（ＰＡＣ）、選挙運動自体、政府や州政府等が設立したものではない選挙関係団体は、重要インフラに含まれない。

またトランプ大統領は、海外からのサイバー空間を利用した態様のものを含めた選挙干渉に対し、連邦政府が調査を行い、干渉が明らかになった場合に経済制裁措置を発動することを規定する大統領令一三八四八「アメリカ合衆国内の選挙への外国の干渉が発生した場合に一定の制裁を課す大統領令」[*5]を二〇一八年九月一二日に発出した。

この大統領令は、選挙干渉の調査手続、その報告、報告を受けた後の制裁措置等について規定するものである。

選挙干渉の調査については、国家情報長官は、合衆国選挙の終了から四五日以内に、他の適切な行政部局の長と協議の上、外国政府または外国政府の代理人もしくは代理人として行動する者がその選挙を妨害する意図または目的で行動したことを示す情報を調査することとされている。

本大統領令による調査対象は、一義的には合衆国選挙（連邦選挙）への外国政府またはその代理による選挙干渉である。調査の主体は、司法長官ではなく国家情報長官であり、情報機関が選挙の調査を行うところに特色がある。国家情報長官は選挙の後四五日以内という比較的に短期間で調査を行うことを命じられている。

大統領令では「外国からの干渉」について、「選挙に関し、外国政府又は外国政府の代理人若しくは代理として行動する者の隠ぺい的、詐欺的、欺瞞的若しくは不法な行為又は企てであって、選挙への影響、選挙の結果若しくは報告の結果に対す

＊5 Imposing Certain Sanctions in the Event of Foreign Interference in a United States Election.

る信頼を傷つけ、若しくは変更し、又は選挙の過程若しくは効果を有するものを含む」とする。投票の改ざんなど直接的に選挙結果に影響を与える行為だけではなく、「選挙の過程若しくは制度に対する国民の信頼を損なう目的若しくは効果」があるものを含むとしている。また、国家公務員や地方公務員のみならず、社会主義国における共産党員のような者も外国政府の中に含まれる。

選挙干渉の関係者に対する国内の経済制裁措置として、直接間接を問わず、合衆国選挙における外国の干渉に従事し、後援し、隠蔽し、またはその他これに加担した者の財産類は、すべて封鎖される。海外に関する制裁措置としては、外国人の財産の封鎖、輸出入制限、外国為替の制限、外国人執行役員である対象者の合衆国からの排除など広範な制裁を行うことができるとする。ただし、本大統領令における制裁は経済措置に限定され、外交官追放等は規定されていない。経済封鎖の対象となった外国人は、アメリカからの国外退去を命じられる。

◉ディープフェイク

民意形成に影響を与える手法も近年は超速の進化を遂げており、その例としてディープフェイクが挙げられる。ディープフェイクは、ディープラーニング（深層学習）とフェイクを組み合わせた造語であり、一般に、人工知能による画像処理や動画像処理技術を用いて、画像や動画像を加工・合成したり新規に生成したりして、虚偽の画像や動画像を作成して流布させることを指す。このような画像や動画像の流布は、コンピュータグラフィック（CG）技術の発展のいわば副産物であるが、ハードウェアとソフトウェアの進化によって、一昔前であればかなり高性能なコンピュータを使用しなければ編集できなかったような動画像が、アプリを利用して簡単にスマホでも取り扱えるようになっている。

フェイクニュースやディスインフォメーション全般に対する規制はアメリカよりもEUの方が熱心であるが、アメリカの一部の州では州選挙法を改正してディープフェイク規制に乗り出している（湯淺 2021）。

カリフォルニア州議会は、二〇一九年に選挙運動におけるディープフェイク等を規制するＡＢ七三〇法案を可決した。本法は、二〇二三年一月一日までのサンセット法であり、投票日の六〇日前から、いかなる者にも候補者に関するディープフェイクの発信を禁止するものである。

本法においては規制対象を「実質的に虚偽の音声または視覚メディア（materially deceptive audio or visual media）」としており、画像、音声または動画が対象となる。本法では、「候補者の外観、スピーチ、又は行為に関する画像、音声又は動画であって、当該の画像、音声又は動画が誤って表示されるような方法で意図的に操作されたもの」、または「合理的な人物が、変更されていない元のバージョンを聞いたり見たりした場合に、その人物が持っているものよりも、画像、音声又は動画の表現内容について根本的に異なる理解又は印象を持つようにしたもの」の中にディープフェイクも含まれることになる。その上で、これらについて、原則として製造、配布、公開または放送を禁じている。

テキサス州も、二〇一九年に選挙法を改正し、選挙運動におけるディープフェイク等を規制するＳＢ七五一法案を可決した。

テキサス州の州選挙法では、「ディープフェイク・ビデオ」という文言を用いて「欺くつもりで作成され、実際には発生しなかった行動を実行している実際の人物を描写しているかのように見えるビデオ」と定義している。その上で候補者を誹謗中傷したり選挙結果に影響を与えたりすることを目的としてディープフェイク・ビデオを作成することを明確に禁じている。自らが作成したものでなくても、投票日の前三〇日間はフェイクと知りつつ流布させることも禁じられており[*6]、軽犯罪として刑事罰も科されることになる点もカリフォルニア州法とは異なる。

4　日本でも分断への対策は可能か

日本においても、翁長雄志知事が死去したことに伴い行われた二〇一八年の沖縄県知事選挙では、立候補した玉城デニー、佐喜眞淳の両候補に関する誹謗中傷や事実でない情報がＳＮＳや動画共有サイトで飛び交ったことが話題になった。近

＊6　ツイッターのリツイートは、自分の共感等の意思表示と見ることも可能であるが、公職選挙法の観点からは、元のツイートの内容を自分のアカウント上に引用して表示するという点で新規の文書図画を作成して頒布する行為であり、それがリツイートを行った者自身による選挙運動に該当する可能性がある。特定の候補者への投票を呼びかけるツイートをリツイートしたりシェアしたりすることは、選挙運動に該当する可能性が高い（湯淺 2022）。

隣の台湾においても、中国発と見られる親中派候補者を有利にするようなフェイクニュース・ディスインフォメーションが問題となっており、サイバー空間を利用した選挙干渉を受け、それが代表制に大きな影響を与えるおそれは現実化している。

しかし、日本における選挙のサイバーセキュリティを考える際、フェイクニュースや世論誘導までが対策の射程の中に入るべきなのかという点が第一に問題となりうる。

この点について、内閣サイバーセキュリティセンター（ＮＩＳＣ）副センター長などを歴任しサイバーセキュリティに詳しい官僚として知られた谷脇康彦・元総務審議官は、次のように述べている（谷脇 2018: 148）。

> ネット上の偽（フェイク）ニュースをめぐる議論がますます深刻化しています。（中略）こうした情報資産のＣＩＡ[*7]を確保するという視点からみると、情報の完全性が悪意をもって操作される、つまり偽情報が拡散される状況はサイバーセキュリティが確保されていない状況といえます。このため、情報の完全性を破り、偽情報を意図的に流通させる行為も広い意味でサイバー攻撃であり、その対策に関する議論もサイバーセキュリティ政策の射程に入ってくるものととらえることができます。

また研究者の間からも、サイバー空間を利用した現代の選挙介入への対抗が不可欠であり、それには予防、極小化、事後対応という三段階の対策によって対処すべきであるとして、政府、国会、政党・政治団体等、メディア・ＳＮＳプラットフォーマー等、有権者という五つのセクターがそれぞれの三段階で対応するべきとする見解が現れている（川口・土屋 2019）。ＳＮＳに対しては、「われわれの憲法はすでに内心の自由を保障している（一九条）[*8]。ＳＮＳを通した精神への直接的介入を制御し（心理的プロファイリングの規制）、送られてくる情報を利用者本人が主体的・自発的に選択できることが必要だろう。」として、憲法一九条を根拠として規制を実施することを提案する見解もある（山本 2021: 120）。

*7　情報資産のＣＩＡとは、機密性（confidentiality）、完全性（integrity）、可用性（availability）を指し、情報セキュリティの基本的な要素とされる。

*8　原文ママ。憲法一九条は、思想・良心の自由について規定している。

しかし、選挙の領域においては、このような民意形成への影響の問題を取り扱うことは、日本における選挙管理の射程を超えるものであるという見方もありうる。仮にフェイクニュースや世論誘導が公職選挙法に違反する形態で行われたとしても、日本の選挙管理委員会は選挙運動規制の違反行為についての捜査や摘発等は行っておらず、候補者や陣営に対する警告を行うにとどまっている。このため、公職選挙法に違反する場合であれば、むしろ選挙管理の問題ではなく選挙犯罪として警察行政が関係するものと考えるべきかもしれないが、警察の関与の拡大は、逆に警察による選挙干渉のおそれという指摘を受けかねない。

他方、日本においては表現の自由や知る権利、検閲の禁止と通信の秘密というような憲法上の権利・規定が存在するため、フェイクニュースやディスインフォメーションの規制が難しいとされているが、選挙運動に関しては公職選挙法が広範な規制を置いている。最高裁も、公正な選挙を目的とするのであれば公職選挙法による表現行為の規制は許されると解してきた。公職選挙法の定める戸別訪問の禁止が憲法の保障する表現の自由に違反するのではないかという訴訟が何回も提起されつつ、そのたびに最高裁によって退けられてきたのは、その一例である。

これまでの最高裁の判例[*9]に照らしてみれば、日本の公職選挙法を改正してカリフォルニア州やテキサス州の州選挙法が定めているようなディープフェイク規制を規定したとしても、違憲と判断される余地は小さいであろう。実際に、国民の知る権利に留意しつつ、ディスインフォメーションを用いた外国勢力の干渉を取り締まるために公職選挙法等を改正することを提案する政策提言もある（笹川平和財団 2022）。そもそも公職選挙法では、「当選を得させない目的をもつて公職の候補者又は公職の候補者となろうとする者に関し虚偽の事項を公にし、又は事実をゆがめて公にした者は、四年以下の懲役若しくは禁錮又は百万円以下の罰金に処する」（二三五条二項）と規定しているわけであるから、この条文を改正し、世論誘導までを明確に規制対象とすることが現実的なようにも思われる。

*9　最大判昭和二五年九月二七日刑集四巻九号一七九九頁、最判昭和四四年二月六日集刑一七〇号二二五頁、最判昭和五六年六月一五日刑集三五巻四号二〇五頁、最判昭和五六年七月二一日刑集三八巻三号三八七頁など。

インターネットによる民意の分断は、民主主義全体の危機を招来する。日本でも、少なくとも選挙運動におけるディープフェイクを規制する可能性はないかについて検討し、インターネットによる民意の分断を防ぐために法的な措置を導入するべき時期にきているといえよう。

【付記】本稿の一部は、二〇二一年度日本選挙学会研究大会発表論文を修正したものである。

【参考文献】

芦部信喜 2019『憲法〔第七版〕』高橋和之補訂、岩波書店.
伊東 寛 2016『サイバー戦争論―ナショナルセキュリティの現在』原書房.
大谷卓史 2017『情報倫理―技術・プライバシー・著作権』みすず書房.
川口貴久 2020「ロシアによる政治介入型のサイバー活動～二〇一六年アメリカ大統領選挙介入の手法と意図～」〈https://www.spf.org/iina/articles/kawaguchi_01.html〉（二〇二二年二月二〇日最終アクセス）.
川口貴久・土屋大洋 2019「現代の選挙介入と日本での備え：サイバー攻撃とSNS上の影響工作が変える選挙介入」〈http://www.tokiorisk.co.jp/service/politics/rispr/pdf/pdf-rispr-01.pdf〉（二〇二二年二月一三日最終アクセス）.
笹川平和財団 2022「政策提言：〝外国からのディスインフォメーションに備えを！～サイバー空間の情報操作の脅威～〟」〈https://www.spf.org/global-data/user172/cyber_security_2021_web1.pdf〉（二〇二二年二月二〇日最終アクセス）.
高橋和之 1997「現代デモクラシーの構造」岩村正彦ほか編『岩波講座現代の法3 政治過程と法』岩波書店.
谷脇康彦 2018『サイバーセキュリティ』岩波新書.
中谷和弘・河野桂子・黒﨑将広 2018『サイバー攻撃の国際法―タリン・マニュアル2・0の解説』信山社.
浜本隆志 2013『海賊党の思想―フリーダウンロードと液体民主主義』白水社.
原田和英 2007『巨大人脈SNSのチカラ』朝日新書.
薬師寺聖一 2014「世界民主主義フォーラム（World Forum for Democracy）」『立法と調査』358.
山本龍彦 2021「SNSとフェイクポピュリズム」『外交』66.
湯淺墾道 2009「二〇〇八年アメリカ大統領選挙と電子投票」『九州国際大学法学論集』16(1).

湯淺墾道　2017「ディジタルゲリマンダの法規制の可能性」『情報処理』58(12)．

湯淺墾道　2021「アメリカ選挙法におけるディープフェイク規制の動向」〈https://www.spf.org/iina/articles/harumichi_yuasa_01.html〉（二〇二二年二月二三日最終アクセス）．

湯淺墾道　2022「インターネット選挙運動に関する近時の論点」『月刊選挙』75(2)．

シュミット、カール　2018『国民票決と国民発案―ワイマール憲法の解釈および直接民主制論に関する一考察』仲正昌樹監訳・松島裕一訳、作品社．

ローゼンバーグ、スコット　2010『ブログ誕生―総表現社会を切り拓いてきた人々とメディア』井口耕二訳、NTT出版．

レイブルック、ダーヴィッド・ヴァン　2019『選挙制を疑う』岡崎晴輝・ディミトリ・ヴァンオーヴェルベーク訳、法政大学出版局．

King, Julian. 2018. 〈https://ec.europa.eu/commission/commissioners/2014-2019/king/announcements/commissioner-kings-speech-aspen-institute-protecting-western-democracies-manipulation-and_en〉（二〇二二年二月二三日最終アクセス）．

Friedrich, Carl. 1937. *Constitutional Government and Democracy*. 1968 Fourth ed. Harper and Brothers.

Zittrain, Jonathan. 2014. "Facebook Could Decide an Election Without Anyone Ever Finding Out." *New Republic* 〈https://newrepublic.com/article/117878/information-fiduciary-solution-facebook-digital-gerrymandering〉（二〇二二年二月二三日最終アクセス）．

第Ⅱ部　〈分断〉と人権の諸相

新型コロナ対策における分断

――日本型対策の諸問題

横大道聡

二〇一九年末から世界中で流行した新型コロナウイルス感染症（COVID-19）は、人々の生活様式を一変させた。日本もまたその例に漏れない。

日本国憲法二五条二項は、「国は、すべての生活部面について、社会福祉、社会保障及び公衆衛生の向上及び増進に努めなければならない。」と定める。そのため、国家（政府）は憲法上の責務の履行として、感染症対策を行わなければならない。他方で感染症対策は、必然的に各種の人権の制約を伴うが、憲法は国に対して、人権を侵害してはならないという要請も課している。つまり国家は、実効的なコロナ対策を講じる責務と、その際に人権を侵害してはならないという、相反する要請のバランスの中での難しい舵取りが求められるのである。

では実際に日本政府が講じてきた各種のコロナ対策はどのように評価できるだろうか。確かに二〇二一年末段階では、諸外国と比べて死者数を相当程度抑え込んでいるという意味では成功している面もある。しかし他方で、様々な意味で「分断」を生じさせているのも事実である。

コロナ対策で生じている「分断」を克服することは重要であるが、そのための方策を示すためにも、まず、「分断」がどのように生じているのかを認識することが必要である。そこで本稿は、日本における感染症対策を概観し、その仕組みを把握した上で（1）、その中で見られる分断の諸相を広く取り上げることで（2・3）、問題の所在を明らかにしていきたい。

1　感染症対策の枠組み

日本のコロナ対策は、感染症対策の枠組みを用いて実施されている。感染症対策は、大別して、①社会全体への感染のまん延の防止、②個々の感染者への対応、③国外からの病原菌流入に対する水際対策、④疾病に対する免疫効果の獲得、という四本の柱から成り立っており、各々の領域で各種の法律が制定されている（大林 2021a）。以下、代表的な法律とその概要を、コロナ対策との関連を意識しながら見ていこう。[*1]

◉社会全体への感染のまん延の防止――特措法

第一に、社会全体への感染のまん延の防止である。これについて定める主たる法律が、「新型インフルエンザ等対策特別措置法」（以下「特措法」という）であり、同法は、「……感染症の予防及び感染症の患者に対する医療に関する法律……その他新型インフルエンザ等の発生の予防及びまん延の防止に関する法律と相まって、新型インフルエンザ等に対する対策の強化を図り、もって新型インフルエンザ等の発生時において国民の生命及び健康を保護し、並びに国民生活及び国民経済に及ぼす影響が最小となるようにすることを目的とする」法律である（1条）。新型コロナウイルス感染症は、令和三年二月の法改正で特措法上の「新型インフルエンザ等」に該当するとされたので（二条一項）、特措法に基づく措置の対象と明確に位置づけられた。[*2]

特措法の下、同法の対象となる感染症の発生が認められたとき、内閣総理大臣を長とする新型インフルエンザ等対策本部が設置され、同対策本部が「基本的対処方針」を定めて対応に当たることになる（一四～一八条）。そして、感染のまん延の状況が悪化した程度に応じて、都道府県知事が、①まん延防止等重点措置（三一条の六）と、②緊急事態措置（四五条）を講じるという仕組みが採用されている。両者とも、一定の事業者・施設を対象に、一定の措置――①は「営業時間の変更その他国民生活及び国民経済に甚大な影響を及ぼすおそれがある重点区域における新型インフルエンザ等のまん延を防止するために必要な措置として政令

*1　以下で見る情報は、原則として二〇二二年一月末段階のものである。

*2　令和三年二月の法改正前から、新型コロナウイルス感染症は、特措法の附則によって時限的に同法の適用を受けるとされていた。これが法改正により恒久的な適用を受けることとされた。

で定める措置」、②は、学校、社会福祉施設、興行場、「その他の政令で定める多数の者が利用する施設を管理する者又は当該施設を使用して催物を開催する者……に対し、当該施設の使用の制限若しくは停止又は催物の開催の制限若しくは停止その他政令で定める措置」――を講ずるように「要請」することができ（三一条の六第一項、四五条二項）、正当な理由なく要請に従わない者に対しては、「特に必要があると認めるときに限り」、要請に従うように「命令」を発出できる（三一条の六第三項、四五条三項）。命令違反に対しては過料が科される（七九条、八〇条一号）。

◉個々の感染者への対応――感染症法

第二に、個々の感染者に対する対応である。これについて定める主たる法律が、「感染症の予防及び感染症の患者に対する医療に関する法律」（以下「感染症法」という）である。

感染症法の前文では、「我が国においては、過去にハンセン病、後天性免疫不全症候群等の感染症の患者等に対するいわれのない差別や偏見が存在したという事実を重く受け止め、これを教訓として今後に生かすことが必要である。」という認識が示される。[*3] 感染症法の制定以前は、伝染病予防法、結核予防法、らい予防法、エイズ予防法など、個別法による対処がなされていたが、それらの法律の基本的なスタンスは、患者の隔離による対応であった。それに伴う多くの人権侵害に対する反省の上に制定された感染症法は、「感染症の患者等の人権を尊重しつつ、これらの者に対する良質かつ適切な医療の提供を確保し、感染症に迅速かつ適確に対応することが求められている。」（前文）とし、かかる見地から、「感染症の予防及び感染症の患者に対する医療に関し必要な措置を定めることにより、感染症の発生を予防し、及びそのまん延の防止を図り、もって公衆衛生の向上及び増進を図ることを目的」（一条）とする法律であることを明言している。[*4]

感染症法の仕組みであるが、国民との関係では特に、第四章「就業制限その他の措置」（一六条の三～一六条の二）が重要である。そこでは、対象となる感染症の患者（疑似症患者、無症状病原体保有

*3　ハンセン病に関して、熊本地判平成一三年五月一一日判時一七四八号三〇頁と、それも踏まえて制定された「ハンセン病問題の解決の促進に関する法律」も参照。

*4　感染症法も特措法と同様に「感染のまん延の防止」も目的に掲げているが、個々の感染者の特定を前提とした措置を想定している点で、特措法と区別される（磯部 2021a: 63）。「感染症法が火元の対策、特措法が火に油を注がない対策」と整理されることもある（齋藤 2021: 65）。

者、当該感染症にかかっていると疑うに足りる正当な理由のある者を含む）からの検体採取（一六条の三）、対象感染症にかかっていると疑うに足りる正当な理由のある者に対する健康診断の勧告・強制（一七条）、対象感染症の患者および無症状病原体保有者に対する就業の制限（一八条）が定められているほか、新型コロナウイルス感染症に係る入院の場合を想定して、令和三年二月の法改正により、次のような仕組みが採用された。

都道府県知事は患者に対して、入院勧告（一九条一項、二〇条一項）を行い、それに従わないときには入院させることができる（入院措置：一九条三項、二〇条三項）。重症化リスクがなく、医師から入院は必ずしも必要ないと判断された者で、外出しないことや健康報告などの感染防止にかかる留意点を遵守できる場合は入院勧告・入院措置の対象とはならず、宿泊療養・自宅療養となる（四四条の三）。入院勧告・入院措置の対象となるのは、重症化リスクのある者と、宿泊療養・自宅療養の協力に応じない者であり（一九条、二〇条、二六条二項）、対象者が入院措置中に逃げだしたり、入院措置に正当な理由なく応じない場合には過料が科される（八〇条）。

◉国外からの病原菌流入に対する水際対策——検疫法

第三に、国外からの病原菌流入に対する水際対策である。これについて定める主な法律が「検疫法」であり、さらに「出入国管理及び難民認定法」（以下「入管法」という）も関係する。

検疫法一条の目的規定は、「この法律は、国内に常在しない感染症の病原体が船舶又は航空機を介して国内に侵入することを防止するとともに、船舶又は航空機に関してその他の感染症の予防に必要な措置を講ずることを目的とする。」と規定する。検疫法の仕組みを単純化すれば、外国から来航した船舶・航空機等に対して検疫を義務づけ（四条）、検疫済証（一七条）または仮検疫済証（一八条）の交付前における上陸を原則禁止とする（五条）というものである。検疫に関しては、検疫所長による質問・検査（一二条・一三条）、さらには感染者の隔離、感染の疑いのある者の停留措置なども行うことができる（一四条）。いずれについても違反に対する罰則規定が設けられている（三五条・三六条）。

新型コロナウイルス感染症の流入防止のために採られた具体的な方策は、海外から日本に帰国または入国する者に対して、①出国七二時間以内に得た「陰性」を証明する出国前検査証明書の提示、②空港での検査、③自宅または宿泊施設での一定期間の待機、④自宅等での待機、公共交通機関の不使用、位置情報や健康状態の報告等を行うという内容の誓約書の提出、そして⑤質問票の提出、である。[*5] ①を欠く場合や不備がある場合は一八条一項に基づく仮検疫済証を交付せず、五条に基づき上陸拒否した上、二三条の二に基づき航空会社に送還を要請する。②は検疫所長の検査権限（一三条一項）に基づき行われ、拒否者には罰則（三六条四号）がある。③、④は感染症の感染の防止に必要な協力（一六条の二）として求められるもので、③の求め（②の検査で陰性とされた者も対象である）に応じない場合には停留の措置（一四条一項二号）、④の誓約に違反した場合には氏名等の公表が行われる。[*6] ⑤は検疫法一二条に基づき行われ、質問に答えなかったり虚偽の答弁をした場合には罰則がある（三六条三号）。

入管法は、「本邦に入国し、又は本邦から出国する全ての人の出入国及び本邦に在留する全ての外国人の在留の公正な管理を図るとともに、難民の認定手続を整備することを目的とする」法律である（一条）。入管法に基づき、感染症法の対象となる感染症に罹患している者やその疑いのある者の入国拒否（五条一項一号）や、「法務大臣において日本国の利益又は公安を害する行為を行うおそれがあると認めるに足りる相当の理由がある者」（五条一項一四号）の入国拒否を行うことにより、感染症の水際対策が行われる。

●疾病に対する免疫効果の獲得——予防接種法

第四が、疾病に対する免疫効果の獲得であり、これについて定める主な法律が「予防接種法」である。

予防接種法は、「この法律は、伝染のおそれがある疾病の発生及びまん延を予防するために公衆衛生の見地から予防接種の実施その他必要な措置を

*5 令和四年三月以降は、水際措置の見直しがなされ、①指定国・地域からの帰国・入国の有無およびワクチン接種証明書の保持の有無により入国後の自宅待機期間が変更されるとともに、②自宅等待機が必要な者について、入国後の自宅等への移動に限り、公共交通機関の使用が可能とされた。

*6 氏名等の公表は法的根拠なく行われている。この点について加藤勝信前官房長官は、二〇二一年一月一四日の記者会見において、「法律上の根拠がなくても、行政法上の合理的な目的があり、先方の同意も前提としている」と説明している。日経新聞二〇二一年一月一五日などを参照。

講ずることにより、国民の健康の保持に寄与するとともに、予防接種による健康被害の迅速な救済を図ることを目的とする」法律であり、同法が採用する基本原則が「任意接種の原則」である（九条）。これはかつての強制接種・集団接種の下で発生した予防接種禍に対する反省を踏まえてのものであり、接種義務は廃止され、接種の勧奨のみを可能とするとともに（八条）、予防接種による健康被害に対する救済措置（第五章）を定めている。

予防接種は、定期の予防接種（五条）、「まん延予防上緊急の必要があると認めるとき」に行われる臨時の予防接種（六条）に大別できるが、新型コロナのワクチン接種は、令和二年一二月の予防接種法改正により、後者の臨時の予防接種の特例[*7]として行われている（同法附則七条二項）。

2 対策の対象をめぐる分断

Iで見た各種の法律によって、新型コロナウイルス感染症対応がなされているが、その中で数多くの問題が生じている。それら諸問題のうち、この2では対策の対象をめぐる分断を、続く3では物理的意味での分断を取り上げる。

◉特措法の規制対象

特措法に基づく強制的な措置は、①まん延防止等重点措置と、②緊急事態宣言発令時に採られる緊急事態措置であるが、両者とも、その対象が特定の事業者・施設に限定されており、主に飲食店が休業要請、時短要請の対象とされたことは周知であろう。住民一般にもコロナ対策の実施や防止に関して「必要な協力」の「要請」を行うことができるが（二四条九項、三一条の六第二項、四五条一項）、それに従う法的義務は課されていないという点で、事業者等に対する対応とは対照的である。これが分断の火種となる。

「新型コロナウイルスのような感染症の抑制対策は、発症者一名がウイルスを感染させる対象者数の平均である実効再生産数の抑制を目標とする。この実効再生産数が一を下回れば、社会全体での感染者数は減少する」（本堂 2021: 119）。つまり感染症対策の基本は、実効再生産数を減少させることにある。しかし、「この実効再生産数を下げる方策

*7　通常の臨時接種とは異なり全額国庫負担となっている（附則七条三項）。この法改正により、ワクチンの使用による健康被害に係る損害を賠償すること等によって生じた製造販売業者等の損失補償契約を締結できるとする規定も盛り込まれた（附則八条）。

は科学的、医学的に唯一に定まり得ない。全ての社会的活動は感染リスクを伴い、それらの活動全体が実効再生産数を構成するため実効再生産数を低くする方策は無限にある」（本堂 2021: 19）。そのため、実効再生産数を減少させるためにどの社会的活動を規制対象とするのかは、科学的な必然によってではなく、社会的、政治的な「選択」に基づいて行われる。飲食を伴う懇親会や、大人数や長時間におよぶ飲食などが感染リスクが高まる場面であるとして、飲食店が規制の対象に「選択」されたのであるが、人数制限などではなく、営業時間の短縮や酒類提供の制限といった、飲食店からすると利益に直結するという意味で「強い」規制がなされたのである。

特措法四五条二項に基づく時短営業の要請を受けた飲食店のひとつであるグローバルダイニング社が、要請に従わなかったことを理由に東京都知事から同三項に基づき営業時間短縮の「命令」を発出されたため、同条項の違憲性や命令発出の違法性を主張して提訴したことは大きく報道され話題を集めたが*8、同社社長の長谷川耕造氏が公表した、要請に従わないことについての弁明書の中の「新型コロナ対策や経済対策制度に大きな不備がある中、民間、特に飲食店を狙い撃ちにした経済的我慢を強いる緊急事態宣言と時間短縮要請については不信しかありません」という一文の中に、規制対象の選択の恣意性と、それによって規制対象とされた者とそうでない者との間の分断の存在を見出すことができよう（e.g., 谷口 2021）。

◉ロックダウンという「劇薬」

仮に特措法の規制対象を、飲食店などの特定事業者に限定せず、広く一般を規制対象とした場合、すなわちロックダウンのような仕組みを導入する場合には、今述べた意味での分断は解消されるかもしれない。しかし、それは別の意味での分断を生じさせる。

確立した定義があるわけではないが、ロックダウンとは一般に、「感染症のまん延を抑えるために、一定期間、特定の地域につき、感染の有無にかかわらず外出を制限したり人々の移動や行動を〔強制力を用いて〕制限したりすること」である

*8　本稿執筆段階（二〇二一年一二月末）で東京地裁に係属中。同訴訟は、クラウドファンディングサイトCALL4〈https://www.call4.jp/index.php〉からの支援を受けており、同ウェブサイトの「コロナ禍、日本社会の理不尽を問う（コロナ特措法違憲訴訟）」のパートでは、筆者が執筆した意見書（横大道 2021）も含め、多くの訴訟資料・関連情報が紹介されている。

（大林 2021b: 65）。一般に人権の制約は、人権制約の目的が必要不可欠で、その目的を実現するために厳密に設《しつら》えられた規制手段が採用されていれば正当化されるが、ロックダウンは、感染症対策を万全に講じた行為や、感染をまん延させる具体的危険を伴わない行為をも広く規制の網にかけ、「不確実性の高いリスクまたは抽象的なおそれを理由に自由を制約すること」（大林 2021b: 71）をその特徴とするものであって、必然的に目的に比して過剰な規制となる（山羽 2021b: 61、横大道 2021）。ロックダウンは、憲法上の人権制約の根拠である「公共の福祉」（一二条、一三条）を持ち出しさえすれば正当化できるとはいいがたい規制措置なのである。

各種の人権条約や他国の憲法の中に、人権の制約を認める規定とは別に、通常の人権保障からの「逸脱（デロゲーション）」を認める規定が設けられている[*9]のは、公共の福祉のような人権制約の一般論では正当化できない事態に備えてのことである（横大道 2022: 121-122）。そうした憲法上の規定もないままにロックダウンを可能とする法制度を採用することは、憲法と齟齬を来すという意味での分断をも産み出してしまう。

◉憲法上の損失補償

憲法二九条三項は、「私有財産は、正当な補償の下に、これを公共のために用ひることができる」と規定する。この憲法上の損失補償は、財産権の制限が一部の者にだけ「特別の犠牲」を強いる場合には、その者に生じた金銭的損害を公金によって補填することにより公平に社会で負担し、平等を確保することを目的とする。

この憲法上の損失補償は、時短営業や休業要請などに従った事業者には行われていない[*10]。それは、①令和三年二月の法改正前は、「要請」に違反しても罰則はなく、行政指導として行われていたため、要請に従う法的義務が課されたわけでもなければ、権利の制約も生じていない、②（法改正の前後を問わず）「特別の犠牲」が生じたというためには、対象の特定性と、侵害行為が財産権に内在する社会的制約として受忍すべき限度を超えている必要があるが、対象は飲食店全般という点で特定性が低く、規制も一時的であり、またそもそも危険を発

＊9　たとえば、自由権規約四条一項は、「国民の生存を脅かす公の緊急事態の場合においてその緊急事態の存在が公式に宣言されているときは、この規約の締約国は、事態の緊急性が真に必要とする限度において、この規約に基づく義務を逸脱する措置をとることができる。ただし、その措置は、当該締約国が国際法に基づき負う他の義務に抵触してはならず、また、人種、皮膚の色、性、言語、宗教又は社会的出身のみを理由とする差別を含んではならない。」と定める。ヨーロッパ人権条約一五条一項も、「戦争その他の国民の生存を脅かす公の緊急事態の場合には、いずれの締約国も、事態の緊急性が真に必要とする限度において、この条約に基づく義務を逸脱する措置をとることができる。ただし、その措置は、当該締約国が国際法に基づき負う他の義務に抵触してはならない。」と定めている。

＊10　営業をする権利は、憲法二二条一項により保障されるが、その継続によって収益を得ることは二九条一項の「私有財産」に含まれると解される。河川附近地制限令事件（最大判昭和四三年一一月二七日刑集二二巻一二号一四〇二頁）を参照。

生させるような行為（ここでは感染のまん延）を規制することは財産権に対する内在的制約として損失補償なしに許容される、といった理由に基づいている（山本 2021）。

しかし、本節冒頭で見たように、実効再生産数を減少させるためにどの社会的活動を規制対象とするかは社会的、政治的な「選択」であるとすれば、社会全体の利益のために、具体的な感染の危険を発生させているわけではない一部事業者に対して「特別の犠牲」を課していると見る余地もある（本堂 2020: 118-119; 磯部 2021a: 64、反対論として小山 2020: 146）。憲法上の補償もないままに一部の者を規制対象とすることは、本節冒頭で見た「分断」をさらに深めてしまう可能性がある。

◉補助金の対象

憲法上の損失補償ではないものの、特措法に基づく「要請」等に従った事業者に対しては、国や地方自治体によって一定の補助金を支給するなどといった支援措置が講じられたが、*二 その対象をめぐっても分断が生じている。国の持続化給付金給付規程（中小法人等向け）の対象から、「風俗営業等の規制及び業務の適正化等に関する法律……に規定する『性風俗関連特殊営業』又は当該営業にかかる『接客業務受託営業』を行う事業者」を除外したからである。

その理由は、「性風俗関連特殊営業につきましては、社会通念上、公的資金による支援対象とすることに国民の理解が得られにくいといった考えの下に、災害対応も含めてこれまで一貫して公的金融支援や国の補助制度の対象とされてこなかったことを踏襲し、対象外としております」というものであるが（第二〇一回国会参議院予算委員会会議録第一九号（令和二年五月一一日）一〇頁〔梶山弘志国務大臣発言〕）、「国民の理解が得られにくい」という根拠によって、特定の職業、それも法律上認められている職業従事者に対してのみ、他の職業従事者が受領できる利益の提供を拒むということは、憲法二二条一項の職業の自由や、憲法一四条一項の平等の問題を生じさせる。「性に関する娯楽の『いかがわしさ』とそれへの蔑み」から給付対象からの除外が行われている可能性が高く、「当該産業

＊二　憲法上の損失補償の場合、原則として生じた損失をすべて補償すべきであるとされるが、憲法上の損失補償ではない支援措置なので、その額は生じた損失よりも低くても構わないことになる。なお、令和三年二月の法改正により、特措法六三条の二第一項に、国や自治体は、「事業者を支援するために必要な財政上の措置その他の必要な措置を効果的に講ずるものとする」という規定が設けられ（六三条の二第一項）、支援義務が規定されたが、この義務は法律上の義務であり、憲法上の義務ではないと解されている。

とその従事者をいかがわしい存在として位置づけながら、それら人たちの事業自体を価値の低いものと捉え、さらに生活を維持していこうとする『生』に対する真剣さを軽視することこそ、それらの人々の『格下げ』となる」という指摘（新井 2020: 54）は、給付金政策における分断とそれがもたらす弊害を的確に示している（詳細については、本書第Ⅲ部の新井論文を参照）

3　物理的な分断

2では対策の対象をめぐる分断という観点からコロナ対策の問題を取り上げた。この**3**では、物理的意味での分断という観点から、コロナ対策の問題を取り上げる。

◉感染者の入院とその強制

感染症法においては、過去の人権侵害の反省を踏まえて、「著しい人権制限である患者の隔離政策は放棄され」ており（市橋 2021: 63）、その「デザイン（本質的な部分）として、過去の人権侵害を繰り返さないことが組み込まれている」（江島 2021: 171）。感染症法上の入院制度も、患者の隔離を基本とした過去の諸法律に対する反省に立脚し、「通常医療では対応できない感染症の患者に対しても医療アクセスを確保し、その者の健康を回復させることによって伝染を予防することに意義がある。つまり、この制度の根幹は患者に対する医療提供の確保にこそある」（河嶋 2021: 22）もので、令和三年二月の法改正以前は、入院勧告を前置した上で、これに従わない場合に入院措置（即時強制）をするという仕組みであった。そして一般に、入院治療を要する感染症患者にとって入院することは本人の利益でもあり、入院勧告に抗うことや、入院中の外出も想定しにくいということもあり、罰則は設けられていなかった。

しかし、新型コロナウイルス感染症の場合、無症状や軽症者も存在するため、入院措置に応じなかったり、入院中に逃亡したりする事態が複数発生した。そこで令和三年二月に法改正が行われ、**I**で見たように、入院措置を拒否したり、逃亡した場合などに罰則（過料）を科すことになったのである。

この法改正により、「本来、非権力的な働きかけであった勧告が、間接強制の仕組みの中で義務を課す処分へとその性格を変えてしまうことになりかねず、立法時に目指された、強制よりも患者の意思に基づく入院を促す勧告を前置することで、患者等の人権尊重、自発的な判断を尊重しようとするポリシーとも矛盾が生じる。……法の理念との整合性が問われる根本的な問題である」（磯部 2021a: 63）とか、改正により「患者が行政による説明に応じて自らの意思で入院する契機が失われたのであり、立法者の当初の基本決定が変更されたといえる」（河嶋 2021: 22）などと指摘されている（磯部 2021b: 14）。これらの指摘は、患者に物理的意味での隔離となる入院の義務を課し、罰則をもってそれを担保することは、感染症法の目的・理念との首尾一貫を欠くという意味で、法制度内における分断をもたらしていることを示している。

◉外国人の上陸拒否

感染症対策の柱のひとつである国外からの病原菌流入に対する水際対策は、国境という「分断線」を利用した感染症対策である。日本は、入管法一四条一項一四号に基づき、一定の国・地域に滞在歴のある外国人の上陸を原則として拒否するという政策を採用し、最大で一五九の国と地域での滞在歴のある外国人が上陸拒否の対象とされた。

確かに、マクリーン事件最高裁判決（最大判昭和昭和五三年一〇月四日民集三二巻七号一二二三頁）において最高裁が、「憲法二二条一項は、日本国内における居住・移転の自由を保障する旨を規定するにとどまり、外国人がわが国に入国することについてはなんら規定していないものであり、このことは、国際慣習法上、国家は外国人を受け入れる義務を負うものではなく、特別の条約がない限り、外国人を自国内に受け入れるかどうか、また、これを受け入れる場合にいかなる条件を付するかを、当該国家が自由に決定することができるものとされていることと、その考えを同じくするものと解される」と述べた通り、日本に外国人を入国させる義務が課されているわけではないし、日本に入国したい外国人にその権利が保障されるわけでもない。しかし、国ごとの上陸拒否の根拠とされた入管法五条一項は「次の各号のいずれかに該当する外国人は、本邦に上陸することができない」と定め、同一四号は「法務大臣において日本国の利益又は公安を害する行為を行うおそれがあると認めるに足りる相当の理由がある者」と定める規定であり、明らかに国単位ではなく個人単位を想定している。そのような規定を用いて包括的に国単位で上陸拒否することは、法律と、それを根拠とした措置との間で齟齬を来しているのであり（大林 2021a: 64-65）、法律とそれに基づく実践とが乖離しているという意味での分断を生じさせているといえる[*12]。

◉日本人の帰国拒否

水際対策においては、日本国籍を有する者までも入国拒否の対象となった。出国前検査証明書に不備のある日本人が、帰国を拒否され、出発国に送還されたという事態が複数報告されている（六月一〇日段階で二五人。その後の件数は不明）。これは外国人の上陸拒否とは別次元の問題を提起する。

まず、日本国籍を有する者が日本に帰国する自由は、憲法上の自由として保障される。憲法上明言されているわけではないが、憲法二二条二項が保障する「外国に移住」する自由には、日本国民が一時的に海外渡航する自由、すなわち海外旅行の自由が含まれ、「海外旅行の自由は、当然のことながら、出国の自由のみならず帰国の自由が保障されていることを前提とするものであるところ、日本国民の場合は、その帰国の自由は、国民が国の構成員である以上、憲法による保障以前ともいうべき絶対的な権利として認められるものである」とした森川キャサリーン事件地裁判決[*13]の判示は、控訴審、最高裁でも認容されているし、教科書レベルでも、憲法二二条二項の「外国に移住」する自由は、「外国に向かって出国する自由のみならず、帰国したい時に帰国できる自由も当然に包含する」などとされている（佐藤 2020: 333）。さらには、日本も批准している世界人権宣言は一三条二項で「すべて人は、自国その他いずれの国をも立ち去り、及び自国に帰る権利を有する。」と規定し、また自由権規約も一二条四項で「何人も、自国に戻る権利を恣意的に奪われない。」と規定し、

＊12　法律と、それを根拠とした措置との間で齟齬という意味での「分断」は、今般のコロナ対策で広く見られた。特措法に限ってみても、①「……一の都道府県の区域を越えて新型インフルエンザ等の感染が拡大し、又はまん延していると認められる場合であって、当該感染の拡大又はまん延により医療の提供に支障が生じている都道府県があると認められるとき」（特措法施行令六条）に初めて発出できる「緊急事態宣言」を予防的に発出したり、②緊急事態宣言下における「要請」に従わない者に対する「命令」は、「新型インフルエンザ等のまん延を防止し、国民の生命及び健康を保護し、並びに国民生活及び国民経済の混乱を回避するため特に必要があると認めるときに限り」認められるにもかかわらず、それを「要請」に従わないことに対する制裁目的かのように発出したことなどが、それに該当する。

＊13　東京地判昭和六一年三月二六日判時一一八六号九頁。

この自由を保障している。

また、入管法六一条は、「本邦外の地域から本邦に帰国する日本人（乗員を除く。）は、有効な旅券……を所持し、その者が上陸する出入国港において、法務省令で定める手続により、入国審査官から帰国の確認を受けなければならない」と定め、帰国を許可ではなく確認と位置づけているのは、帰国の自由が憲法上保障されていることを踏まえているからであると解されるが、それがコロナ対策において無視されたのである。

帰国の自由が「絶対的な権利」であるならば、その侵害は正当化できないはずであるし、出国前検査証明書に不備がある日本人を出発国に送還するというラディカルな手段を採らずに、一定期間の停留（検疫法一四条一項二号、一六条）を行うなど、より制限的でない他の選択肢は容易に観念できる。日本人の帰国拒否は、感染症の水際対策という名目で、国境という「分断線」を利用して、本来は憲法上も法律上も許されない措置を講じたと評さざるを得ない。

4　結びにかえて

法律は通常、一定の要件を満たした場合に一定の効果を発生させるという「要件・効果図式」で記述されるものであり、すべての人を同一に取り扱わないことをその特徴とする。いわば法律は、区別という分断を内在的性質として組み込んでいる。法の規制対象となる者とならない者との分断は、法の本質に由来するものではあるが、その分断線が恣意的に引かれることはあってはならない。本稿では、新型コロナウイルス感染症対策において生じている分断のうち、その線引きの仕方に問題があると思われるものを、対策の対象という視点と（2）、物理的分断という視点（3）から整理してその具体例を見てきた。最後に、そこで取り上げた分断がもたらすであろう社会的意味での分断に言及することで、本稿の結びとしたい。

本稿で何度も言及した令和三年二月の法改正により、特措法と感染症法が命令の実効性確保のために罰則を設けたことについて、次のような指摘がなされている。「COVID-19のまん延防止等の感染症予防の目的は、権力的な『命令─刑罰・過料』という手段と接合するとき、国民はＣＯＶＩＤ‐19に対する恐怖や不安を高め、患者は『犯罪者扱い』による差別・偏見の助長をおそれ、両者とも協力を拒んだり事実を隠したりするようになること、また、保健師等都道府県職員が、過料賦課手続の端緒である命令違反確認業務に従事することで、患者・国民との信頼関係は損なわれ、患者・国民の積極的な理解と協力を得ることが難しくなる」（市橋 2021: 65）。いわば、法制度の仕組みがもたらす社会的、心理的な意味での分断、すなわち差別という問題である（田代 2021）

コロナの感染者、濃厚接触者、医療・介護従事者等やその家族に対する偏見、差別が見られたことは、「偏見・差別とプライバシーに関するワーキンググループ」が作成した『これまでの議論のとりまとめ』（令和二年一一月）に示された実例からも明らかである。この『とりまとめ』では、「偏見・差別等の防止に向け、関係者が今後更なる取組みを進めるに当たってのポイントと提言」が示されており、一読に値するが、その中核となっているのは、新型コロナウイルス感染症に対する正しい知識をもつことであるといってよい。そしてその主たる役割を果たす主体として期待されているのは、感染症法三条一項において、「国及び地方公共団体は、教育活動、広報活動等を通じた感染症に関する正しい知識の普及、感染症に関する情報の収集、整理、分析及び提供、感染症に関する研究の推進、病原体等の検査能力の向上並びに感染症の予防に係る人材の養成及び資質の向上を図るとともに、社会福祉等の関連施策との有機的な連携に配慮しつつ感染症の患者が良質かつ適切な医療を受けられるように必要な措置を講ずるよう努めなければならない。この場合において、国及び地方公共団体は、感染症の患者等の人権を尊重しなければならない」と定められている通り、国や地方自治体である。この責務は、差別という分断を乗り越えるために極めて重要であるということは、強調してもし過ぎることはないだろう（吉戒 2020: 198-199）。

仮にその分断が、法制度それ自体の仕組みから生じているのだとしたら、法制度がもたらす効果をあらかじめ予測した上で、分断を生じさせない方策も同時に追求していかなければならない[*14]。それが、感染症対策における分断を乗り越えていくための第一歩である。

【付記】本稿の脱稿後、阿部泰隆『新型コロナ対策の法政策的処方せん』（信山社・二〇二一年）に接した。

*14 本稿では十分に触れられなかったが、コロナワクチンに関して、令和二年一二月の予防接種法改正時の附帯決議において、「接種するかしないかは国民自らの意思に委ねられるものであることを周知すること」、そして、「新型コロナウイルスワクチンを接種していない者に対して、差別、いじめ、職場や学校等における不利益取扱い等は決して許されるものではないことを広報等により周知徹底するなど必要な対応を行うこと」とされている（参議院も同趣旨の付帯決議を可決している）。この付帯決議は、ワクチン接種者と未接種者、そしてワクチンハラスメント（大林2021b: 82-91）などにより生じる分断を防ぐための各種措置の必要性を示している。

【参考文献】

新井　誠 2020「風営業者への持続化給付金等の支給除外―憲法的視点からの検討」『法学セミナー』791.
市橋克哉 2021「COVID-19のまん延と感染症法および特措法の転形」『法学セミナー』799.
磯部　哲 2021a「感染症法・特措法の仕組みに関する医事行政法的考察」『法律時報』1161.
磯部　哲 2021b「『自粛』や『要請』の意味」『法学教室』486.
江島晶子 2021「憲法のデザイン―パンデミックを契機として人権志向型を目指す」間宮勇先生追悼『国際法秩序とグローバル経済』信山社.
大林啓吾 2021a「感染症対策の法枠組」大林啓吾編『感染症と憲法』青林書院.
大林啓吾 2021b「新型コロナの憲法問題に関する覚書―ロックダウンとワクチンを中心にして」『千葉大学法学論集』36(2).
河嶋春菜 2021a「感染症患者の入院制度と人身の自由の保障」憲法理論研究会編『市民社会の現在と憲法』敬文堂.
河嶋春菜 2021b「COVID-19に対峙する感染症法制の枠組み―憲法・医事法の観点から」『国際人権』32.
小山　剛 2020「自粛・補償・公表―インフォーマルな規制手法」『判例時報』2460.
齋藤智也 2021「日本のパンデミック対策と新型コロナウイルス感染症」『法律時報』1161.
佐藤幸治 2020『日本国憲法論〔第二版〕』成文堂.
田代亜紀 2021「感染者差別について考える」『法学教室』486.
谷口功一 2021「『夜の街』の憲法論―立憲主義の防御のために」『Voice』523.
本堂　毅 2021「コロナ禍での財産制限にかかわる科学的知見の不定性」『判例時報』2464.
山羽祥貴 2021a「『密』への権利（上）―コロナ禍の政治的言説状況に関する若干の問題提起」『法律時報』1163.
山羽祥貴 2021b「『密』への権利（下）―コロナ禍の政治的言説状況に関する若干の問題提起」『法律時報』1164.
山本真敬 2021「休業補償の憲法問題―憲法上『補償』は義務付けられるか」大林啓吾編『コロナの憲法学』弘文堂.

横大道聡　2021「意見書」〈https://www.call4.jp/info.php?type=items&id=I0000071〉内、訴訟資料「証拠」甲第五七号証〈https://www.call4.jp/file/pdf/202109/2fbdd39241b3fe03db7991b51b32cd34.pdf〉.

横大道聡　2022「人権・ロックダウン・緊急事態」『判例時報』2505.

吉戒修一　2020「コロナ・パンデミックと法律」『判例時報』2468=2469.

社会の分断がもたらす人権の「武器化」
――マイノリティの権利の観点から

森口千弘

本稿では、分極化した社会における人権の「使われ方」を検討する。社会の分断への処方箋として位置づけられることもある人権は、時にマイノリティの権利を抑制するための「武器」として分断を促進する形で機能することがある。人が、別の誰か――その多くは社会的マイノリティであるが――の人権の制約を目的として人権を用いることをどのように評価すべきか。この問題への処方箋を提示するために、分極化が指摘されるアメリカの問題を検討する。アメリカでは、特に表現の自由や信教の自由などの修正一条の権利を強力に擁護する人権理論が確立しており、ヘイトスピーチ規制ですら修正一条に違反するとする強力な権利擁護の枠組みは、日本の憲法学にも大きな影響を与えている。その一方で、近年、中絶の権利保障を目指したり、同性愛への差別を禁じたりするマイノリティを保護するための立法が修正一条に違反するとして違憲とされる事例が相次いでいる。もとより、人権は社会の多数派にも少数派にも等しく保障されるべきものであるが、ここで問題となっているのは、多数派が少数派の権利を侵害するような形で人権を利用し、裁判所が少数派の利益やコストを適切に勘案せずにそれを受容するという新しい問題である。本稿では、この人権の「武器化」と呼ばれる現象について分析する。

1　文化戦争と保守派の「敗北」

アメリカの分断と人権を語る上で欠かせないのが、「文化戦争（culture war）」と呼ばれる文化・価値観に関わる対立である。アメリカの宗教社会学者ジェームズ・ハンター（James Hunter）の著書 *Culture Wars: The Struggle to Define America*（Basic Books, 1991）で用いられたこの言葉は、妊娠中絶の可否などの価値観と関わる対立から、近年ではトランプ大統領の移民政策、オバマケアの取り扱いなどを含む広範な政策的争いを、伝統文化や価値観の相違による衝突という側面から説明する用語として、市民権を得ている。*1

文化戦争が極めて個人的なライフスタイルのあり方をめぐる分断――とりわけキリスト教保守派による伝統的な「アメリカ」のあり方の押し付けと、それに対抗するリベラル派による「政治的正しさ（political correctness）」との対立――として現れていることは特筆すべき点である。たとえば、「クリスマスのための戦争（War on Christmas）」はこの好例である。この「戦争」は、多元主義の観点から公的機関におけるクリスマスの飾りつけを控えたり、「メリー・クリスマス」に代わって「ハッピー・ホリデー」という挨拶を用いようとするリベラル派の動きに対して、保守派によって推し進められた反動である。

ここで問題となるのは、保守派の側が「正統（orthodox）」なアメリカの伝統を定位し、これと相いれない思想や行動を「非アメリカ的」とみなしていることである。いうまでもなく、「ハッピー・ホリデー」という挨拶が広まったところで、「メリー・クリスマス」が消えてなくなるわけではない。「政治的正しさ」は保守派の個人の信仰やクリスマスの過ごし方を規定しようとするものではない。にもかかわらず「戦争」が生じるのは、政治的・宗教的保守派がもつ、自身が置かれた状況に対する危機感があるためである。ある論者は次のように指摘する。

> 今日、多くの宗教的保守派はリベラル派に包囲されたと感じている。彼らは、〔キリスト教的〕生活様式を打ち砕く傲慢で自惚れの強い

＊1　憲法学との関係で文化戦争を論じた先駆的業績として、志田（2006）。

リベラルな正統性の矛先が自分たちに向かっていると考えている（Sager & Tebbe 2019: 173）

年末の挨拶が「メリー・クリスマス」から「ハッピー・ホリデー」におきかわり、「クリスマス・パーティー」が「イヤーエンド・パーティー」と名称を変えていく状況は、単なる挨拶の問題を離れ、生活様式の否定であると、彼らは考える。クリスマスのための戦争は、まさに、彼らの価値観を守るための戦いなのである。このような不安感は宗教的価値観を越えて、保守派が支持する「アメリカ的」な政治的・文化的基盤を掘り崩すものともみなされる（ジック 2020: 特に第三章）。

　このような保守派の「不安感」の要因のひとつは、文化戦争の中心的な争点に一定の目途がたったことである。妊娠中絶や避妊など、文化戦争の主要な争点で保守派は「敗北」してきた。また、二〇一五年のオバーゲフェル判決[*2]において、文化戦争のもうひとつの重要な争点である同性婚が憲法上の権利として認められたことで、それまで立法等により同性婚を否定しようとしてきた保守派の戦略は頓挫した。憲法上の権利として認められた以上、妊娠中絶や同性婚などの権利そのものを立法によって否定しようとする試みは意味をなさない。保守派の従来の戦略は袋小路に迷い込んだのである。

　もっとも、このような状況は文化戦争が終結したことを意味しない。二〇一四年には南部バプテスト連盟に所属するある宗教指導者の次のような発言が報じられた。「私は文化戦争が終わったとは考えていない。……むしろ文化戦争は、新たな局面に突入したのだ」（York 2014）。

　「新たな局面」のひとつとして顕在化したのが、「人権の武器化」とよばれる現象である。「武器化」ないし「武器」という言葉は二〇一八年の連邦最高裁判決[*3]で用いられたことをきっかけに広く人口に膾炙した（Liptak 2018）。論者によって用い方は異なるものの、一般にこの言葉は、保守派が「アメリカ的」な価値観を守るために、リベラル派が形成してきた人権保護理論を訴訟戦略に用い、マイノリティ保護を目指す経済・社会福祉立法を無効としようとする試みを指す。そのことは結果と

*2 Obergefell v. Hodges, 576 U.S. 644 (2015).

*3 *See, e.g.*, Janus v. American Federation of State, County, and Municipal Employees, Council 31, No. 16-1466, 585 U.S. ___, 138 S.Ct. 2448 (2018), at 2501 (Kagan, dissenting).

して、マイノリティの権利侵害を招くことにつながる（福嶋 2019）。

特に「武器」として用いられるのが、合衆国憲法修正一条により保障される表現の自由や宗教的自由などである。従来リベラル派の武器であったはずの人権理論をもちいて、保守派は文化戦争の新たな局面を戦い、一定の成果を上げている。そして、頻繁に「武器」の矛先となるのは、かつて文化戦争をめぐる訴訟で保守派が敗北してきた妊娠中絶の権利である。本項ではこれらリプロダクティブライツに関わる問題に焦点を絞り、表現の自由、宗教的自由といった人権がいかにしてマイノリティの権利を抑圧する「武器」として使われたかを概観してみたい。

2 人権の「武器化」

ここでは議論を整理するため、表現の自由や宗教的自由がどのようにリプロダクティブライツへの「武器」となったのか、次のような順序で「武器化」の具体的な事例を検討していきたい。第一に、「武器化」の事例を検討する。ここでは保守派がどのような事案で、どのような論理を用いて人権を「武器」としたのかを概観する。第二に、「武器化」の受容を検討する。人権条項が訴訟当事者によって「武器」として用いられるのはさほど珍しいことではない。「武器化」が成立するのは、その理屈を裁判所、特に連邦最高裁が受容した場合である。そこで本節では連邦最高裁が「武器化」を受容したとされる判決を取り上げ分析する。

◉表現の自由

まずは表現の自由から見てみよう。ここで注目されるのは、「危機妊娠センター（crisis pregnancy centers）」である。危機妊娠センターとは、実際には妊娠中絶の治療を行うことができないにもかかわらず、あたかも中絶を行うクリニックのように装う施設の総称である。このような施設は中絶反対派が運営するものであり、誤って訪れた中絶を希望する女性に対して正確な情報を与えず、中絶を断念させる方向に誘導する。

こうした施設は女性の中絶の権利行使の機会を事実上奪うものとして機能するため、権利保護のために危機妊娠センターへの規制を課そうとする試みがなされた。そのひとつがカリフォルニア州で施行されたＦＡＣＴ法とよばれる州法である。この州法では、カリフォルニア州のライセンスを得たクリニックに対して、州が無料または廉価で中絶を含むサービスを提供していることを告知することなどを義務づけている。このような措置は、女性の中絶の機会を妨げようとする危機妊娠センターに対して、中絶に関わる正しい情報の提供を義務づけ、もって女性の権利を保障しようと試みるものである。

　このようなＦＡＣＴ法に対して、カリフォルニア州でクリニックを運営する複数の施設は、この州法が修正一条の保障する表現の自由を侵害するとして提訴した。ここでは、女性の中絶する権利を保護しようとするＦＡＣＴ法に対して、危機妊娠センター側は女性の権利行使を阻止するために表現の自由を「武器」として用いている。[*4]

　もっとも、控訴審裁判所の判決は危機妊娠センターによる訴えを退けている。判決は、州法が表現の自由に対する内容規制であることを認めながらも、このような規制は保護されない言論の一種である職業言論（professional speech）に関わるものであり、先例を引用しつつ、規制に際して厳格な審査基準は適用されないとして、カリフォルニア州法を合憲と判断した。

　表現の自由を「武器」とすることを認めなかった控訴審判決は、しかし連邦最高裁によって覆された。二〇一八年のＮＩＦＬＡ判決[*5]において、トマス（Thomas）判事の執筆になる多数意見は危機妊娠センターへの規制が表現の自由を侵害すると判断した。控訴審判決との違いは、職業言論についての理解の違いである。多数意見は、まずライセンスを得たクリニックへの規制について、「連邦最高裁はこれまで、『職業言論』を異なるルールが適用される独立したカテゴリーとして認めたことは一度もない」[*6]と述べる。職業言論への内容規制への審査基準が緩やかになるのは、商業言論の際に事実に基づく議論の余地のない（uncontroversial）情報を発信するように求める場合と、州が付随的に言論を含む職業的行為を規制する場合の二つの例外的な状況に限られる。本件州法は妊娠中絶と

＊4　839 F.3d 823 (2016).

＊5　National Institute of Family and Life Advocates v. Becerra, 585 U.S. _, 138 S.Ct. 2361 (2018). ＮＩＦＬＡ判決については井上(2020)も参照。

＊6　*Id.* at 2366.

いう極めて論争的（controversial）な言論についての規制であり、かつインフォームド・コンセントのように言論が付随する専門家の行為に向けられたものではないため、先例によって確立された例外には該当しない。このような判断の上で、トマス判事は本件州法が厳格な審査基準を満たさず違憲であると判断した。

連邦最高裁は結果として、危機妊娠センターの女性をだますかのような表現を保護する一方、女性が中絶について正しい情報を得ることを目指し、もってリプロダクティブライツを保障しようとした州法を無効としたこととなる。

◉宗教的自由

次に宗教的自由を見てみたい。宗教的自由はとりわけ差別禁止法との関係で問題となる場面が多いが（森口 2020: 2021）、ここではリプロダクティブライツの問題に焦点を当てる。

オバマケアの中心的な立法である患者保護並びに医療費負担適正化法（PPACA）では、着床後受精卵を対象とする四つの避妊治療への保険適用を認めている。このため、雇用者は労働者のために保険金を負担する義務を負うこととなる。ところが、中絶や避妊に反対する多くの保守派はこの種の避妊治療を「中絶」とみなしており、彼らにとってこのような保険金負担の義務は受け入れ難い。そこで中絶反対派の雇用者がとったのが、宗教的自由を利用してこのような保険金負担の義務から免れようという戦略である。

宗教的自由を「武器」とする戦略は、表現の自由のそれよりやや複雑である。ここで用いられるのは、アメリカ特有の宗教的自由への手厚い保護枠組みである「法義務免除の法理」である。法義務免除の法理においては、一般的・中立的で宗教抑圧的ではない法規制であったとしても、それが信仰に対して付随的な負担を課す場合には、規制目的がやむにやまれぬ利益の実現であり、かつ規制手段が最も制限的である場合――すなわち厳格な審査基準をクリアした場合――を除き、宗教的自由への違憲な侵害とみなされる。

このような法義務免除の法理を用いて「中絶」のための保険金負担の義務を免れようとするのが、

宗教的自由の「武器化」である。すなわち、中絶反対派の雇用者は、保険金負担が自らの宗教的信仰に付随的な負担を課すものであると主張し、PPACAそれ自体の合憲性を前提とした上でなお、自らの宗教的信条に基づいた例外的な免除を求める権利を主張することが可能なのである。[*7]

人権を「武器」とするような主張の当否は下級審レベルで判断が分かれていたが、二〇一四年のホビー・ロビー判決[*8]で連邦最高裁は「武器化」を受容する判断を下した。この判決では、大手チェーン店のオーナーが、自身の信仰に基づき、四つの嫡出後避妊治療についての保険金負担からの免除を求めた事例が争われた。連邦最高裁はオーナー側の訴えを認め、法義務免除を認めた。この判決は、（a）雇用者と労働者を水平的な関係ととらえ、企業への負担が雇用者の信仰への負担となることを認めた点、（b）保険金負担が商業主体の宗教的自由にとって負担となるとみなす点、（c）避妊治療へのアクセスを保障するという政府の利益を小さく見積もった点の三点から、「武器化」を受容したものとみなされる。[*9]

まず（a）について見てみよう。この判決で連邦最高裁は、雇用者と労働者を対等な関係とみなし、水平的な力関係で契約を交わすことができるとみなしている。すなわち、労働者の側は企業の宗教的信仰について了解した上で労働契約を結ぶことができ、したがって雇用者が提示した宗教教義に関わる条件に同意したとみなすことができるという。このような前提をとるならば、労働者の中絶の権利だけではなく、雇用者の宗教的自由も保護される必要がある。加えて最高裁は、「企業の宗教的自由を保護するということは……その会社を所有し、会社を運営する人たちの宗教的自由を保護するということなのである」と指摘する。すなわち、企業へ保険金負担を課すことが、雇用者（＝企業のオーナー）の宗教的自由へ負担を課すこととみなされるというのである。[*10] そうなると、雇用者という一個人の宗教的自由を守るためには、企業の信仰への配慮が必要となり、かつ、配慮に際しては企業と水平的な関係にある労働者の利益を制約する場合がありうることとなるのである。

次に（b）について見てみよう。ここで問題と

*7 後述のホビー・ロビー事件はこの典型例である。

*8 Burwell v. Hobby Lobby, 573 U.S. 682 (2014).

*9 このような整理については、Sepper (2016: 1498)。

*10 573 U.S. 682, at 705-708.

なるのは、「企業の信仰」なるものが存在するのか、存在するとして、営利企業にまで宗教的自由の保護を及ぼすべきか否かである。これについて連邦最高裁は留保付きながら営利企業にも宗教的自由が及ぼされる場合があると述べ、企業への保険金負担について「原告〔の雇用者〕に対して、第三者に利益を与えるよう法的に義務づけるもの」であり、「雇用者に対して、その宗教的信仰と反するような避妊治療への助成を要求する」ものと位置づけている。[*11]

最後に、（c）について見てみよう。（c）はこの判決の結論を決定づける重要な論点である。判決は（a）、（b）に基づき、保険金負担が雇用者の宗教的自由に対する実質的な負担であり、最も厳しい審査基準である厳格な審査が適用されるとする。したがって、PPACAに基づく保険金負担が適法とされるためには、規制目的がやむにやまれぬ政府の利益を実現するためのものであり、かつ規制手段が最も制限的でない手段であることが求められる。もっとも、判決では、保険適用による費用分担がなければ、多くの労働者は避妊治療を受けることが困難になるとして、「問題となっている四つの避妊治療に無料でアクセスすることを保障する利益は……やむにやまれぬ利益に該当する」と判断し、規制の目的がやむにやまれぬ利益の実現であることを認めている。[*12]

ところが、ここでのやむにやまれぬ利益が、「雇用主の負担による避妊治療への無料でのアクセス」ではなく、単に「避妊治療への無料でのアクセス」に限定されている点が、「最も制限的でない手段」の審査の際に陥穽となる。判決によれば、保健福祉省はすでに非営利の団体に対しては保険金負担からの法義務免除を容認しており、その際に非営利団体の労働者が避妊治療に無料でアクセスするための財政措置を講じている。これと同様に、本件においても政府が保険金を負担する形で労働者に無料での避妊治療へのアクセスを保障することができる。したがって、連邦最高裁は規制が「最も制限的でない手段」審査を満たさず、オーナーの宗教的自由への実質的な負担は正当化できないと判断したのである。[*13]

（a）～（c）の論理に基づき、連邦最高裁は、

*11　*Id.* at 729 (foot note 37), 730.

*12　573 U.S. 682, at 727-728. 連邦最高裁は雇用者が避妊にアクセス可能か否かにかかわらず法義務免除を認めるという立場はとっておらず、リプロダクティブライツへの一定の配慮を払っている（Sepper 2019: 1502）。

*13　*Id.* at 729-732.

四つの避妊治療に関わる保険金の義務的な負担が宗教的自由を侵害するものであると判断した。避妊治療へのアクセスという権利が「やむにやまれぬ利益」であることを認めつつ、そのための負担を負うべきは国家であり企業にその負担を課すことは違憲であるとする論理は、結果として中絶反対派が、リプロダクティブライツを保障するための法義務から免れることを認めるものとなった。

3 「武器化」の問題

ＮＩＦＬＡ判決やホビー・ロビー判決はその結論のみから批判を受けるわけではない。これらの判決は、従来リベラル派が構築してきた理論を用いつつ、それを「歪めた」とみなされる点が批判され、それゆえに「武器化」の事例とみなされている。

たとえば、ＮＩＦＬＡ判決の反対意見は多数意見の先例の理解には誤りがあるとの批判を展開する。反対意見を執筆したブライヤー（Breyer）判事は、トマス判事の多数意見は職業言論についての先例の解釈を誤っており、多数意見が言うような形の審査基準を先例が採ったことはなく、ＦＡＣＴ法による規制対象は職業言論の二つの例外に当てはまると指摘する。[*14] また、ホビー・ロビー判決のギンズバーグ（Ginsburg）判事の反対意見も、宗教的自由に基づく法義務免除の必要性を認めてきた先例に同意しつつも、この種の免除は非営利企業にのみ認められてきたのであり、営利企業、かつ大規模チェーン店にこのような免除を認めることは先例との整合性を欠くと指摘する。[*15] そもそも、法義務免除の法理が採用されて以降、雇用者が信仰に基づき社会福祉立法からの免除を求めるような事例は複数見られるが、連邦最高裁は一貫してこのような主張を認めてこなかった。これは、仮に訴えが真摯な信仰に基づくものであったとしても、そのような免除を認めてしまうことで労働者などに過度な負担が生じることを避けるためであったと指摘されている。[*16]

このように見ると、「武器化」は人権を武器として用いる保守派というより、それを受容する裁判所の問題であるといえるかもしれない。たとえば、ＮＩＦＬＡ判決のブライヤー反対意見は危機妊娠

＊14 S.Ct. 2381-2383.

＊15 573 U.S. 682, 750-768.

＊16 憲法に基づく法義務免除を否定したものとして、United States v. Lee, 455 U.S. 252 (1982)、法律に基づく法義務免除を否定したものとして、Cutter v. Wilkinson, 544 U.S. 709 (2005)。太田（2020）も参照。

センターの主張とそれを受容した多数意見をロックナー期になぞらえている。ロックナー期とは、主として労働者の権利を保護するための経済規制や社会福祉立法を、契約の自由を用いて連邦最高裁が無効とした一九〇五年から一九三七年までの時期を指し、一般には批判的な意味合いで用いられる。ブライヤー判事はロックナー期の連邦最高裁のアプローチが批判されてきたことを確認しつつ、この判決においてはそのロックナー期ですら認められてこなかったような形で憲法が利用されていると左記のように指摘する。

> 連邦最高裁は……本件のような修正一条の主張がなされた場合に、〔ロックナー期への批判と〕同様な経済・社会的立法を尊重するアプローチをとってきた。……ロックナー期ですら……連邦最高裁は医療職に関わる州議会の判断に対して注意深い敬譲を払ってきた。医療の専門職たちは、一般的に、これらの妥当な条件の内容を徹底的にコントロールすることを認めるための武器として、憲法を用いる権利を有するわけではない。*17

このように連邦最高裁が「武器化」を受容する背景として、ロバーツコートのマイノリティへの敵意や無関心を指摘する論者がいる。たとえばチェメリンスキーとグッドウィンはＮＩＦＬＡ判決について次のように指摘している。

> ＮＩＦＬＡ判決における連邦最高裁の決定の唯一の理解の仕方は、この判決が連邦最高裁の多数派によるリプロダクティブライツへの敵意や、女性の権利や利益への無関心を反映したものであるということである。(Chemerinsky & Goodwin 2019: 118)

チェメリンスキーとグッドウィンが「敵意」を見出すのは、中絶の権利を行使しようとする女性をだますようなメッセージが表現の自由で保護されたという結果からではない。先例との整合性や、同時期の表現の自由の判例との矛盾、表現の自由と同様に重要な権利であるはずのリプロダクティ

*17 *Id.* at 2381-2383. 傍点は筆者。リベラル派の判事が「武器」という言葉を用いたのは、管見の限りでは本判決と同時期の判決のケイガン反対意見が嚆矢である。

表1　リベラル派・保守派の表現の自由に関わる訴訟での勝率*[18]

連邦最高裁長官	リベラル派の勝率	保守派の勝率
ウォーレン（1953-1968）	82%（55件）	80%（5件）
バーガー（1969-1985）	47%（106件）	70%（30件）
レンクィスト（1986-2004）	46%（59件）	63%（43件）
ロバーツ（2005-）	21%（14件）	69%（26件）

表2　商業主体の表現の自由の主張が認められた事例

連邦最高裁長官	商業主体の訴訟当事者	非商業主体の訴訟当事者
ウォーレン（1953-1968）	62.5%（16件）	88.6%（44件）
バーガー（1969-1985）	56.1%（57件）	49.4%（79件）
レンクィスト（1986-2004）	48.1%（27件）	54.7%（75件）
ロバーツ（2005-）	80.0%（5件）	48.6%（35件）

ブライツなどを無視するなどの理論的問題を抱えてなお危機妊娠センターを表現の自由によって保護しようとする連邦最高裁のスタンスに、保守派と歩調を同じくした女性の権利への敵意——少なくともその軽視——を見出しているのである。

実際、表現の自由訴訟における保守派とリベラル派の勝率を分析したエプスタインらの調査では、二〇世紀のどの連邦最高裁長官の時期よりも、ロバーツコートが保守派によった判断を下していることは明らかであり、同時に、労働者との対立の原因となる企業の「人権」を擁護する傾向にもあるとされる（**表1・表2**参照）。これと同様の指摘は宗教的自由の「武器化」についてもなされている(Murray 2019)。ヘイトスピーチ問題をはじめ、修正一条をマイノリティの権利を侵害する形で用いる手法は必ずしも新しいものではないものの、そのような「武器化」を受容する傾向はロバーツコートの顕著な特徴であるということができる。

このような指摘を踏まえるならば、「武器化」の問題の核心は保守派の訴訟戦略それ自体にあるわけではない。マイノリティの権利を適切に位置づ

*18　Epstein et al. (2018) をもとに作成。**表2**も同様。

けることができない連邦最高裁自身の敵意や無関心こそが、「武器化」の中心的論点となるのである。

4 日本における「武器化」？

このような「武器化」の問題はアメリカ特有のものであろうか。確かに、「武器化」の背景には、分極化が極めて大きな社会問題として立ち現れていること、「武器」となる人権理論を強固に構築してきた歴史的経緯などのアメリカ特有の背景がある。しかしながら、日本でも「武器化」の萌芽ともいえる事例は生じている。そのひとつが孔子廟訴訟である。

この訴訟では、那覇市が孔子廟を運営する久米崇聖会に土地を無償で貸与したことが政教分離違反に問われた。このような訴えに対して、最高裁は、先例である空知太判決[*19]をおおむね踏襲する総合考慮型の判断枠組みを用いて、無償提供を違憲と判断している。判決[*20]そのものは先例の枠組みを引き継いだもので、憲法学からもこの判決を歓迎する向きも多い。しかしながら、本件には、人権を武器として用いる主張、最高裁による主張の受容という「武器化」との類似点が見られる。

本件は、「左翼思想とは縁遠い……保守的な価値観」を標榜する一審原告が、「中国共産党や北朝鮮が自国の存亡をかけて、工作員やシンパを沖縄に送り込んでい〔る〕」との現状認識の下、「中国の直轄地を意味する五本爪の龍を配した孔子廟と一対の巨大龍柱から首里城までの八・七㎞を龍の道と称して観光開発を進める那覇市を我々市民は力を結集して糺して行〔く〕」ことを目的の一つとして訴訟を提起したものであり[*21]、政治的分断を反映した訴訟である。一方、孔子廟は従来の政教分離訴訟で問題となってきた神道のような多数派宗教ではなく、沖縄が置かれた歴史的な文脈からしても、ある種の「マイノリティ」とみることができる[*22]。

この訴訟での最高裁はこれらの事情について触れることはほとんどなかった。政教分離違反とした判決の結論への評価はおくとして、総合考慮型の枠組みをとるのであれば、判断プロセスにおいて適切な事実認定が求められる。このことは、特

＊19 最大判平成二二年一月二〇日民集六四巻一号一頁。市が町内会に無償貸与した市有地に神社が鎮座し、鳥居等が建てられていたことが政教分離違反と判断された。

＊20 最大判令和三年二月二四日民集七五巻二号二九頁。

＊21 原告サイト〈https://nahaaction.web.fc2.com/sankei.html〉。

＊22 この訴訟で問題となった孔子廟は、古くから存在した孔子廟が第二次世界大戦で焼失し、米軍の軍道敷設により別の場所で再建を余儀なくされ、かつて存在した久米地区への再建を目指して運動してきた経緯がある。

殊な歴史的背景をもつ沖縄の孔子廟にはより強く当てはまるだろう。仮に孔子廟を違憲とするとしても、その歴史的背景や、戦災を免れたために歴史的価値から文化財として公的援助を受けている他の孔子廟との均衡、そもそも孔子廟での行事が「宗教」なのか沖縄の伝統的行事なのかといった宗教性の有無など、検討されてしかるべき事項はあったように思われる。[*23]

この一事をもって日本でも「武器化」が生じていると結論したいわけではない。しかし、裁判所も憲法学も、政教分離が想定していた神社神道ではなく、かつ沖縄にあるという、二重の意味でマイノリティである孔子廟に対して、従来の政教分離の判断枠組みや学説を留保なく向けることに無頓着であるように思われる。アメリカのある論者は、修正一条が「武器化」される状況を、キルケゴールの著作を借用して「死に至る病」と評した。二〇世紀中盤に、裁判所や学者は宗教的自由や表現の自由を、個人の自律を高め、最大化するための権利として称揚したものの、今や、これらの自由を掲げた主張が成功をおさめることそれ自体が、社会の集団的な不安の原因となっているというのである（DeGirolami 2019: 752-754）。皮肉にも、マイノリティ保護のために形成されてきた修正一条の理論によってマイノリティの権利が制約されている状況では、もはや表現の自由や宗教的自由を無条件で称賛することは困難であるのが、アメリカの現状である。

このように「武器化」の問題に直面するアメリカのリベラル派は、これまで自分たちが発展させてきた修正一条の枠組みを見直し、マイノリティの諸権利を中心とする他の権利や価値観との衝突に際して、場合によっては修正一条の諸権利への制約を選択する必要に迫られている。「武器化」の基底にある問題は、日本にも通ずるところがあるように思われる。人権論の中で社会的マジョリティとマイノリティをどのように位置づけるのかは、筆者の今後の課題としたい。

＊23　本件と直接関わるものではないが、「総合考慮」の中で考慮すべき事項を考慮していないとの指摘は、空知太判決の甲斐中・中川・古田・竹内意見でも指摘されている。

【参考文献】

Chemerinsky, Erwin & Goodwin, Michele. 2019. "Constitutional Gerrymandering Against Abortion Rights: NIFLA v. Becerra." *New York University Law Review* 94.

DeGirolami, Marc O. 2019. "The Sickness unto Death of the First Amendment." *Harvard Journal of Law & Public Policy* 2019 Summer.

Epstein, Lee, Martin, Andrew D., & Quinn, Kevin. 2018. "6+ Decades of Freedom of Expression in the U.S. Supreme Court." University of Michigan.

Murray, Melissa. 2019. "Inverting Animus: Masterpiece Cakeshop and the New Minorities." *Supreme Court Review* 2018.

Sager, Lawrence G. & Tebbe, Nelson. 2019. "The Reality Principle." *Constitutional Commentary* 34 (1).

Sepper, Elizabeth. 2015. "Free Exercise Lochnerism." *Columbia Law Review* 115.

Liptak, Adam. 2018. "How Conservatives Weaponized the First Amendment." *N.Y. Times* (June 30, 2018) 〈https://nyti.ms/2ID0Wov〉（二〇二二年一二月三〇日最終アクセス）.

York, Byron. 2014. "Evangelical leader shows how GOP can finesse gay marriage, Washington Examiner" (March 27, 2014) 〈https://perma.cc/QQ9F-YN78〉（二〇二二年一二月三〇日最終アクセス）.

ジック、ティモシー　2020『異論排除に向かう社会―トランプ時代の負の遺産』田島泰彦監訳、日本評論社.

井上嘉仁　2020「プロフェッショナル・スピーチ（専門職言論）の類型化の意義」『広島法学―知識コミュニティ理論からのアプローチ』43(4).

太田　信　2020「一般的法義務の免除とThird-Party Harm」『比較法雑誌』53(4).

志田陽子　2006『文化戦争と憲法理論―アイデンティティの相剋と模索』法律文化社.

福嶋敏明　2019「アメリカにおける憲法裁判の現在」憲法理論研究会編『憲法理論叢書㉗　憲法の可能性』敬文堂.

森口千弘　2020「宗教への敵意―Smithテストと Masterpiece Cakeshop判決」『同志社法学』72(4).

森口千弘　2021「信教の自由と反差別法」奈須祐治・桧垣伸次編『ヘイトスピーチ規制の最前線と法理の考察』法律文化社.

〈多文化主義による分断〉と多様性の管理

――カナダにおける合理的配慮を中心に

山本健人

現代は多様性の時代ともいわれる。一九八〇年代以降の西洋諸国では、多様な文化を承認し、マイノリティの権利を擁護・促進する政策（多文化主義政策）が進展してきた。しかし、二〇〇〇年代に入り、「多文化主義は失敗した」という言説がヨーロッパを中心に拡散するようになった。多文化主義政策が移民集団の文化や慣習等を擁護するあまり、ホスト社会の文化との軋轢を生じさせ、〈多文化主義による分断〉が起こったという認識が示されたのである。

だが、多文化主義は本当に失敗したのだろうか？本稿では、まず、多文化主義政策指数を用いたヨーロッパにおける多文化主義政策の実態分析を検討する（1）。本稿の暫定的な結論は、実際には多文化主義政策は後退していないが、多文化主義の暴走を防ぎ、多様性を管理することが必要となるというものである。そのため、次に、多文化主義国家として広く知られているカナダに焦点を当て、多様性の管理手法として有力である合理的配慮を法的に分析する（2・3）。合理的配慮は、障害者差別の文脈で日本でも知られているが、本稿では、異文化コミュニケーションを促進する側面も併せ持つ有益な多様性の管理手法でもある点に注目する。

なお、日本においても「多様性と包摂性のある社会の実現」は大きな課題であり、「多文化共生の推進」という形で取り組まれている。*1 本稿は、直接日本の問題を扱うわけではないが、多様性と社会の分断・社会統合といった問題に向き合う際に有益な視点を提供することを目標とする。

*1 日本における多文化共生は総務省によって推進されている。総務省が二〇〇六年に策定した「地域における多文化共生プラン」を皮切りに、地方自治体による取り組みが拡大しており、二〇二一年四月時点で、すべての都道府県と多くの市で「多文化共生の推進に係る指針・計画」が策定されている（総務省HP）。日本の多文化共生については近藤（2020）などが詳しい。

I　多文化主義による分断？

◉多文化主義政策は後退したのか

「多文化主義の失敗」は、二〇〇〇年代に入りヨーロッパで広く流布し、二〇一〇年にはドイツのメルケル首相が、二〇一一年にはイギリスのキャメロン首相がそれぞれ明言している（蔦木 2016; 大山 2015）。多文化主義（政策）は、居住区のゲットー化、移民の社会的孤立、移民の経済的困窮、移民の子どもの不十分な教育、福祉制度への依存、移民集団内での非リベラルな実践の横行・女性の権利自由の制限、特にムスリムの若者の間での政治的過激主義等の原因であり、社会を分断するとさえいわれたのである（Banting & Kymlicka 2012: 5）。

多文化主義の失敗、という言説は広く用いられるようになったが、その実態についての証拠が存在するかは不確かである。バンティング＝キムリッカは、多文化主義政策を評価する「多文化主義政策指数（Multiculturalism Policy Index）」を用いて、ヨーロッパにおける多文化主義政策を調査し、多文化主義の失敗言説がレトリックである場合が多いと指摘する（Banting & Kymlicka 2012: 9-12）。多文化主義政策指数は、西欧民主主義国の多文化主義政策の展開をモニターし、比較研究を可能にし、国家とマイノリティとの関係を理解するための情報を標準化された形式で提供することを目的としたもので、クイーンズ大学のＨＰで結果が公表されている。*2 この多文化主義政策指数は、移民マイノリティ、ナショナル・マイノリティ、*3 先住民に関する三つのグループごとに設定されており、経年変化を捉えるために、一九八〇年から一〇年ごとにそれぞれの時点でのスコアが示されている。

多文化主義の失敗言説の主な対象は移民マイノリティに対するものであるので、ここでは移民マイノリティを例に紹介することにしたい。移民マイノリティに対する政策を測る多文化主義政策指数は、次の八つの項目からなる。

①中央・地方・自治体レベルの憲法、立法、議会による多文化主義の肯定

②学校のカリキュラムに多文化主義が採用されていること

*2　バンティング＝キムリッカは、「多文化主義政策」の普遍的な定義はなく、反差別政策、市民権政策、統合政策等の密接に関連する政策分野と明確に区別するような線引きもないため、この指数の一部が恣意的となる可能性もあることを自覚しつつも、比較研究を行う標準的な指数を提示するために多文化主義政策指数を導入している。

*3　カナダにおける「ケベック」のように、国家に編入される前から特定の領土に集住し、独自の制度・文化・言語によって運営される社会を形成していた集団を指す。

表 1　1980 年、2000 年、2010 年、2020 年時点での西欧諸国の移民マイノリティに対する多文化主義政策指数

	1980 年	2000 年	2010 年	2020 年
オーストリア	0	1	1.5	1.5
ベルギー	1	3.5	5.5	5.5
デンマーク	0	0	0	1
フィンランド	0	1.5	6	7
フランス	1	2	2	1.5
ドイツ	0	2	2.5	3
ギリシャ	0.5	0.5	2.5	3
アイルランド	1	1.5	4	4.5
イタリア	0	1.5	1.5	1.5
オランダ	2.5	4	2	1
ノルウェー	0	0	3.5	4.5
ポルトガル	0	3	3.5	3.5
スペイン	0	1	3.5	3
スウェーデン	3	5	7	7
スイス	0	1	1	1
イギリス	2.5	5	5.5	6
ヨーロッパ 16 か国の平均	約 0.72	約 2.03	約 3.22	約 3.41
オーストラリア	5.5	8	8	8
カナダ	5	7.5	7.5	7
日本	0	0	0	0

（出典）クイーンズ大学 HP をもとに作成

③公共メディアやメディアライセンスの使命に、民族の代表性や感受性を含めていること
④法令または判例によるドレスコードの免除
⑤二重国籍を認めること
⑥文化活動を支援するためのエスニック集団への資金提供
⑦バイリンガル教育または母語教育への資金提供
⑧不利な状況に置かれている移民グループのためのアファーマティヴ・アクション

この各項目について、〇（そのような政策はない）、〇・五（部分的に採用）、一・〇（明確に採用）のいずれかで政策を採点する。その後、各構成要素のスコアを集計し、国ごとに〇から八までのスコアを作成する。二〇二〇年時点までのヨーロッパ諸国

のスコア分布は**表1**のようになる。**表1**から明らかなように、ヨーロッパの多くの国が過去四〇年の間に何らかの多文化主義政策を採用しており、全体として二〇〇〇年以降の後退は見られない。確かに、オランダでは大幅な減少が見られ、二〇一〇年にかけてデンマークとイタリアでは（低水準からの）小幅な減少が見てとれる。しかし、二〇〇〇年から二〇一〇年にかけて多くの国（ベルギー、フィンランド、ギリシャ、アイルランド、ノルウェー、ポルトガル、スペイン、スウェーデン）で多文化主義政策が緩やかに強化されている。その他の国でも、スコアはわずかに上昇したか、横ばいのままとなっている。また、ヨーロッパ各国の平均スコアは一九八〇年の〇・七二から、二〇〇〇年には二・〇三、二〇一〇年には三・二二と上昇しているのである。直近に公開された二〇二〇年のスコアによってもこの傾向に大きな変化はない。

多文化主義政策指数に基づく調査によれば、少なくとも二〇一〇年時点では、オランダのような多文化主義政策の推進からの方向転換が顕著な国家も存在するが、二〇二〇年の調査を踏まえてもそれがヨーロッパにおける支配的なパターンであるとは言い難い。

●市民統合政策と多文化主義

ヨーロッパ諸国において、多文化主義の失敗が語られるとき、多文化主義政策の推進に代えて市民統合政策——移民がより完全に社会の主流に溶け込むことの重要性を強調する政策——を推進することが主張されている。市民統合においては、①雇用の確保、②自由および民主主義の原則、ジェンダー平等のような平等と人権の尊重、法の支配といった基本的な自由民主主義的価値観を尊重すること、③ホスト社会の言語、歴史、制度に関する基本的な知識、④差別禁止法や政策、といった点が重視される（Banting & Kymlicka 2012: 9-12）。ヨーロッパ全域における市民統合政策の統計的指標（civic integration index）を作成したグッドマンによれば（Goodman 2010）、市民統合政策は、それがほとんど存在しなかった一九九七年から、二〇〇九年までの間に劇的に増加している。

すなわち、ヨーロッパにおいては、多文化主義政策の緩やかな増加と市民統合政策の急激な増加が同時に起こっている。問題は、この二つの政策が両立するのか、それとも二つの政策を組み合わせることには本質的な問題があるのか、ということである。バンティング＝キムリッカは、統合政策の一環として多文化主義政策を推進してきたカナダやオーストラリアに着目するべきだという（Banting & Kymlicka 2012: 13-14）。

◉カナダの多文化主義

本稿では、カナダの多文化主義に着目する。[*4] カナダの多文化主義は、ピエール・トルドー首相が一九七一年に「二言語の枠内での多文化主義」の採用を宣言したことに端を発する。カナダの多文化主義の特徴は、①当初より社会統合の一環として導入されたこと、②憲法レベルで多文化主義が位置づけられていること[*5]、③多文化主義を具体化する法律が制定されていることである。多文化主義が法制度化されたことで、多文化主義政策の実行が法的に担保された点はカナダの多文化主義（政策）の進展を理解する上で重要である。

本稿の観点からは、社会統合の一環として導入されたという点が特に重要である。カナダの多文化主義の当初からの意図は、文化的マイノリティが望むのは、文化的アイデンティティや母語等の独自性を保ったまま一つの社会の中で他者が共生する「統合」であると考えた上で、多様に異なる要素を調和的な社会へと統合することで「多様性の中の統一（diversity within unity）」を目指す（RCBB 1969: paras. 8, 19）、というものであった。また、カナダの多文化主義を具体化する多文化主義法[*6]は、その目的を規定する三条において、カナダの多文化主義は、多様性を尊重するだけではなく、移民集団等の異なる文化的背景を有する共同体がカナダ社会の完全な参加者となることを目指していることを示している。そのため、カナダでは当初から、移民の公用語の修得やマイノリティが社会的障壁を克服するための支援、異文化交流の促進といった統合政策が積極的に展開されているのである。

このようなカナダの多文化主義を踏まえれば、多様性の尊重と社会統合をバランス良く追求する

＊4　カナダの多文化主義については、山本（2015）等も参照。

＊5　カナダ憲法の一部である「権利及び自由に関するカナダ憲章」の二七条は「この憲章を多文化的伝統の維持および発展と一致する方法によって解釈することを要求する。

＊6　Canadian Multiculturalism Act, R.S.C.1985.

ことが、多文化社会を安定的に運営するための鍵であるといえそうである。そして、バンティング=キムリッカは、カナダにおいて、「権利及び自由に関するカナダ憲章」（以下「憲章」という）や人権法（私人間の差別禁止を目的とする制定法）、あるいは、カナダ最高裁による（憲）法解釈が、多様性の尊重と社会統合のバランスを保つことに貢献してきたと指摘する（Banting & Kymlicka 2012: 13-14）。たとえば、カナダ最高裁は、正統派ユダヤ教徒の「宗教法」上の離婚が問題となったブリュカー判決において次のように述べている。「民族的・宗教的・文化的差異を認識し尊重するという承認を含む」多文化主義に対するカナダのコミットメントから、カナダ人は「差異をもつ権利を保障されている」が、この権利はジェンダー平等や個人の自律等を含む「カナダの基本的価値」と共存しなければならず、「差異をもつ権利は保護されているが、そのような差異〔をもつ権利〕は常に支配的であるわけではない[*7]」。

憲章や人権法そして、カナダ最高裁は、マイノリティの承認や保護を促進する一方で、多様性の尊重を常に至上命題とするわけではなく、多文化主義の暴走の歯止めとなり、多様性を一定の（憲）法的枠組みの中で管理しようとしているといえるのである。

●小　括

多文化主義政策指数によれば、多文化主義政策の後退を二〇〇〇年代以降のヨーロッパの一般的現象として説明することはできない。他方で、ヨーロッパでは、多文化主義の失敗言説と併せて、市民統合政策が進展していることが指摘されている。しかし、多文化主義国として知られるカナダでは、そもそも多文化主義政策と市民統合政策は併存してきたのであり、多文化主義の国という評価を得ている背後には、多文化主義政策のみを推進してきたのではなく、市民統合政策と併せて多文化主義政策が推進されてきたことがある、といえるのではないだろうか。

また、カナダにおいては、多文化主義を掲げつつも、多様性や差異の尊重を法的枠組みの中で統御しようとしている。このような歯止めによって

*7　*Bruker v. Marcovitz*, [2007] 3 S.C.R. 607, paras. 1-2.

多文化主義や多様性の尊重の暴走を防いでいるといえるだろう。こうした多様性の管理手法として、法的枠組みから出発し、近時カナダにおいて一般認識になったとまでいわれるのが、合理的配慮である。

2 合理的配慮の法理論

合理的配慮（reasonable accommodation）とは、一般に適用される規則や法律等が特定の個人および集団がもつ属性――宗教、性別、障害等――ゆえに当該個人らに負担を課すのであれば、（法規範の適用免除も含め）当該法規範の厳格な適用を、配慮する側の「過度の負担（undue hardship）」にならない範囲で緩和するという考え方である。合理的配慮の法理は人権法[*8]上の間接差別[*9]を分析・救済する手法としてアメリカ合衆国の公民権法および連邦最高裁判例を参考に一九八〇年代にカナダに導入された[*10]。

見かけ上は中立な規則等からの個別の配慮を認める合理的配慮は多様性を管理し差異を調和する手法として有力なものと考えられており、法的次元を超えてカナダ社会の日常生活の中に浸透している（e.g. Bouchard & Taylor 2008）。本節では、まず、カナダ最高裁によって導入された法理論としての合理的配慮の特徴を紹介し、次に、合理的配慮を後退させたと批判される近時のカナダ最高裁判決を紹介する。そして、多様性を管理する手法としての合理的配慮に対する批判を確認する。

◉合理的配慮法理の形成

カナダ最高裁は、間接差別の事例で検討すべきなのは、問題となっている規則等を無効にすることではなく、過度の負担となることなく「合理的配慮」を行うことが可能か、であると述べた[*11]。さらに、合理的配慮の限界を画する「過度の負担」は、アメリカ合衆国の公民権法上のリーディングケースであるハーディソン判決[*12]のいう「無視できる程度」という基準ではなく、カナダにおいては、「一定の負担を受け入れられること」を前提とするという[*13]。もっとも、過度の負担の考慮要素はケースバイケースのため、網羅的にリスト化することはできないが、ⓐ金銭的負担、ⓑ労働協約の内容、

*8 カナダにおける人権法には、連邦のものと各州がそれぞれ制定したものがあり、雇用や施設・サービスの利用等の領域において、人種、信条、宗教、年齢、性別、性的指向、ジェンダー・アイデンティティ、肌の色、身体的および精神的障害、結婚に関する地位等を理由とする差別を禁止する。人権法の詳細については、金子 (2019) 等を参照。

*9 ここでいう間接差別とは、ある規則等が職業上の理由で採用され当該職場の全職員に平等に適用されるが、特定の属性をもつ者に差別的効果を与えるものを指す。

*10 より詳細には、山本 (2016) を参照。また、カナダ（憲）法における間接差別については白水 (2020) や高橋 (2021) が詳しい。

*11 *Ontario Human Rights Commission and Theresa O'Malley v. Simpsons-Sears Ltd.*, [1985] 2 S.C.R. 536.

*12 *Trans World Airlines v. Hardison*, 432 U.S. 63 (1977).

*13 *Central Okanagan School District No.23 v. Renaud*, [1992] 2 S.C.R. 970.

ⓒ他の労働者のモラル、ⓓ配置転換の可能性、ⓔ雇用者の企業規模、ⓕ安全性等を挙げることができると指摘されている（Etherington 1992: 327-328）。

合理的配慮は間接差別の事例に用いられていたが、後に、カナダ最高裁は、メイオリン判決[*14]において、直接差別と間接差別を判断する統合的判断枠組みを形成することになる。[*15]それは、雇用者に以下の三点の証明を求めるというものである。

①当該職務の遂行と合理的に関連する目的のために当該規則を採用したこと

②当該規則を正当な職務に関連した目的を満たすのに必要と信じて、公正かつ誠実に採用したこと

③当該規則は、正当な職務に関連した目的の遂行にとって合理的に必要であることを証明しなければならず、当該規則が合理的に必要であることを示すためには、使用者に過度の負担を課すことなく、原告の特性を共有する個々の労働者らに合理的配慮を行うことが不可能であること

雇用者に対して、問題となった規則そのものが合理的であることの証明を求めた上で、その合理性が証明されたとしても、過度の負担にならない範囲で、合理的配慮を行うことが不可能であることの証明も課しているこの基準は、カナダ人権法による平等・反差別の実現として高く評価されてきた（Brodsky et al. 2012: 15-16）。

◉合理的配慮法理の後退？

しかし、近時、メイオリン判決による統合的審査枠組みの第三段階――合理的配慮の審査――については後退が見られるとの指摘がある（e.g., Narain 2017: 322）。

批判の対象となっているカナダ最高裁判決のひとつが、障害を理由とする合理的配慮が問題となったマギル大学判決[*16]である。カナダ最高裁は、まず、カナダにおいて職場で合理的配慮が求められていることは確立されており、両当事者もこの点は争っていないことを確認する。問題は、合理的配慮の範囲である。この点について、カナダ最高裁は、メイオリン判決の審査枠組みの第三段階

*14 *British Columbia (Public Service Employee Relation Commission) v. B.C.G.E.U.*, [1999] 3 S.C.R. 3.

*15 この経緯については、山本（2017）を参照。

*16 *McGill University Health Centre v. Syndicate des employés de l'Hôpital général de Montreal*, [2007] 1 S.C.R. 161.

では、「雇用者は過度の負担を負うことなく、原告に配慮することができないことを証明しなければならない」が、過度の負担の考慮要素は柔軟であり、「合理的配慮を求める権利は絶対的なものではな〔い〕」とした（para. 14）。そして、カナダ最高裁は、「雇用関係において、雇用者は労働者に配慮する努力を行わなければならない」が、「これは合理的配慮が必然的に一方通行であることを意味しない」と述べ、「雇用者、労働組合、労働者の義務は合理的な妥協（reasonable compromise）に至ることである」と判示する（para. 22）。

　マギル大学判決でとられた労働者側に合理的な妥協をするために歩み寄る義務を課す構成は強く批判されている（e.g., Brodsky et al. 2012: 17）。たとえば、憲法およびジェンダー法を専門とするナーレンは、マギル大学判決で再構成された基準は、雇用者の合理的配慮の義務を著しく軽くすると批判する。また、ナーレンによれば、この枠組みによって、労働者は自身の要求のいくつかを妥協しなければならなくなるが、ヴェールを被るムスリム女性のように妥協することができない性質の要求をもつ労働者が著しく不利な扱いを受けることになってしまう（Narain 2017: 324）。

　だが、マギル大学判決での再構成が、ナーレンの主張するような劇的な変容を合理的配慮の法理にもたらし、強く批判すべき判断であったのかは検討の余地があると思われる。この点は、次節で改めて検討することにしたい。

◉合理的配慮による価値観の対立?

　判例法理として導入された合理的配慮はカナダ社会の日常の中に浸透し、公立学校におけるスカーフの着用、宗教的祝日を休暇にする、ラマダンで体力の弱った子供のために特別に配慮する、病院でユダヤ教徒が自分で買ったコーシャーフード[*17]を食べることを認める、といった様々な配慮がなされている（Bouchard & Taylor 2008: 69-74）。こうして、合理的配慮は多様性を管理・調整する有力な手法と位置づけられるようになっているが、①配慮の行き過ぎという批判と、②配慮の可否は要求されている配慮がマジョリティの価値観——「我々の価値観」——に適合的かが決め手となって

＊17　「コーシャー」は、主に旧約聖書に基づいたユダヤ教の食事規則のことを指す。この食事規則では、食べてよいものといけないものが区別されているほか、動物については、適正な屠殺方法・調理方法についても決まりがある。「コーシャーフード」はこれら規則に適合した「清浄な食品」のことである。

いるとの批判が存在する（e.g. Beaman 2011; Berger 2015）。①行き過ぎた合理的配慮という言説はメディア等によって過度に誇張されたものである可能性が高く（Bouchard & Taylor 2008: 69-74）、「過度の負担」という限界が適切に機能しているのであれば、この批判は回避可能であろう（e.g. 山本 2016）。しかし、②もし配慮の要求が「我々の価値観」に照らして合理的なものであるかが、配慮を認める実質的な判断基準なのだとすれば、合理的配慮は優れた方法ではないかもしれない。さらに、セルビー＝バラス＝ビアマンは、合理的配慮の枠組みは「合理性」の範囲を考察することで、「我々の価値観」対「マイノリティの価値観」の対立構造をもたらし、両者を固定化してしまうおそれもあるという（Selby et al. 2018）。この点についてセルビーらが懸念を示す近時の二つの事例を紹介しておこう。

一つ目の事例はヨーク大学事件と呼ばれるものである（cf. Moon 2014）。この事件は、二〇一三年九月二〇日、ヨーク大学社会学部のオンラインコースに通う二年生の男子学生が、グレーソン教授に対して、「自身の確固たる宗教的信念のため公の場で女性と一緒に活動することはできない」旨メールで伝えたことに端を発する。グレーソン教授の講義はオンラインコースではあったが、シラバスにグループワークを重視すると明記されていた。グレーソン教授は、合理的配慮を行うことで女性差別・蔑視を教育機関である大学が促進してしまうこと等を懸念し、この要求を退けるつもりでいた。グレーソン教授が、決定を学生に伝える前に、学部長と大学の人権センターに相談したところ、大学側は、オンタリオ州人権法は、過度の負担にあたらない限り、合理的配慮の義務があると規定しているから、本件において学生の要求に配慮するべきだと判断した。しかし、グレーソン教授は、上記懸念等から、この決定に反発し、当該配慮を退ける理由の説明を含め配慮しない旨学生に伝達した。これを受けた学生は、自身の要求をグレーソン教授が真剣に検討してくれたことに感謝し、配慮願いを取り下げたという。

二つ目の事例が、ピール地区教育委員会事件である。オンタリオ州のピール地区教育委員会は、二〇一六年九月に毎週金曜日に学校で行われているムスリムの生徒による礼拝集会の方針を変更した。変更前の方針によれば、生徒たちは、毎週金曜日に、学校スタッフの監督の下、自身で説教（sermons）を考え、共有することが許されていた。変更後の方針では、教育委員会が、ピール地区信仰指導グループ（イスラム教の指導者であるイマームも所属）と協議し、事前に作成した六つの説教から学生が選択するという方法が採用された。翌月、この方針が実施されたが、ムスリム学生からは、宗教の監視である、イスラム教がスティグマ化されたように感じる、表現の自由・信教の自由が強く制約されたように感じる等の不満が寄せられた。ピール地区教育委員会は、弁護士からのアドバイス等も参考に新方針を翌月には撤回したが、この一連の流れの中で、金曜日の礼拝をめぐる議論は予想外に拡大していく。金曜日の礼拝の方針についての意見交換会が、イスラーモフォビア《イスラム嫌い》を主張する一部の抗議者によって妨害されるとともに、公衆の関心が、学校が宗教的な礼拝場所を提供するべきなのか、といった学校における礼拝一般をめぐる論点へと変貌したのである。議論のエスカレートを受けて、ピール地区教育委員会は、金曜日の礼拝はその方法の問題であって、宗教的理由による合理的配慮は人権法に規定されており、礼拝場の提供自体は議論の対象ではないと主張するとともに、ＳＮＳ等で流布した誤った情報を訂正するファクト・シートを作成した。また、オンタリオ州の教育大臣と青少年問題担当大臣が共同で、公立学校の生徒に対する金曜日の礼拝の場所を提供することを支援する声明を公表した。

3　多様性の管理手法としての合理的配慮

●合理的配慮の実体的限界

ヨーク大学事件については、宗教的な理由による女子学生とのグループワークからの免除と男女平等が問題となり、ピール地区教育委員会事件では、ムスリム生徒による金曜日の礼拝と公立学校の世俗的性質が対抗している。セルビーらは、これらを「我々の価値観」と「マイノリティの価値観」の衝突と捉える。ヨーク大学事件については、男女平等というそれ自体として重要な「我々の価値観」が対抗しており、グレーソン教授の判断が直ちに不当であるとは言い難い。重要なのは、多様性を尊重するか、我々の価値観を保護するかの二項対立的思考を避け、可能な合理的配慮の余地を検討することである。

すでに紹介したブリュカー判決のアベッラ裁判官による法廷意見は、差異をもつ権利は（ジェンダー平等や個人の自律等を含む）「カナダの基本的価値」と共存しなければならないと述べた上で、続けて、それを共存させるための考慮は、「複雑で、ニュアンスに富み、特定の事実に依存」すると指摘していた。また、法廷で証言を行う際にニカブの着用を求める主張と、被告人の公正な裁判を受ける権利が衝突したNS判決[*18]の法廷意見は、公的空間としての法廷は、ニカブのような宗教的装飾物を身に着けることが一切許されない非宗教的な場所ではないとし、ニカブ着用の余地を残すものの、ニカブを身に着けることが許されるのは、（顔を隠す）ニカブを着用することによって、効果的な反対尋問等を含む公正な裁判を受ける権利・公正な司法が脅かされない場合に限られる、という判断枠組みを提示している。

多様性の尊重、少数者の要求する配慮の実現のみを至上命題とすることは、社会の分断を招く要因となりかねない。カナダの多文化主義を社会統合を目的としたものと位置づけるとすれば、多文化主義が暴走するのを防ぐという考慮も必要である。合理的配慮の「合理性」を、「我々の価値観」に適合的かを判断するものと捉えれば、配慮を行う者の恣意性・権力性が強調される。しかし、配慮の要求が、経済的な過剰負担を含む過度の負担となるものかの判断に加え、平等や各種憲法上の権利、公正な司法等の現代社会を成り立たせるのに不可欠なものを侵害しない範囲で実現可能かを判断するものと理解すれば、多文化主義の暴走を防ぎつつマイノリティへの配慮を可能にする穏当な多様性の管理手法と位置づけることができるのではないだろうか。

●合理的配慮のプロセスへの注目

上記のように合理的配慮を理解すれば、合理的配慮には――その概念上当然に内包されたもので

*18 *R v. N.S.*, [2012] 3 S.C.R. 726.

はあるが——実体的な限界が存在することになる。しかし、重要なのは、実体的な限界が一義的に定まるわけではないことである。合理的配慮は個別化されたケースバイケースの考慮を必要とするが、この個別の考慮をなすために行われる交渉・対話のプロセスに多文化社会を成り立たせる重要な意義を見出すことができると思われる。

行き過ぎた合理的配慮に対する不満に対処するため、ケベック州政府からの委託を受け合理的配慮の実態を調査したブシャール＝テイラー委員会報告書は、他者に対して開かれていること、相互尊重、妥協点を見つけるための対話を続けること等を合理的配慮の指針とするべきであると勧告している（Bouchard & Taylor 2008: 165）。また、セルビーらは、合理的配慮の交渉・対話プロセスによって、差異を有する当事者間の相互理解および内的省察が促進される可能性があり、合理的配慮が多様性の管理手法として適切に機能するためにはこの側面を重視しなければならないという（Selby et al. 2018: 167-169）。こうした相互理解は、交渉の結果にかかわらず生じる。たとえば、ヨーク大学事件において配慮を要求した学生は、グレーソン教授とのやり取りの中で、自身の要求が退けられることを受け入れている。この事件では、学生側がコメントを公表していないため、彼が配慮の許否をどのように解したかは定かではないが、メールの文面からはグレーソン教授の説明に納得したことが読み取れる。多様性の管理手法としての合理的配慮は、マイノリティが一定の配慮を勝ち取る武器としての側面だけでなく、異文化コミュニケーションを促進する側面も併せ持っている点に重要性がある。

合理的配慮のこのような側面を踏まえれば、マギル大学判決の「合理的妥協」を強調するカナダ最高裁の判例法理もそう見下げたものではないといえる。マギル大学判決は、「合理的配慮が必然的に一方通行であることを意味」せず、雇用者、労働組合、労働者に「合理的な妥協に至る」ための役割があることを指摘していた。多様性の管理手法としての役割を担っている合理的配慮は、一方的な配慮要求として捉えられるべきではないのである。

こうした穏当な対話・交渉が失敗したのがピール地区教育委員会事件であると考えられる。もっとも、本来的当事者である教育委員会とムスリム生徒の間では交渉・対話が成立している。この事件の特徴は、合理的配慮の当事者ではない一般市民が過激な抗議者として立ち現れたことである。ピール地区教育委員会事件のように、合理的配慮の当事者ではない者がデマ情報等を鵜呑みにしつつ議論をエスカレートさせていくタイプの衝突を調和させる手法としては、合理的配慮は心許ない。合理的配慮が多様性の管理手法として機能する条件として、差異や価値観の違いをもちつつも、合理的・冷静に対話・交渉することのできる当事者の存在があるといえる。ピール地区教育委員会事件のような問題状況への対処としては別の方法が検討される必要があるだろう。

◉結論と示唆

本稿の一つ目の結論は、「多文化主義の失敗」や〈多文化主義による分断〉という言説はレトリックである可能性が高いが、カナダが多文化主義国家としてある程度の成功を収めているのは、単に多様性を尊重したからではなく、市民統合政策を同時に推進したり、多文化主義の暴走を防いだりすることにも注力していたからである、というものだ。ここからは、多様性を管理する手法が必要であることが示唆される。

本稿のもうひとつの結論は、多様性を管理する手法としての合理的配慮は万能ではないが、多様性を尊重するか、私たちの価値観を保護するかの二項対立的思考を避け、異文化コミュニケーションを促進する側面も併せ持つ、有益な手法である、というものだ。

この合理的配慮については、日本においても、主に障害者差別の文脈で導入されている。合理的配慮の憲法学的分析では、マイノリティが一定の配慮を勝ち取る武器としての側面が強調されているように思われるが（e.g., 杉山 2020）、[*19] 合理的配慮のインパクトを高く評価し、「万人のための『共生の技法』」へと発展していく可能性も示唆されている（川島ほか 2016: 7-9）。カナダの合理的配慮の研究からは、この両側面をバランスよく追求す

＊19 なお、こうした武器（法的権利）の反転した使用については本書第II部の森口論文を参照。

ることが重要であるという、示唆が引き出されるだろう。

【付記】本研究はＪＳＰＳ科研費１９Ｋ‐３５０７の助成を受けたものである。

【参考文献】

Banting, Keith & Kymlicka, Will. 2012. “Is There Really a Backlash Against Multiculturalism Policies?” GRITIM Working Paper 4.

Beaman, Lori G. 2011. “It was all slightly unreal.” *Canadian Journal of Women and the Law* 23.

Berger, Benjamin L. 2015. *Law’s Religion: Religious Difference and the Claims of Constitutionalism*. University of Toronto Press.

Bouchard, Gérard & Taylor, Charles. 2008. *Building the Future: A Time for Reconciliation*. Government of Quebec.

Brodsky, Gwen, Day, Shelagh, & Peters, Yvonne. 2012. *Accommodation in the 21st Century*. Canadian Human Rights Commission.

Goodman, Sara. 2010. “Integration Requirements for Integration’s Sake? Identifying, Categorizing and Comparing Civic Integration Policies.” *Journal of Ethnic and Migration Studies* 36.

Etherington, Brian. 1992. “Central Alberta Dairy Pool: The Supreme Court of Canada's Latest Word on the Duty to Accommodate.” *Canadian Labour Law Journal* 1.

Moon, Richard. 2014. “Religious accommodation and its limits: The Recent Controversy at York University.” *Constitutional Forum* 23 (1).

Narain, Vrinda. 2017. “Gender, Religion and Workplace: Reimagining Reasonable Accommodation.” *Canadian Labour & Employment Law Journal* 20.

Royal Commission on Bilingualism and Biculturalism [RCBB]. 1969. *Book IV The Cultural Contribution of the Other Ethnic Groups*. Queen’s Printer.

Selby, Jennifer A., Barras, Amélie, & Beaman, Lori G. 2018. “Rethinking Canadian discourses of “reasonable accommodation”.” *Social Inclusion* 6.

大山彩子　2015「多文化主義と多文化主義政策の動向―イギリスを事例として」『生活社会科学研究』22.

金子匡良　2019「カナダ人権法の改革」『神奈川法学』51(3).

川島聡ほか　2016『合理的配慮―対話を開く、対話が拓く』有斐閣.

近藤　敦　2020『多文化共生と人権―諸外国の「移民」と日本の「外国人」』明石書店.

白水 隆 2020『平等権解釈の新展開―同性婚の保障と間接差別の是正に向けて』三省堂.
杉山有沙 2020『日本国憲法と合理的配慮法理』成文堂.
高橋正明 2021「間接差別の憲法的統制」『帝京法学』35(1).
蔦木文湖 2016「ヨーロッパにおける移民・難民問題と多文化主義」『東洋学術研究』55(1).
山本健人 2015「『カナダの多文化主義』に基づく憲法解釈の一側面―信教の自由における『承認』の原理を中心に」『法学政治学論究』107.
山本健人 2016「カナダにおける信教の自由と合理的配慮の法理―その多文化主義的擁護に向けた緒論」『法学政治学論究』110.
山本健人 2017「信教の自由における『法的多文化主義』と合理的配慮―カナダ憲法理論を素材に」『法学政治学論究』113.
Queen's University. Multiculturalism Policies in Contemporary Democracies〈https://www.queensu.ca/mcp/〉（二〇二一年四月一〇日最終アクセス）.
総 務 省「多文化共生の推進」〈https://www.soumu.go.jp/menu_seisaku/chiho/02gyosei05_03000060.html〉（二〇二一年四月一〇日最終アクセス）.

共同体の分断と関係性の再構築
――「結社による自由」の可能性

岡田順太

一匹の亡霊がアメリカを徘徊している。社会主義という亡霊が――。

近時、資本主義の盟主であるアメリカにおいて、「社会主義」に注目が集まっているという。経済的格差と貧困を背景に、「今日では、社会主義を、政府による管理や統制よりも、平等と結びつけて好意的に理解する人が登場している」のである（西山 2020: 244-248）。もちろん、その「社会主義」の内容・理解は様々であって、決して「革命」に結びつくような過激なものではない。ただ、資本主義経済を基調とする社会体制が、富を偏在させ、個人の努力のみでは貧困状態の克服が困難な状況を生み、社会において精神面・経済面ともに深刻な「分断」を引き起こす要因となっており、そうした状況を看過できないとの心情の高まりは、決して無視しえない水準にある。抗い難い経済状況から個人を解放し、人間性の回復を渇望する心理は、いつの時代にも共通する。

そうした問題意識の下、本稿では、そのような時代状況への処方箋として、憲法論の観点から関係性の再構築を通じた解決策の模索を行う。そこでは、従来、精神的自由権として扱われてきた結社の自由（憲法二一条）について経済的自由の側面に着目しつつ理論的な再評価をするとともに、戦後の憲法学が推し進めた個人の「分断」の受け皿として、近時、経済学や社会学の領域においてその意義を見直されている協同組合に注目した理論の提示を行う。

Ⅰ 「分断」の近代

そもそも何をもって「分断」と称するかは論者によって多様であるが、本稿では、社会統合という法の機能（碧海 1967: 41-42）を念頭に、次のように定義したい。すなわち分断とは〈社会構成員間の紐帯意識の根底にある共通の価値観が損なわれることによる社会統合不全状態〉のことである。

もちろん、具体的な「分断」による社会的課題は、各国の歴史や社会・経済事情により異なる。たとえば、フランスにおいては、この「分断」の克服を試みる際の社会「統合」の概念は、人文科学・社会科学の領域において「外国人ないし移民、あるいは彼らの子孫の社会参加の状態を語るために利用されている」（リシャール 2012: 37）という。また、旧ユーゴスラビアにおいては、内戦を共に戦ったという経験により「統合」の基礎となる「相手を信頼し、自分の仲間と考えて共存していく関係」が培われたとされるが（材木 2012: 120-127）、究極の「分断」状況である内戦状態から「統合」の要素が生まれたという事実は興味深い。

いずれにしても、単に貧困状態や所得格差という経済状況における悲惨さや不公正にばかり目を向けるのではなく、そうした「分断」をはらむ社会統合不全状態を生む本質的要因に関心を払うべきであると考える（岡田 2015: 127）。それとともに、その「分断」を憲法学自体が助長していないか探究していくべきであろう。

戦後の法学において重要な課題とされたのが、「家父長制的小家族」の分解であり、それが「個人主義の完全な実現に近づいた状態」（村上 1983: 24）であるとされた。そうした法思想は、家族と個人の関係性について批判的に考察する社会主義的な視点に親和的である（羽仁 1968: 24-34; エンゲルス 1965）。その具体的内容の是非は横に置くとして、ここに至って初めて完全に自律した「個人」像が登場することになる、という点が重要である。近代の到来は、まさに個人が生まれながらに拘束されていた関係性から解放されることによって成就されるのであるが、家族関係をも例外扱いせずに徹底して解体していくという思想が「家父長制的小家族」の分解という主張に結びついたものと考えられる。

これを憲法論として見ると、国家と個人の間に存在するすべての団体（中間団体）が構築する関係性を一旦断ち切ることで、近代立憲主義が前提とする「個人」が登場したとの理論（中間団体否認の法理）に結びつく。「そこでは、先行する身分制社会編成原理を真正面から否定すると同時に、中間団体否認の法理によってその復活を周到かつ執拗に封じ込め、一方に、権力を集中するようになった国家（主権の主体）を、他方に、身分的拘束から解放された諸個人（人一般の権利としての人権の主体）を、作り出した」（樋口 1994a: 142）。そのため、フランスにおいては、一七九一年のル・シャプリエ法によりあらゆる種類の同業組合が廃止され（井上 2014: 18-19）、本来的に個人の自由意思に基づき結成され、中世的身分とは無関係なはずの労働組合までその対象となったのである。*1 近代革命期において重視されたのは、まさに個人の社会的属性に関わるあらゆる関係性からの「分断」であり、憲法上の権利論としては、「結社からの自由」（消極的結社の自由）こそが不可欠であるとの指摘が重要となる（樋口 1989: 163-164）。

その意味において、我々の生きる「近代」の登場において「分断」は不可欠の要素であり、宿命的な本質であると評しうる。*2

2 「法人の人権」論

ところで、わが国の憲法学説において消極的結社の自由の議論が提起される契機のひとつとなったのが、八幡製鉄事件*3である。その際、最高裁は、性質上可能な限り、憲法上の人権規定が法人にも適用されうると述べ、会社が政治活動の一環として政治献金を行うことが憲法上保障される旨を示している。これに対しては、「人権は個人の権利として生成し発展してきたものであるから、それを法人に認めると言っても、限定的に解することが必要である」としつつ、「この判決は行きすぎであり妥当ではない」とする批判があり（芦部 2019: 90-92）、それに同調する学説も多い。また、日本国憲法にはドイツ基本法一九条三項*4のような明文規定がないことから、「基本的人権の本義からは『法人の人権』という表現には違和感があることは否め

*1 ここでの人権の主体である「市民」については、第一身分（僧侶）と第二身分（貴族）のもつ身分的特権が廃止され、すべての人間が第三身分たる「市民」となったとされるが、現実には、そこから外れた「第四身分」である労働者・農民とその無権利状態が捨象されていたとの指摘がある（長谷川 1985: 154）。

*2 この点、わが国においては大日本帝国憲法制定時から結社の自由の保障が明記されているが、その制約原理である「法律の留保」が、「無産階級の国家権力への参加を阻止する手段として、より大きな役割をもつに至る」（利谷 1968: 159）との認識に基づけば、あらゆる中間団体を否認して近代の登場を促すというフランスの状況とはかなりの差異があるといえよう。

*3 最大判昭和四五年六月二四日民集二四巻六号六二五頁。

*4 「基本権は、内国法人に対しても、本質上適用可能な場合には、その限りでこれを適用する。」

ない」と評するものもある（佐藤 2020: 171）。さらに、営利企業・団体献金による民主政治への影響力行使を念頭に「必要性の疑わしい判示を理由づけもなく行った」（毛利 2019: 20）[*5]と評するものや、その後の南九州税理士会事件[*6]により判例変更され、法人の政治献金は目的の範囲外となった可能性を指摘するものもある（山田 2003: 20）。[*7]

　そうした議論において、中間団体否認の法理が及ぼした影響は極めて大きい。そこでは、フランス人権宣言に結社の自由が出てこないことが指摘され、近代市民革命期において中間団体から個人を解放するという意味で「結社からの自由」こそが不可欠であったとして、「法人の人権」という問題の立て方自体を批判するのである（樋口 1988: 143; 1994b: 168; 1995: 15）。このように、中間団体否認の法理とそこから導き出される「結社からの自由（消極的結社の自由）」が近代立憲主義の根幹にあるとの主張の訴求力は計り知れない。旧体制からの「分断」こそが、近代的な「個人」の登場に不可欠だという理念は、今日でも色あせることがない。

　もっとも、こうした議論においては、留意すべき事柄がいくつか存在する。

　第一に、「法人に人権が保障されるか」という議論の立て方である。八幡製鉄事件での最高裁判決全体を見れば、主要な争点は「株式会社が政治的寄付を行うことは、法人の目的の範囲内か」という民商法上の解釈であって、憲法論はその「考慮要素」のひとつに過ぎない。つまり、判決文の一部を切り取って、「法人の人権」論を展開するというのは、最高裁の意図から離れて文脈を無視した議論となりかねないのである。実際、近時の学説においてもそのような一般論ではなく、「個別の事例ごとに、法人の憲法上の権利を保障することが個人の憲法上の権利や社会全体の利益の保障に役立つかといった観点から、法人に憲法上の権利を認めるかどうかを判断すべき」との説が有力になっている（佐々木 2021: 28）。そこで、結社の自由（憲法二一条）の観点から、結社の目的・性質を考慮した分析が欠かせないこととなる（佐藤 2020: 171）。すなわち、結社の自由には、個人が結社を結成・加入する（しない）自由と、結成された結社自体の活動の自由（結社体の自由）との二面性があり、そ

＊5　ただし、団体による政治献金の意義を認めつつ、主たる問題は団体の営利性にあるとする。

＊6　最判平成八年三月一九日民集五〇巻三号六一五頁。

＊7　なお、その主張を否定する見解もある（岡田 2018: 647）。

の両者が矛盾・衝突した場合の調整の仕方が問題となるのである（岡田 2017a: 109）。その際、各種の「考慮要素」を総合衡量する必要があり、そうした文脈を無視して、大上段に構えた議論をしても判例法理の解明には役立たない。

第二に、争点となっている事柄の本質を十分に加味していない点である。いわゆる「法人の人権」について裁判で争われている事例の多くは、当該団体の本来の目的を外れた「＋α」の活動である（岡田 2020a: 64-75）。そうした団体の「＋α」活動は、団体が社会的な存在として、様々な社会的活動に寄与することが期待されているために行われているものであり、問題の本質は、その団体の構成員がどこまで「＋α」活動に関与させられるのかということである。その問題と、企業・団体の政治献金規制の是非の問題とは区別しなければならない。

第三に、中間団体否認の法理により個人を関係性から「分断」させることが重要であるにしても、その後の「統合」ないし関係性の構築については何も解答がないということである。戦後日本の社会経済体制は、企業に社会保障機能の多くを負担させることで中負担中福祉の福祉国家を実現し、「一億総中流」の掛け声の下で中間層の構築を可能にしてきた（藤田・塩野谷 1997）。企業は個人主義を脅かす存在であるとともに、所得の再分配機能を担い、多くの国民にとって生活の基盤となる存在でもあった。しかし、超高齢社会への移行に伴い企業負担が増大しており、従来の社会経済構造を継続することが困難な状況にある（前川 2012: 93-106）。[＊8] また、こうした体制の恩恵は、専ら正規雇用の従業員とその扶養家族が対象となる。そのため、今日のように非正規雇用者数が増大する状況にあっては、給与面の問題を抱えるのみならず、貧弱な国の社会保障制度に頼らざるを得ない労働者が増大し、そこに「分断」と「格差」が生じるのは当然のこととなる（岡田 2017: 207-215）。資本主義経済原理に支配された株式会社制度そのものに課題があるとしても、企業が果たしてきた社会保障機能を正当に評価し、それに代替する受け皿に関する議論も同時に行わなければ、「消極的結社の自由」の主張が実態にそぐわない非現実的なもの

＊8　労働政策研究・研修機構「検証：企業が負担する社会保障コスト」フォーカス（二〇〇六年）〈https://www.jil.go.jp/foreign/labor_system/2006_9/world_01.html〉（二〇二一年一二月二〇日最終アクセス）も参照。

となりかねない。
そこで次に、この「第三の課題」を深掘りし、「代替する受け皿」について検討してみたい。

3　協同組合論の思想系譜と課題
――オーエン主義と自給的内国植民地の構想

ここでは、資本主義的企業に対するアンチテーゼとして、所有と経営を分離せず、構成員が対等な地位を有し、営利主義を否定しつつ公平な財の分配を目指していた協同組合論に着目する（岡田 2020a: 37-39）。というのは、「自由主義的なものと協同主義的なものが、いわば接合した形で一九五五年体制になり、それが戦後体制の一環になる」（雨宮 2021: 56）と評されるように、わが国においては、協同組合論の根本原理である協同主義（corporatism）[*9]が、単なる理論的提唱にとどまらない存在感を有しているからである。戦後日本の企業は、外に向けては自由主義経済原理に立ちつつも、内においては協同主義原理を採用し、そこに国家が後見的に介入する体制が構築されることで、市場経済と相互扶助による経済、分配による経済という三つの経済のバランスが図られていたと考えられる（雨宮 2021: 58）。これらは、カール・ポランニーのいう交換・互酬・再分配のバランスに相当するといえるが、ポランニーの時代から、これらのバランスを欠いた資本主義経済の破綻はすでに予言されていた（ポランニー 2003: 374）。

経済のグローバル化の進展により、今日のわが国でも企業の行動原理は専ら市場経済に傾く一方、その弊害を補うべく、国家による再分配を求める声が高まっている。そこにおいては、自助を強調する勢力と公助を強調する勢力とが対立し、経済面だけでなく人々の意識や世論の面でも「分断」を生じさせている。しかも、その行く末は決して明るいものではなく、市場原理に偏った経済構造も各国の国家財政も破綻する予兆さえ見られる。今後、企業が相互扶助による経済原理を放棄する状況が不可避的に進行するのであれば、それをすべて国家の再分配機能に放り込むのではなく、放棄された相互扶助の経済原理を社会・経済体制において構築していくことが必要なのではなかろ

*9　協同主義の語は多義的であるが、ここでは差し当たり「個人間の結びつきが果たす社会的機能に着目する考え方」として広く捉えることとする。

うか。そこで、非国家／脱経済的な協同主義に基づく中間団体としての協同組合の意義が改めて見直されるべきことになる。

一九九五年に決定されたＩＣＡ（国際協同組合連盟）声明によれば、協同組合は、「人びとの自治的な組織であり、自発的に手を結んだ人びとの共同で所有し民主的に管理する事業体をつうじて、共通の経済的、社会的、文化的なニーズと願いをかなえることを目的とする」とされる（マクファーソン 2000: 28）。わが国においても賀川豊彦の動きなど協同組合結成の動きは古くから存在する。「賀川は協同組合を人間生活のあらゆる分野に広めることによって資本主義の弊害を抑止し、貧困と恐怖のない社会を築くことを理想とし、自由主義でもない、統制経済でもない第三の道、相互扶助による『協同組合社会』をめざしていた」（関 2017: 107）。また、一八三八（天保九）年に大原幽学の設立した「先祖株組合」を世界初の協同組合として紹介するものもある（関 2017: 7）。なお、近衛文麿の私的シンクタンクであった「昭和研究会」においても三木清[*10]を中心に「協同主義」の提言がなされているが、その内実は「協同主義は個人主義を単純に否定するものでなく、却ってこれを眞の意味に於て止揚するものでなければならぬ」（昭和研究会 1941: 93）とするものの、結局、国家の定める価値を個人が「自主的に」実践することを本質としており、本稿でいう「協同主義」とは異なる。

イギリスにおいては、一八世紀後半から一九世紀半ばにかけて資本主義の歪みが生じる状況にあって、協同主義の思想とそれに基づく協同組合の設立が進展する。特に、ロバート・オーエンの理想を近代的協同組合運動の思想的源流とするオーエン主義に基づき、ロッチデール公正開拓者協同組合が設立される。これは、生産から消費、政治・教育まで担う「自給的内国植民地」を目指すものとされた（大塚 1964: 90-93）。もっとも、この取り組みはＪ．Ｓ．ミルが「堕落」と批判したように（ミル 1961: 174）、産業資本主義に適応し、構成員平等に反して利潤に対して何ら利害を有しない労働者を雇用する状況を生じるといった変容を遂げていってしまう。これは、今日の労働組合の抱える問題でもあり、協同組合の「事業の大規模

＊10　三木清は西田幾多郎に師事した京都学派の哲学者である。三木は昭和研究会に思想・文化に関する研究会の設立を提案し、自ら委員長に就任した。日中戦争勃発後、軍部と皇道派の台頭で自由な言論活動が制限される中、知識人による思想的主導権を確立すべく、独自の理論で「支那事変の世界史的意義」を語った。

化は、世界的にみると、協同組合内部での協同実態の衰退から協同組合であることの否定、すなわち『会社化』へとつながり始めている」とされ、これら従来型の「大きな協同」とは異なる「小さな協同」の動きに注目するものもある（田中 2017: 12-14、明田 2016: 2-15）。「そこでの協同は、旧い共同体の共同と異なり、人格的に自立した近代的個人間の結合であり、利害の共通性をベースにした結びつき（アソシエーション）として始まり、個人間の相互承認により協同の内容を深化させ、地域にコミュニティ・ワークとして協同的関係をつくり上げることにより、地域コミュニティを補完し始めている」（田中 2017: 12）。

要は協同主義的に運営されない協同組合が問題なのであって、協同主義の理念に基づく組織運営こそが重要なのである。それゆえ、たとえ株式会社であっても、労働者の企業参加の方式を導入するといった方法で、協同主義的に企業の内部構造を変容させる状況が見られる（尾高 1952: 152-154）。*11 ロッチデールで協同組合が設立された際に極めて重要な理念として挙げられた「一人一票の議決権」がシティズンシップとの関連で重視されるが（中川 2018: 206）、協同組合の組織存続のみが目的化し、協同主義の理念が形骸化しないようにするためには、そうしたシティズンシップの実践が不可欠となる。「機械が出現してもなお人間はみずからの主人でありつづけなければならない。そして協力の原理つまり『組合』の原理が、個人の自由も社会の団結も、あるいはまた人間の尊厳も仲間への共感も、そのいずれを犠牲にすることもなく機械の問題を解決するであろう」（ポラニー 2009: 303）。

4 中間団体否認の法理と個人主義

ここで再び「中間団体否認の法理」に目を向け、それが産み出す個人の「分断」と個人主義との関係について、憲法的観点から考察してみたい。

日本国憲法が想定する個人主義（一三条前段）とは、個々人が有する価値を最大限尊重する原則である。そして、各人が自らの価値に従って行動を選択することを最大限に可能にするという点で自由主義（人権保障）へと結びつく。その際、自由意思に基づく選択を妨げる諸々の身分関係を個人か

*11 ここでの主張は、共産主義思想に対する批判を含んでいる。なお、マルクス自身も協同組合を評価しているとの見解（杉原 1999: 116–117）もある（cf. 大島 2019: 270–275）。

ら「分断」し、社会全体の関係性の再構築を目指したのが「中間団体否認の法理」の本質であり、個人主義と表裏の関係にある（岡田 2021: 83-84）。ただ、そのような「分断」が個人主義に資するためには、二つの与件が存在する必要がある。ひとつは、選択する際に参照すべき個人独自の「価値」の存在であり、もうひとつは、選択可能な複数の「選択肢」の存在である。

ポランニーは、初期資本主義下の労働者階級の人間的退廃は、経済的尺度では測れない社会的破局の結果であったとするが（ポランニー 2009: 532）、その堕落の真の原因を「文化的真空」状態にあったからだとするオーウェンの分析を紹介している（ポランニー 2009: 285）。そのような経済的尺度しか個人の価値となりえない社会は労働者のみならず、資本家の側をも堕落させる。個々人の価値の「真空状態」にあって、市場経済の原理が圧倒的な社会的価値の座に就いて、個人に浸透していくのは容易いことであった。

また、近代における「個人」の登場は、前近代的な関係性という「選択肢」を奪われ、自ら「選択肢」を構築しなければならない。「経済的自由主義者は、契約自由の原理を非干渉的な原理であると説明するのを常としていたが、実はそれは、ある特定の干渉、すなわち個人間の非契約的関係を破壊し、そうした関係の自生的な再形成を妨げるような干渉を好ましいとする根深い偏見の表明にほかならなかった」（ポランニー 2009: 297）と、ポランニーは指摘する。これにより地縁・血縁・同業者組合・信仰組織などの中間団体が解体されることになるが、それは、最終段階での飢餓という「自然の刑罰」を伴う自発的労働者を生み出すことになる。「この刑罰を存分に機能させるためには、個人を餓死させることのない有機的社会を解体することが必要だったのである」（ポランニー 2009: 299）。「飢餓」ないし貧困は、個人の財産や能力の不足とともに、他者との関係性の欠如が生じることでもたらされる。たとえそれが家父長制的家族であったとしても、その関係性による扶養機能によって個人が貧困に陥ることを防ぐことが可能であった。だが、そうした関係性を許さないという状況にあって、協同主義は、近代的「個人」登場後の自己防衛策となったのである。

そうなると、個人主義を実現するためには、旧来の家族制度の解体などといった関係性の「分断」のみならず、前近代とは異なる関係性の「再構築」が必要となると考えられ、結社の自由（憲法二一条）の内容もそのような認識の下で明らかにしていくことが不可欠になるといえる。もっとも、それは国家による個人の組織化であってはならない。それが、個人主義を放棄し、民主集中制による独裁制の構築を選択した社会主義体制との違いである。

5　関係性による「架橋」と「分断」の克服

そのように考えると、結社の自由についても資本主義的結社と協同主義的結社とでその保障内容が異なってくることが考えられる。もっともそれは、従前、労働法学で主張されたように団結権が生存権的基本権として保障されていることから、団結権には団結しない自由（消極的結社の自由）が含まれないといった理論（菅野 2019: 35）とは異なる。*12 前提問題として、前近代的身分制とは異なり、家族関係を含めたあらゆる関係性から離脱する自由が保障される必要がある。その上で、結社の自由を考える際に、消極的結社の自由による「分断」のみならず、協同主義的な関係性の「構築」という要素を憲法条文から読みとれないだろうか。

ここで、日本国憲法の制定過程に目を移してみたい。いわゆる「マッカーサー草案」作成過程においてGHQ民政局内部で作成された人権規定のメモランダム（第二次試案）で、結社の自由は「日本国民は、平和的な目的であればどのような目的であっても、社団（society）、組合（union）または結社（association）を自由に組織する権利を有する。ただし、政治的秘密結社、軍国主義的組織若しくは超国家主義組織、または国内的、国際的若しくは人種間対立及び紛争を助長するいかなる組織も禁止される」との条文となっていた。それがすべて削除され、マッカーサー草案の段階で、移転・住居の自由に付け加えられたのである。「このような修正がなされたのは、結社についても、禁止的・制限的規定を設けるべきではないとする考え方がとられたためであろうと思われる」（高柳ほか 1972:

*12　なお、ここでの論旨は、たとえばユニオンショップ制を憲法違反とするというものではない。ただ、そのように強制加入団体としての性質が強くなれば、労働組合本来の目的とは異なる活動に構成員を動員する際に、構成員側の「部分的離脱の自由」が強く認められる要素となるという意味で、消極的結社の自由の保障が及ぶと理解されるのである（岡田 2015: 29）。

177-178）と理解されているのであるが、着目すべきは、当初の規定が、後に統合される移転・住居の自由の規定が置かれていた「自由権（Freedoms）」の章ではなく、社会国家的な観点からの「社会及び経済的権利（Social and Economic Rights）」の章に財産権、生存権と並ぶ権利として置かれていたという点である。そこには、結社の自由を、単に消極的結社の自由という「分断」の側面だけでなく、関係性を「再構築」するという積極的な側面も念頭に置く考え方が存在していたのではなかろうか。協同主義的に「結社する個人」像を積極的に描き出せばこそ、社会・経済における結社の位置づけを積極的に評価しうると思われる。これを、憲法制定当時の支配層や知識人に少なからず支持されていた協同主義に照らして解釈すれば（雨宮 2018: 44-48）[*13]、憲法体制としての中間団体の位置づけは必ずしも個々人の関係性に敵対的なものとはならない。

ただ、その後、結社の自由の規定は、居住・移転の自由からも切り離されて、現行の二一条となり（高柳ほか 1972: 164-165）、結果的には大日本帝国憲法二九条を改良した条文に落ち着いたようにも見えるが、上述の制定経過を踏まえれば、協同主義的な観点を含めて結社の自由を位置づけようとした痕跡がうかがえるところであり、また、GHQ民政局の思想傾向や憲法制定に関与した当時の人々の感覚からしても、そのように結社の自由を捉えることはあながち的外れなものではない。また、現行では「国民の権利」（第三章）としてまとめられている憲法上の権利が、憲法制定過程において「自由権」と「社会及び経済的権利」とに区別されていたという点も、国家統治のあり方を探究する上で重要な要素を含んでいると思われる。

6 「分断」から「再構築」の憲法論へ

以上、現在する「分断」の処方箋として、協同主義的な関係性の再構築の可能性を憲法学の観点から論じてみた。ただ、憲法学に限らず、そうした考え方に対して警戒的な態度が趨勢を占めているのが学術界隈の状況であるように思われる。特に同調圧力に弱い日本人の気質を念頭に、復古調の「煩わしい」人間関係の復活を警戒する向きも

*13 特に、生存権が協同体的国家論に由来すると我妻栄が考えていた（我妻 1970: 245-249）との指摘に注意すべきである。

ある（長谷川・山岸 2016: 284-286）。また、東日本大震災後の政府の復興構想会議「復興への提言―悲惨のなかの希望」（平成二三年六月二五日）においても用いられた「絆」という言葉についても、「それを権力者が言い出すとき、立ち止まって考える必要があります。憲法を考えるとは、そういう作業でもあります。」[*14]といった指摘もある。ただ、これらの見解は、羹に懲りて膾を吹くように、再構築される関係性を十把一絡げに論じているきらいがある。

他者との価値の衝突を避け、あえて「分断」を好む個人像の主張は、「自らの文化的アイデンティティを公共空間のなかで主張し貫徹する」個人に代わる抑制的な個人像を提示するが、その根底にも中間団体否認の法理に由来する「結社からの自由」を志向する個人の姿勢がうかがえる（蟻川 2016: 248-249）。ただ、そうした個人の姿は、飢餓という「自然の刑罰」から逃れる安全地帯でのみ成り立つものではなかろうか。そうした視座は、自発的に構築されたか否かを問わず関係性を一つの次元に並べ、その価値を個人主義の観点から分析し、意義のある部分を抽出する作業を学問的に怠ってきたことの表れであるようにも思える。この点、筆者は、定量的分析になじまない関係性の評価について、社会関係資本論に基づく分析を提唱してきたところであるが（岡田 2015: 127-144）、ここに協同主義的要素を加味していくことで、「結社による自由」という新たな関係性の視座が拓けていくものと考える。

＊14 「菅首相が好む絆―『権力者がめざすものでない』蟻川教授」二〇二一年四月二六日付朝日新聞。

【参考文献】

碧海純一 1967『法と社会―新しい法学入門』中央公論新社.

明田 作 2016「協同組合の株式会社化とその問題点」『農林金融』69(7).

芦部信喜 2019『憲法〔第七版〕』高橋和之補訂、岩波書店.

雨宮昭一　2018『協同主義とポスト戦後システム』有志舎．
雨宮昭一　2021「総力戦体制論から協同主義研究へ」『地域総合研究』（獨協大学）14．
蟻川恒正　2016『尊厳と身分―憲法的思惟と「日本」という問題』岩波書店．
井上武史　2014『結社の自由の法理』信山社．
エンゲルス、フリードリッヒ　1965『家族・私有財産・国家の起源―ルイス・H・モーガンの研究に関連して』戸原四郎訳、岩波書店．
大島和夫　2019『日本の法学とマルクス主義―二一世紀の社会編成理論の構築をめざして』法律文化社．
大塚喜一郎　1964『協同組合法の研究』有斐閣．
岡田順太　2015『関係性の憲法理論―現代市民社会と結社の自由』丸善プラネット．
岡田順太　2017a「コミュニティの論理と個人の論理」片桐直人ほか編『憲法のこれから』日本評論社．
岡田順太　2017b「格差社会の再来」倉持孝司編『歴史から読み解く日本国憲法〔第二版〕』法律文化社．
岡田順太　2018「個人と団体」木下昌彦編集代表『精読憲法判例［人権編］』弘文堂．
岡田順太　2020a「強制加入団体と構成員の権利」横大道聡編『憲法判例の射程〔第二版〕』弘文堂．
岡田順太　2020b「社会における〈公共〉―『拡散』と『生成』の位相」『憲法問題』31．
岡田順太　2021「人権ってどんな権利だろう?」駒村圭吾編『プレステップ憲法〔第三版〕』弘文堂．
尾高朝雄　1952『自由論』勁草書房．
佐々木くみ　2021「人権の保障の射程」新井誠ほか『憲法Ⅱ 人権〔第二版〕』日本評論社．
佐藤幸治　2020『日本国憲法論〔第二版〕』成文堂．
材木和雄　2012「ユーゴスラビアにおける『クロアチア出身のセルビア人』」広島大学大学院総合科学研究科編『反差別・統合・多民族共生』丸善出版．
昭和研究会　1941『新日本の思想原理・協同主義の哲学的基礎・協同主義の経済倫理（合本）』生活社．
杉原四郎　1999『ミル・マルクス・エンゲルス』世界書院．
菅野和夫　2019『労働法〔第一二版〕』弘文堂．
関　博至　2017「協同組合ことはじめ」日本農業新聞編『協同組合の源流と未来―相互扶助の精神を継ぐ』岩波書店．
高柳賢三ほか編　1972『日本国憲法制定の過程Ⅱ 解説―連合国総司令部側の記録による』有斐閣．
田中秀樹　2017「『小さな協同』とは何か」田中秀樹編『協同の再発見―「小さな協同」の発展と協同組合の未来』家の光協会．
利谷信義　1968「明治前期の人権と明治憲法」東京大学社会科学研究所編『基本的人権2　歴史Ⅰ』東京大学出版会．
中川雄一郎　2018『協同組合のコモン・センス―歴史と理念とアイデンティティ』日本経済評論社．
西山隆行　2020『格差と分断のアメリカ』東京堂出版．

長谷川正安 1985『憲法とマルクス主義法学』日本評論社.
長谷川眞理子・山岸俊夫 2016『きずなと思いやりが日本をダメにする―最新進化学が解き明かす「心と社会」』集英社.
羽仁五郎 1968『都市の論理』勁草書房.
樋口陽一 1988「憲法学の責任?」『法律時報』60(11).
樋口陽一 1994a『近代国民国家の憲法構造』東京大学出版会.
樋口陽一 1994b『近代憲法学にとっての論理と価値』日本評論社.
樋口陽一 1995「〝近代〟にこだわる―〝人権〟という考え方をめぐって」『法学セミナー』489.
樋口陽一 1989『自由と国家―いま「憲法」のもつ意味』岩波書店.
藤田至孝・塩野谷祐一編 1997『企業内福祉と社会保障』東京大学出版会.
ポラニー、カール 2009『(新訳)大転換』野口建彦・栖原学訳、東洋経済新報社.
ポランニー、カール 2003『経済の文明史』玉野井芳郎ほか訳、筑摩書房.
前川聡子 2012「日本における企業の社会保障負担の変化―SNAデータに基づく事業主負担率の計測」一圓光彌ほか『社会保障と財政を考える―医療・介護政策と財政負担の方向から』関西大学経済・政治研究所.
マクファーソン、イアン 2000『二一世紀の協同組合原則―ICAアイデンティティ声明と宣言』日本協同組合学会訳編、経済評論社.
ミル、J.S. 1961『経済学原理(四)』末永茂喜訳、岩波書店.
村上淳一 1983「団体と団体法の歴史」芦部信喜ほか編『岩波講座基本法学2 団体』岩波書店.
毛利 透 2019「判批」長谷部恭男ほか編『憲法判例百選〔第七版〕』有斐閣.
山田創一 2003「判批」『判例評論』527.
リシャール、ジャン=ルク 2012「フランスにおける統合概念の学術的用法と政治的用法―人口学的・社会的・政治的な過程と関わって」広島大学大学院総合科学研究科編『反差別・統合・多民族共生―欧州と日本の経験から考える』丸善出版.
我妻 栄 1970『民法研究Ⅷ―憲法と私法』有斐閣.

第III部　〈分断〉と立法・政策

職業・分断・憲法学

――コロナ禍における性風俗業への持続化給付金不給付から考える

新井　誠

新型コロナウイルスのまん延により、私たちの職業生活は一変した。これまで会社や事務所などへの「外」への勤務をすることが日常であった人々が、感染防止を理由に、移動による密集を回避するための在宅勤務を余儀なくされている場合も多い。こうした社会的距離をとる方策はそれにとどまらない。とりわけ、娯楽的要素の強い営業であるパチンコ屋や居酒屋などをめぐっては、「不要不急」の掛け声の下、三密（密閉・密集・密接）を理由とする営業自粛が求められ、営業した店舗に対して厳しい視線が注がれる事態も生じた。このように一定の職種に対する風当たりの強さが見られたのも、コロナ禍の感染予防対策に付随して生じた現象である。

これを契機に事業継続が難しくなる中小事業者に対する国の給付金制度が設けられた折には、性風俗業への給付除外がなされたことも記憶に新しい。一般的に職業は「社会的相互関連性が大きい」（薬事法判決）[*1]ことから、職業に対する法的な規制や援助のあり方も様々である。もっとも、規制や援助を用意する国が、生活者としての職業人の「生」を維持するための施策において当該職業の内容を指標とする差別を公然とするならば、話は別である。こうした観点による扱いの差異の承認は、結果的に人々の間の職業をめぐる分断の契機となりかねないからである。本稿では、コロナ禍を通じて見えてきた、職業を理由とした国民間分断の諸相のひとつとして、このことの問題を論じたい。

*1　最大判昭和五〇年四月三〇日民集二九巻四号五七二頁。

1　コロナ禍の中のレジャー産業

二〇二〇年初頭に日本でも確認されつつあった新型コロナウイルスの感染は、その後、瞬く間に広がった（コロナ禍をめぐる様々な事態の発生とそれをめぐる法的問題については、本書第Ⅱ部の横大道論文を参照）。同年四月には、感染のまん延を防止するための国の施策により、様々な営業自粛の要請が見られるようになる。特に、人が多数集まる場所としての劇場やスポーツジムなどもその対象となったことに加えて、居酒屋などでは、営業自粛や時短営業に加えて酒類提供をめぐる規制が実施されるに至った。さらには、パチンコ屋、ゲームセンターなどは「不要不急」の性格があるからという理由があるからなのか、特にそれらを営業する人やそれらを訪れる人々に対する批判がなされるといった報道にも接することとなった（朝日新聞二〇二〇年五月五日WEB）。

他方で、規制の側面ではなく給付にかかる局面でも、特定の職業に関して消極的な取り扱いをする場面が見られた。二〇二〇年三月、学校の休校に伴い、子どもをもつ親が会社等を休まなければならない事態が生じた際、働く親の有給休暇の機会を確保するため、当該親が働く事業所などへの助成金制度（小学校休業等対応助成金）が用意されることとなったが、当初、接待飲食業や性風俗業に対する給付を除外する動きが見られた。しかし、そうした生業を持つ親の子であろうとなかろうと、親が休業を余儀なくされる可能性が生じる状況は変わらないはずであり、後にこうした差別的取扱いを残す方針が撤回されることに至った（毎日新聞二〇二〇年四月六日WEB）。

ところが、この給付金とは異なり、事業者に対する持続化給付金制度をめぐっては、「風俗営業等の規制及び業務の適正化等に関する法律」（通称、風営法・風適法）の規律下にある特定の性風俗業を除外するという結論に至ったのである。

2　コロナ禍の事業者給付金制度

コロナ禍を契機として二〇二〇年四月三〇日に示された経済産業省の持続化給付金給付規程（個人事業者等向け）[*2]によれば、「インバウンドの急減

*2　ほかに「中小法人等向け」もある。なお、コロナ禍に伴う国の給付金事業全般につき、碓井（2020: 19）参照。

や営業自粛等により、特に大きな影響を受けている中堅企業、中小企業その他の法人等……及びフリーランスを含む個人事業者……に対して、事業の継続を支え、再起の糧としていただく」ことを理由に「事業全般に広く使える給付金を給付することを目的とする」(二条)との規定が置かれる(ほかに、経産省管轄の家賃支援給付金の制度もある)。

事業化給付金給付規程(個人事業者等向け)には、給付の対象者として四条に細かい規定が置かれ、八条に不給付となる職種が明示されている。そのひとつが「風俗営業等の規制及び業務の適正化等に関する法律……に規定する『性風俗関連特殊営業』[*3] 又は当該営業にかかる『接客業務受託営業』を行う事業者」(二号)であり、もうひとつが「宗教上の組織若しくは団体」(三号)である。[*4]

後者の宗教団体の除外をめぐっては、「宗教団体が持続化給付金の支給対象から外れていることについて、給付対象と不給付要件から総合して考える限り、公益法人としての税制上の優遇がその理由というわけではないと考えられる。他方で、政治団体が不給付となっていることなどから、政教分離との兼ね合いから給付対象に含まれていないのではないか」(藤原 2020: 57)との見方が示されている。その中で、一部の宗教団体が、当該給付金の受け取りは相応しくないとの見解を示していることに注意したい(京都仏教会による見解について、毎日新聞二〇二〇年六月一〇日WEB)。他方で、性風俗業の場合には、憲法上の政教分離原則といった要請があるわけではない。ではなぜ、特定の性風俗業のみ給付除外となるのであろうか。

3 特定の性風俗業を不給付とする「合理的理由」とは何か

◉不要不急のレジャーの利用?

その理由として、こうした性風俗業は、居酒屋などを含めて夜を中心とするレジャーとしての役割を担っており、それ自体が生活必需のものではないといったことがあるのかもしれない。また、憲法学的視点に引き写せば、こうしたレジャーの利用自体が、必ずしも「人格的利益」に関わるものでもなく、それを制約したとしてもその人権制約性は弱い、といった議論になるのかもしれない。

＊3 これには、①店舗型性風俗特殊営業、②無店舗型性風俗特殊営業、③映像配信型性風俗特殊営業、④店舗型電話異性紹介営業および無店舗型電話異性紹介営業、が入る(風営法二条五項)。このうち①の具体的業態として同二条六項には、ソープランド(一号営業)、店舗型ファッションヘルス(二号営業)、ヌードスタジオ等(三号営業)、ラブホテル等(四号営業)、アダルトショップ等(五号営業)、出会い系喫茶(六号営業)が挙げられている。また、②にはデリヘルなどが入る。

＊4 「中小企業等向け」の規程では、政治団体も不給付要件に挙げられている。

では、それらの観点から性風俗業が除外されたということなのだろうか。しかし、これに対して二つの視点から疑問を示しておきたい。

ひとつには、仮に上記の一連のレジャー産業が人々にとって「不要不急」の行動であるとして、それはせいぜい、レジャーの利用者側に対する援助を止める理由になるに過ぎないという点である。たとえば、我々が生きていくには最低限の食料などが必要であることを考えたならば、食料を買えない状況にある人に援助をすることを最優先とする場合には、その逆として、生をつなぐには当面必要ではないレジャー要素の強いものを手に入れるための費用は援助の対象外とするとしたとしてもそれはやむを得ないことだと、多くの人が納得する可能性が高い。他方で、レジャーを提供する側の人々が自身の生業を遂行できずに生活に困窮したことに対して何らかの手を差しのべるべく援助を広く行うという施策をとる場合に、職業間の差異を設ける妥当な理由を見つけることは難しいだろう。

もうひとつは、仮に不要不急であるがゆえに特定業種の事業者への援助をしないことを検討するとして、なぜ性風俗業だけが不給付対象となり、その他のレジャー産業への持続化給付金が支払われるのか、といったことの説明がつかない点である。これについて、もし性風俗業に対して事業者持続化給付金を不払いとするのであれば、そこでは何らかの明確な理由づけが必要であるはずである。では、それにはいったいどのようなものが考えられるのであろうか。

◉「国民の理解が得られにくい」？

こうした不給付措置をめぐっては、制度設計の当初から問題視されていたところ、そのことに関する国会答弁が行われている。性風俗業の事業者に対する不給付の理由を議員から問い質された梶山弘志経済産業大臣（当時）は、次のような回答を示すこととなった。すなわち、性風俗関連特殊営業に対する給付をしない理由は、「社会通念上、公的資金による支援対象とすることに国民の理解が得られにくい」*5からだという。

しかし、ここにいう「国民の理解が得られにく

＊5 第二〇一回国会参議院予算委員会会議録一九号（二〇二〇年五月一一日）一〇頁。

い」という表現の内実は判然としない。なによりもまず、それが何を表しているのかがよくわからないのである。他方で、「国民の理解が得られにくい」場面が仮に想定できるとしても、「国民の理解が得られない」もののうち、なぜ本件のようなものへの差別が正当化されるのかといった問題が生じる。仮に、このことだけで不給付が正当化されるならば、国会議員の歳費やその他手当の支給を現状のまま維持することもまた「国民の理解が得られにくい」はずだが、あまり変化が見られないのはなぜか、という疑問をもつことも許されるはずである。

そこで「国民の理解が得られにくい」ということの、より実質的内容はどのようなものかといったことが問われることになるわけであるが、この不給付を問題とした当事者が国を訴える裁判[*6]が提起されたことで、国側がその内実を語るに至っている。それが、性風俗業が「不健全な産業」であるという理由づけである。

◉「本質的に不健全な営業」？

上記訴訟における国側弁護人による答弁書の中で国は、性風俗業を給付金支給の対象外とすることの理由として、「性風俗関連特殊営業は、性を売り物にする本質的に不健全な営業」であるということを挙げている（「答弁書」二〇頁）。しかし、そのことは本件不給付の合理的理由になり得るのかというと、そうとはいえない。

このことに関して筆者は、「性風俗関連特殊営業」が「本質的に不健全な営業」なのかどうかということの評価をするつもりはなく、この不給付問題を考えるにあたっては不要と考えている。というのも、本件における国からの給付政策で重要なポイントは、現在の法秩序において、少なくとも「合法ビジネス」であるものと消極的ながらも確認を受けている職業人が、国からは差別されずに職業生活を送りつつ、人間としての生を全うできることにあると考えられるからである。本件給付措置は、国が今後の経済予測などを踏まえて政策的に特定のビジネスにインセンティブを与えて事業給付をするといった類の経済政策ではないは

＊6　同訴訟につきWEB上のCALL4『セックスワークにも給付金を』訴訟」を参照。

ずである。

では「性風俗関連特殊営業」は、現在の日本の法秩序の中でどのような位置にあるのか。これについて何よりもまず改めて確認されるべきは、「性風俗関連特殊営業」は、風俗営業法の範囲で厳しい法的規制を受ける中での、少なくとも合法的な営業の範疇に類型化されているという点である。憲法は、人々に自由な職業選択の機会を与えるものの、国家が時に問題のある業種の実行を一律禁止とすることも考えられるし、それはやむを得ない措置であるとの評価も受けることもあろう。[*7] もっとも、ここに登場する「性風俗関連特殊営業」は、これに該当しない。当該営業をめぐっては、国家が各種法令で設定した、ありとあらゆる規制をクリアした上で初めて同業の「届出」が受理されなければならない。同営業者は、そうした届出を行った、正しく法令遵守の営業者なのである。事実的には、いかに性風俗業にインモラルな性格を付与する評価が世の中にあったとしても、法的側面から評価した場合には、「健全な営業」に該当するというほかないはずである。

◉性風俗業の性的搾取性

他方で、性風俗業に給付金を支給すべきでないという理由として、この業態自体が、性的な搾取の場となっている性風俗を商売として受け入れてしまう人々の自律を妨げることにつながることから、人権制約の温床となりかねないそうした場の提供を元から断つ必要があるといった考え方も存在する（たとえば、性的人格権の視点からの性産業廃止論として、中里見 2019: 297）。性産業をめぐっては、人々の性的尊厳論やジェンダー論等の視点からの性産業廃止論があり、それらの視点にも一定の説得力があろう。その場合、法令に基づいて性風俗業の一律廃止を行うことが職業選択の自由に違反するのかどうかという論点が、憲法解釈学上では残ることになる。しかし本稿は、そうした性産業廃止論と職業選択の自由に関して深入りしない。

そうではなく本稿では、コロナ化に伴う事業者持続化給付金という経済施策を実施するにあたって固有に生じることになった問題に焦点を当てたい。すなわち、職業生活の停止を余儀なくされた人々の危機を救うという特殊事情の下に設計され

*7　日本の場合、売春防止法により管理売春が禁止されている。

た事業者給付制度において、国が、ある特殊な合法事業だけを列挙して不給付を決め込み、その理由を「国民の理解」であるとか「本質的に不健全」であるとの理由のみで乗り切ろうとすることの問題性である。そもそも本件給付事業の目的は、「事業の継続を支え、再起の糧」とすることが示されつつも、事業が継続できないことから生活への深刻な支障が生じることを広い業種にわたたって回避するといった目的なのではないか。すなわち、どのような職業をしているのかということを選ばないコロナウイルスのせいで、現在稼働している仕事を現時点で行えなければ、仕事から離れた実生活自体をも継続できなくなることを懸念しての制度であったのである。そうなると、今行っているか仕事が道徳的か否かとか、何らかの性的搾取があるか否かという問題思考を仮に首肯したとしても、ここで給付がされる対象となるべきものは、人々の生を守るという緊急避難的な措置に関わる部分である可能性が高いということを、忘れてはならないであろう。

4 職業差別の憲法論

◉憲法一四条一項と合理的な差異取り扱い

こうした問題群を憲法学の議論に引き写すならば、どのような視点から考察ができるのであろうか。これについては、おそらく憲法一四条一項に定める平等原則に関する一連の審査定式が脳裏に浮かぶ。一般的な手法に倣えば、この問題が、①誰と誰との間における差異取り扱いなのかを見極めながら、②差異を設けるいかなる利益があるためにそうした別異取り扱いが合理化できるのか、といった議論に進む。

この点を見るに、①については、同類他業種との間で比較すればよいといった性質のものではないはずである。本給付の目的が、コロナ禍によって「特に大きな影響を受けている事業者」に対して遍く援助をすることにあることを考えるならば、「特に大きな影響を受けている」大多数の事業者と、特に影響を受けているにもかかわらず支給が及ばない性風俗業との比較になる。なお、本給付のような問題の場合、各業種の性質が異なることをもって、比較対象として同等に捉えることが相応しくないという理解をすることもまた、「事の本質」を捉えないものとなっていく。ましてや「本質的に不健全」な営業かどうかの間での差異取り扱いの問題ではないはずである。

では、②差異取り扱いに関する合理的理由があるのかどうかという点はどうか。この点、本件の給付目的は、先述のように「インバウンドの急減や営業自粛等により、特に大きな影響を受けている中堅企業、中小企業その他の法人等……及びフリーランスを含む個人事業者……に対して、事業の継続を支え、再起の糧としていただく」ことを理由に「事業全般に広く使える給付金を給付すること」にある。そうした中で性風俗特殊関連営業を除外することの目的はどのようなものであろうか。これについては先述の通り、どのパターンをとってもあまり説得的であるとはいえない。特に、「国民の理解が得られにくい」場合でも、あるいは「本質的に健全ではない」場合でも、世間には国民の理解が得られづらい業種はほかにもあるにもかかわらず、それらが給付対象から排除されていない可能性がある以上、なぜ性風俗業だけが排除されるのかの説明がまったくつかないからである。

◉職業差別と憲法一四条一項

憲法一四条一項の法の下の平等の理解をめぐっては、これまで、上記のような合理的な利益配分の可能性からの議論が進められる場合が多かったといえる。しかしながら、一見してわかるように、本給付における除外措置は、一定の特定業種に重きを置いた経済政策でも一定の弱小事業に対する支援を含む福祉的な経済政策でもない。国が行ったのは、特定業種を「不健全」で「不道徳」だというレッテルを貼り、除外をする措置である。この観点からの差異取り扱いは、特定業種の地位を理由とする「差別」そのものにほかならず、そもそも不合理なものとして禁止される可能性が高い。実は、そうしたレッテル貼りを通して、人々の中で一部の人々の地位の格下げをすることを禁止する方向で憲法一四条一項を解する見解が存在し、近年、注目されている（新井ほか 2021: 68〔佐々木〕）。

地位の格下げを扱う事例としては、たとえば人種差別が考えられよう。この点、たとえば小樽の銭湯拒否事件で札幌地裁は、[*8]外国人の一律入浴禁止措置について「外見が外国人にみえるという、人種、皮膚の色、世系又は民族的若しくは種族的出身に基づく区別、制限であると認められ［る］」としており、人種を理由とした地位の格下げ自体を断罪する。ただし、人種の場合には、憲法に差別してはならないことの明示があることに加えて、先天的であることから、こうした議論になじみやすいといったこともあろう。これに対して職業の場合には、自分で選択や離脱が可能である点から、人種差別事例と同列に考えることに異論が示されるかもしれない。

　しかしながら、人が生活していく中で、ある職から他の職に変わることは、時に実質的に難しい場合もある。特に転職の機会を狙っていたわけではなく、長年一定の職に就いて生活してきた中で、突如、他律的要素を理由に様々な事業継続が難しくなる事態を想定するならばどうか。その時に、そのうちの特定業種のみが取り上げられて、不健全、不道徳であるとのレッテルを貼られることで切り捨てられるとするならば、それと人種差別との論理的距離は実質的にそれほど遠くないものとなるのではないか。

　ところで、従来の憲法学では、職業に関する問題としては就職における企業の差別的扱いが注目されることはあったとしても、[*9]あまり職業差別が積極的に語られることは少なかったように思われる。その理由には様々なことが考えられる。ひとつには、（身分制の議論にも連なりかねない）職業差別自体が、そもそも許されるべきではないということが当然のコンセンサスとして前提にあったからこそ、あえて議論をするまでに至らず、等閑視されてきたからではないか。

　また、かつて職業は、身分制との結びつきが強く、身分を理由とする差別が見られてきたことから、そうした差別を強く諫める言説が重要であった。ところが、職業が身分からある程度解放された今日、職業は選択を「自由」にできることを前提に、かえって職業を理由とする差別への言及が、法的意味では減ってきたと考えられるのかもしれ

*8　札幌地判平成一四年一一月一一日判時一八〇六号八四頁。

*9　たとえば、三菱樹脂事件（最大判昭和四八年一二月一二日民集二七巻一一号一五三六頁）。

ない。しかし、人々の職業をめぐって上記のような差別的待遇――さらには本稿冒頭で語った、居酒屋やパチンコ店の営業に関する人々の視線や行動など――が生じる今日的状況を見る限り、職業を基盤とする社会的差別は依然としてなくなっていないように感じられる。そうした中で憲法上の差別禁止をめぐる議論をするにあたっては、職業差別についても、国家と個人関係のみならず、私人間関係を含めて、改めて検討していく必要があるのではなかろうか。

5　職業と国民の「分断」

◉人々の「生」を守る国家の役割

さて、以上のような問題があることは判りつつも、世の中にはおそらく古くから、性風俗業を道徳的な視点から見つめ、どちらかといえば「不健全」なものであると捉えてきた社会通念があることは否めないところもある。たとえば、わいせつ物頒布罪（刑法一七五条）をめぐって、それは「被害者なき犯罪」であるといわれながらも、人々の性的羞恥心などを踏まえた社会通念を理由とした規制が行われてきた。これについては、表現の自由を保障する憲法二一条一項に違反する可能性が――内容的な視点でも、その規制対象のあいまいさの視点でも――指摘されながら、古い判例[*10]を前提に「合憲」とされ続けている状況にある。[*11]さらに性風俗業をめぐっては、「『いかがわしい』ものであるがゆえにいつでも、いかようにでも制限できる」という思考の下、風紀・道徳の問題に転化され、生命や人権の問題として扱われてこなかったという指摘もある（岩切 2017: 48）。そういう意味では国が、給付とコロナウイルスのまん延との合理的関連性という観点ではなく、単に「不健全」を理由に不給付とすることにつき、「国民の理解」という漠然とした理由をもって対応しても、それを「やむを得ない」と考える立場が生じるのかもしれない。

しかし、国民が性風俗産業をどのように見つめるのかということを理由として、国がそれと同じように性風俗業の人々に関する対応をしてよいのかといえば、それはまったく違うのではないか。筆者は、コロナ禍を理由とする持続化給付金を支

*10　チャタレイ事件（最大判昭和三二年三月一三日刑集一一巻三号九九七頁）。

*11　最近の判断として、「ろくでなし子」事件（最判令和二年七月一六日刑集七四巻四号三四三頁）など。

えるロジックは、海外渡航をする日本国民に関する日本国による保護義務のようなものに近いのではないかと考えている。[*12] すなわち国は、ある職業の実施を消極的にでも積極的にでも「合法」とする以上、それを遂行することにつき国民の漠然とした道徳感情を前提とする判断に基づいて、地位の格下げ的な理由から差異取り扱いをしてはならないのではないかということである。

この点、そもそも健全ではない「性風俗特殊関連営業」であるからこそ、国は積極的な法的承認を与えない証拠として、「許可制」ではなく、あくまで「届出制」システムを導入しているのだ、というのかもしれない。これは性風俗業を国がどのようなスタンスで取り締まっていくのかという問題に結びつく。ひとつの手段としては、国のスタンスとして性風俗業を一律に営業禁止する措置をとる選択をすることもあるかもしれない（もちろんその場合、そうした営業禁止措置が、憲法上の職業選択の自由を不当に侵害していないのかどうかという論点が別途登場する）。だが、現在の日本では、少なくともそうした営業自体を直接的に一律には禁止はせず、一定の職業として許容されていることを前提とする法秩序となっている。そして、性風俗業の従事者に対して、法を守らせ、当該業種から得られた利益の一部から、当然に税金を納めさせていることをも忘れてはならない。繰り返しになるが、そこに登場する事業者は、ほかならぬ法を守る善良な市民なのである。

◉国民間の「分断」は起きないのか

しかしながら、それでも国は、性風俗業に関する差異取扱いをやめようとしない。こうしたことは、単に職業差別を国家が行うということにとどまらず、さらなる二次的な効果をもたらす。

それは、国民の特定職種に関する地位の格下げにかかる生の声を、国家が適切な理由を示さないままに追認していった場合に、そうした国の姿勢自体が、国民間における特定の職業に関する差別感情の醸成を助長し、国民間での職業を基軸とする「分断」の進行を誘導しかねないということである。今回の持続化給付金についても、国が広く事業者を保護しようとする中で、特定の業種を

＊12　なお、国による自国民保護は、当該国民が違法な行為をしたか否かにかかわりなく行われるべきであることに留意すべきである。

ターゲットとする、コロナ対策の効果とは必ずしも関係ない理由を通じた差異を設けることになった。そうであれば、そこを切り口として、国民の間で特定の職業については差別的に扱ってよいとするメッセージを国が主体的に発することになり、国民間での分断を消極的に承認することにつながりかねない。踏み込んでいうならば、実はこうしたメッセージこそ、（当該事業者が）「『反社』と関係しているのだろう」、「脱税をしているのだろう」といった二次的言説との安易な結びつきをもたらし、それらがあたかもまことしやかに語られる原因にもなっている可能性があるのではないか。

6 性風俗業と憲法、あるいは（憲）法学

こうした中で、「性風俗業が不健全かどうか」ということの評価にとどまらず、「性風俗業に従事する人々もまた不健全である」がゆえに、そのような仕事に従事している人を「二級市民」として扱ってよいのだというレッテルを貼り、分断を煽る論理サイクルが、起動し始めるのではないかということを筆者自身は危惧している。憲法に定める諸権利の規定は、このサイクルをストップさせる切り札となるはずだが、実際にはそうした議論へと進む気配はあまり感じられない。それは、実のところ憲法学を含む法学もまた、性風俗をめぐる諸問題に対して十分な興味関心をもたなくても済むものとして、機能しているからではないか。*13 こうした多重的困難を乗り越えて、新たな分断を生じさせないための理論提供が、今こそ憲法学に求められている。

【付記】 本稿筆者はすでに、新井（2020）、新井（2021）を執筆している。特に後者は裁判所に提出済みである（二〇二一年九月二四日）。本稿は、そうした諸論稿の内容を踏まえ、これらで触れた諸問題を再構成し執筆されている。以上の経緯の中で本稿は、本書の主要テーマである「分断」との関係に注目したものとなる。なお脱稿後、阿部泰隆『新型コロナ対策の法政策的処方せん』（信山社・二〇二一年）に接した。

*13 陶久（2017: 220）は「法や法秩序を語る人々にとって性を巡る問題群は、潜在的に関心の片鱗にはあるけれども、どちらかといえば紳士・淑女面をしていたいと思われる微妙な色合いを持っている」と指摘する。

【参考文献】

新井　誠　2020「風営業者の持続化給付金等への支給除外—憲法的視点からの検討」『法学セミナー』791.

新井　誠　2021「（意見書）性風俗事業者に対して持続化給付金等の支給を除外する措置の憲法適合性について」CALL4「『セックスワークにも給付金を』訴訟」〈https://www.call4.jp/info.php?type=items&id=I0000064〉内、訴訟資料「証拠」甲第三一号証〈https://www.call4.jp/file/pdf/202109/7a0d34e8a509464c491d479252fa571b.pdf〉（二〇二二年三月二〇日最終アクセス）.

新井誠・曽我部真裕・佐々木くみ・横大道聡　2021『憲法Ⅱ 人権〔第二版〕』日本評論社.

岩切大地　2017「売春法制と性風俗法制の交錯—個室付浴場業規制の法的性質をめぐって」陶久利彦編『性風俗と法秩序』尚学社.

碓井光明　2021「新型コロナウイルス感染症に伴う給付金給付事業の法的分析」『行政法研究』36.

陶久利彦　2017「売買春の法的規制と根拠づけ」同編『性風俗と法秩序』尚学社.

藤原　究　2020「新型コロナウイルス感染症の拡大下における宗教団体を取り巻く状況について」『杏林社会科学研究』36(1・2).

中里見博　2019「性の売買をめぐる権利と法」山元一ほか編『憲法の普遍性と歴史性—辻村みよ子先生古稀記念論集』日本評論社.

答弁書　2021（国側）CALL4「『セックスワークにも給付金を』訴訟」〈https://www.call4.jp/info.php?type=items&id=I0000064〉内、訴訟資料「主張・判決」国・自治体側〈https://www.call4.jp/file/pdf/202104/32f62ebaf6d9c40c97d9717e36cb21dc.pdf〉（二〇二二年三月二〇日最終アクセス）.

朝日新聞二〇二〇年五月五日WEB「パチンコ店騒然、客と自粛派どなり合い　市職員は横断幕」〈https://www.asahi.com/articles/ASN556JFN55UDCB004.html〉（二〇二二年三月二〇日最終アクセス）.

毎日新聞二〇二〇年四月六日WEB「接待飲食・風俗業も休業補償へ　菅氏『支給要領見直す』」〈https://mainichi.jp/articles/20200406/k00/00m/010/099000c〉（二〇二二年三月二〇日最終アクセス）.

毎日新聞二〇二〇年六月一〇日WEB「持続化給付金『宗教法人受給すべきではない』　京都仏教会、憲法違反と声明」〈https://mainichi.jp/articles/20200610/k00/00m/040/183000c〉（二〇二二年三月二〇日最終アクセス）.

CALL4「『セックスワークにも給付金を』訴訟」〈https://www.call4.jp/info.php?id=I0000064&type=items〉（二〇二二年三月二〇日最終アクセス）.

政治の分極化と外交政策

――米国の対北朝鮮・イラン核兵器不拡散外交の振幅

友次晋介

米国には従前「政争は水際まで」との言葉があり、外交分野では共和党も民主党も一つにまとまるとされてきた。加えて、入手しうる情報量が多いという地位上の強みゆえ、大統領は議会からはある程度自由に外交を遂行しうると見られてきた（Wildavsky 1966: 7-14）。しかし、ベトナム戦争後、議会の党派性は増していった（Destler et al. 1984: 13）。こうした中では大統領はときに有権者のイデオロギー的志向を意図的に刺激し、支持を調達することを考えるかもしれない。また、大統領の支持政党と多数党が異なる場合（いわゆる分割政府）、後者（多数党）は前者（大統領）に反対するであろう（Howell & Pevehouse 2007: 96; Homan & Lantis 2020: 6）。支持政党により互いを非難しあう社会の分断が進めば、政権交代の際、前政権の政策路線をより簡単に拒絶するようになるだろう。米国の核拡散防止のあり方をめぐり、歩み寄りの容易ではない両極の考え方が存在するとき、政局次第で振れ幅の大きい（との意味で分断された）政策が形成されうる。米国では、社会の分断が外交政策の一貫性を奪いかねなくなり、実際、北朝鮮やイランへの核不拡散政策では相当な振幅が見られた。本稿では、北朝鮮の核危機に際し民主党のクリントン政権がとった政策に共和党が反発、ブッシュ（子）政権期にこれが崩壊する過程を検討し、新たに構築された「六者会合」を考察する。次に、イランの核問題に対しオバマ政権が成立させた包括的共同行動計画（JCPOA）と、トランプ政権の同計画からの撤退につき評価したい。

Ⅰ　クリントン政権期の北朝鮮への核不拡散外交

北朝鮮の核問題をめぐる米国の対応は、議会における政局や国務省内部での対立により揺れ動いてきた。完全に一枚岩ではないにせよ、一般的傾向としては、民主党は基本的に、北朝鮮を国際社会に可能な限り関与させつつ対話を行うという関与政策を支持し、対する共和党は総じて、北朝鮮に対しては譲歩を与えることには消極的で、経済的、政治的な制裁など圧力を重視しがちであった。

核危機の発端は一九九〇年代であった。北朝鮮は一九九一年一二月、韓国とともに「朝鮮半島非核化に関する共同宣言」に署名し、この中で核実験、および、核兵器の製造、保有、貯蔵、配備を行わないことを約束した。北朝鮮は九二年四月、核不拡散条約（ＮＰＴ）上の義務である保障措置協定を発効させ、翌月には自国の原子力活動について初めて国際原子力機関（ＩＡＥＡ）に報告したが、その際不透明な核活動が露呈した。一九九三年にＩＡＥＡのブリックス事務局長が特別査察の実施を北朝鮮に要求したものの、同国はこれを拒否したことで緊張が高まった（第一次核危機）。

クリントン政権は最初、ペリー国防長官に空爆計画を準備させたが、想定される被害が大きすぎるとして断念、北朝鮮との対話に舵を切った。事態打開のためカーター元大統領を特使として平壌に派遣し、金日成主席と会談させた。その結果、北朝鮮側は米国の原発技術へのアクセス、北朝鮮への不可侵などの条件が満たされれば、核兵器の原料となるプルトニウムを抽出しうる使用済み核燃料の再処理を控えると伝えてきた。一九九四年七月八日の金日成主席の死去により交渉は一時中断されたが、米朝は同年一〇月二一日、米国が北朝鮮に二基の軽水炉、および軽水炉完成までのエネルギー源として重油を供給し、北朝鮮が黒鉛減速炉の凍結を含む核拡散防止措置を受諾することを合意した。これが「米朝枠組み合意」である。さらに、一九九五年三月に同合意に基づき、「朝鮮半島エネルギー開発機構の設立に関する協定」が署名され、これにより、日米韓三か国を原加盟国として、軽水炉の供給等を行う朝鮮半島エネルギー開発機構（ＫＥＤＯ）が発足した。北朝鮮は韓国製の軽水炉の導入に同意し、同年一二月一五日には軽水炉供給協定が締結された。だが、共和党議員や同党に連なるアナリストの一部は、イスラエルが一九八一年六月イラクのオシラク炉を空爆で破壊した事件に印象づけられ、北朝鮮にも空爆オプションを検討すべきとさえ主張した。民主党のクリントン政権期、共和党がより強硬な意見をもつ傾向を見せたのは、同党が多数党ではなかった第一〇三議会（一九九三～九五年）の時にはすでに明らかであり、一〇四議会（一九九五～九七年）になって共和党が多数党を奪還したあとでより顕著になった。最右翼はかつてレーガン政権にあって、極端な反イスラム論者で知られていたフランク・ガフニーだった。彼は一九九三年三月、「北朝鮮の脅威に何をすべきか：オシラク研究炉空爆（方式）を実施せよ」という論文を発表し、ＩＡＥＡの査察受諾の最後通牒が拒絶されたなら、先制攻撃すべきだと主張していた。親イスラエルのジョン・マケイン上院議員もこれに同調し、強制的非核化も含む政策オプションを提唱していた(Minnich 2005: 268)。

米朝枠組み合意が成立した時から共和党は反対の声を上げていた。アル・ダマト、ミッチ・マコーネル、フランク・マーカウスキー、ジェッシー・ヘルムスら共和党上院議員はクリントン大統領に宛て、合意に反対する意見書を送付した（Carpenter & Bandow 2004: 54）。さらに、ボブ・ドール、ヘルムス、マーカウスキーは関連予算を否決することで、合意を覆すことさえ示唆した。当初三年間はＫＥＤＯの予算が十分でなく、定期的かつ、事前に予定されうる形では、重油は供給されなかった。これは一九九五年に多数党の地位を奪還した共和党が反対したためであった（Haksoon 2004: 162）。

北朝鮮が一九九八年八月、弾道ミサイル「テポドン」を発射すると、民主党と共和党の間の葛藤は深まった。これに対しペリー大統領・国務長官特別顧問（国防長官から転じていた）は、『米国の対北朝鮮政策再検討報告書――調査結果と提言』を一〇月までにまとめた。同報告書は、核枠組み合意に関し、寧辺《ニョンビョン》でのプルトニウム生産を検証可能な形で凍結してきたと一応評価し、これを弱体化させるべきでないと結論した。しかし共和党は枠組み合意とKEDOに対する真逆の評価を下した。たとえば、ダニエル・ハスタート共和党下院議長は、上院からベンジャミン・ギルマン、ダグ・ベロ一ター、ソニー・キャラハン、フロイド・スペンス、カート・ウェルドン、ポーター・ゴス、ジョー・ノーレンバーグ、下院からクリストファー・コックス、ティリー・ファウラーらを招請して「北朝鮮諮問グループ」を組織、一九九九年一一月には報告を公表し、米国の対北朝鮮政策に重大な欠点ありと結論づけた。折しも第一〇五議会（一九九七~九九年）では、米国の上院は共和党が五五議席を占め、大統領の民主党と一〇議席差をつけていた。

以上本節では、第一次核危機の際に対話を通じて北朝鮮を国際社会に関与させようとしたクリントン政権に対し、共和党は一貫して反対していること、そして議会上院の多数派となった一九九五年からは政権批判を強めたことを論じた。次節では共和党政権下にあった米国が第二次核危機にいかに対処したかを見ていこう。

2 ブッシュ（子）政権期の北朝鮮への核不拡散外交

二〇〇一年一月に発足したブッシュ（子）政権は議会内の共和党の主張を無視できなかった。政権発足ほどなく、北朝鮮に対する強硬論が台頭しはじめ、国務省では北朝鮮問題をめぐり交渉を重視する官僚たちとの角逐が増大した。九月一一日にニューヨーク市とワシントン特別区で同時多発テロ事件が発生すると、ブッシュ（子）は翌二〇〇二年一月の一般教書演説で、イラン、イラク、北朝鮮を「悪の枢軸」と呼んで対決姿勢を鮮明にした。同年一〇月、北朝鮮がケリー国務次官補との会話の中で秘密裏のウラン濃縮活動を示唆する発言をしたことで協議が紛糾すると、状況は悪化した。翌二〇〇三年一月に北朝鮮はNPTからの脱退を表明した（第二次核危機）。

ケリー訪朝団が米国に帰国した頃、上下院の共和党議員の中には、北朝鮮への要求を吊り上げるべきとの考えが広まった。脱北者を支援し、北朝鮮内部に外部の情報を届ければ、北朝鮮は崩壊するとの期待も広くもたれた（Lee & Miles 2004: 196）。政権内で最強硬だったのは、ネオコンの一人、ジョン・ボルトン国務次官（軍備管理・国際安全保障担当）だった。六者会合に関わってきた国務省東アジア太平洋局（ＥＡＰ）のジャック・プリッチャードや、国家安全保障会議（ＮＳＣ）のジム・モリアーティといった地域の専門家は関与政策を支持し続けたが、ボルトンは彼らを「北朝鮮シンパサイザーたち」と蔑み、自身は北朝鮮への非妥協的姿勢を貫いた（Bolton 2007: Kindle Ch.4）。こうした中、一一月を最後として北朝鮮の重油供給は停止され、米朝枠組み合意とＫＥＤＯは事実上終焉した。これは従来より、共和党の議員たちが望んでいたことだった。

　ブッシュ政権は二〇〇三年八月に北朝鮮、米国、中国、韓国、ロシア、日本が参加する「六者会合」を発足させた。ただし同政権が話し合いの場を設けたといって、直ちにそれが北朝鮮に融和的な路線をとったことを意味したわけではなかった。ボルトンはこの枠組みが発足する直前から北朝鮮の最高指導者である金正日を呼び捨てにするなど、外交的に粗雑な態度を取り続けていた（反発した北朝鮮はボルトンを「人間のくず」と呼んだ）。同政権は同時多発テロ事件の後、アフガニスタンにおいて「不朽の自由作戦」を敢行してタリバン政権を打倒、さらにイラク戦争に突入していたため、北朝鮮に関しては二正面作戦を避けた側面もあったろう。戦争で米国の軍事力の「威力」を示しつつ、北朝鮮との「対話」を進展させようとしていたことも否めない。六者会合は二〇〇三年八月から四年あまりの間、計六ラウンド開催されたが、第一ラウンド（二〇〇三年八月二七～二九日）、第二ラウンド（二〇〇四年二月二五～二八日）では、米朝は原則論で対立したままであり、その後の第三ラウンド（二〇〇四年六月二三～二六日）でも成果は得られなかった。

　対話による事態打開がより明白に目指されるようになったのは、ボルトンが国務省から国連大使に転じ、ネオコンの影響力が低下した第四ラウンド会談（第一段階：二〇〇五年七月二六日～八月七日、第二段階：九月一三～一九日）からであった。＊1 この頃になると、穏健派のコンドリーザ・ライスが国務

＊1　次席代表として二〇〇四～二〇〇七年の六者会合に参加した政治学者ヴィクター・チャは、ブッシュ政権が交渉を重視していたことを強調し、対北朝鮮外交には継続性があったと主張している（Cha 2018: 257, 290）。しかしこのような見方は、ブッシュ政権内の対北朝鮮政策の路線をめぐる権力闘争を過小評価しているように思われる。

長官として、影響力を増していた。同ラウンドにおいて米国は、北朝鮮に核兵器または通常兵器による攻撃または侵略を行わないことや、北朝鮮には原子力平和的利用の権利があること、適当な時期に軽水炉提供問題について議論を行うことで合意し、北朝鮮はすべての核兵器と既存の核計画を放棄し、核不拡散条約に早期に復帰し、ＩＡＥＡに復帰し、監視を保障すると約束した。

その後二〇〇六年一〇月九日には、北朝鮮は初の核実験を実施したが、ブッシュ（子）政権は対北朝鮮対話路線を変えなかった。ここに至っては、北朝鮮に対し行いうるオプションは限られる上、より重要なことにはその約一か月後の中間選挙で共和党は多数党の地位から陥落し、民主党とともに四九議席（民主党系の無所属が二）を分け合うようになっていたことも作用した。二〇〇七年三月開催の六者会合第六ラウンド（第一段階：二〇〇七年三月一九〜二二日および七月一八〜二〇日、第二段階：九月二七日〜一〇月三日）では「共同声明の実施のための初期段階の措置」が、一〇月には「共同声明の実施のための第二段階の措置」が採択され、前者では日朝関係の改善と経済・エネルギー支援が、後者では既存の核施設の無能力化推進が合意された。北朝鮮は二〇〇八年六月に黒鉛減速炉の冷却塔を爆破、一〇月には未申告施設の立入りを口頭で受諾した。だが同国は非核化の検証枠組みの文書化には拒否し、二〇〇九年四月にはミサイル発射実験を行うと、国連安全保障理事会がこれを非難する議長声明を採択した。これに対し北朝鮮は六者会合には二度と参加しないと言い放ち、核施設の復旧・再稼働の実施などを宣言、その後、今日に至るまで六者会合は開催されていない。

以上本節では、クリントン政権が、議会多数党の共和党の反対にあい、関与政策を十分機能させえなかったのとは対照的に、共和党のブッシュ（子）政権が（六者会合という国際的枠組みを発足させつつ）北朝鮮に対し当初は強硬な姿勢を隠さなかったこと、そして民主党が多数党となった政権後期になって、強硬路線を放棄したことを見た。次節ではイランをめぐる核不拡散外交を見てみよう。

3 イラン核危機と包括的共同行動計画（JCPOA）の成立

米国のイランへの核不拡散政策も揺れ動いた。もともとパーレビ朝イラン政府は西独・シーメンス社にブシェール原発の建設を発注し、一九七四年に着工もされていたが、一九七九年の革命で事業は放棄された。その後、一九八〇〜八八年のイラン・イラク戦争の際の空爆で建設サイトは破壊された。しかしイランは一九九三年一月、ロシアとの間で、原発建設に関する協定を締結、跡地にロシア製軽水炉が建設されることになった。この時点ではイランに対する米国の警戒はそれほど大きくなかったが、二〇〇二年にイランの反体制派の活動家からの情報やIAEAによる特別調査により、イランが秘密裡にウラン濃縮実験を行っていたことが判明、米国は核兵器開発の意図ありとしてイランを非難した。これがイランへの核不拡散問題の発端である。そして二〇〇四年五月にイランがウラン転換施設で六フッ化ウランを生産していたことが明らかになると、IAEAはこれを非難、国連安全保障理事会への付託を示唆した。イランはNPTからの脱退を示唆し緊張が高まったが、英独仏との間にウラン濃縮・再処理活動を自発的に停止する「パリ合意」を締結し、事態は沈静化した。しかし二〇〇五年六月、穏健派のラフサンジャニに代わり保守強硬派のアフマディネジャドが大統領に選出されると、イランは二〇〇六年にウラン濃縮を再開した。国連安全保障理事会は同年七月濃縮・再処理の停止を求める一六九六号決議を、そして二〇〇七年三月には制裁を含む決議一七四七号を採択した。ブッシュ（子）政権の内部ではチェイニー副大統領らネオコンが空爆の検討を主張したが、ブッシュは乗り気ではなかった。ラムズフェルド国防長官は空爆を検討させたものの、統合参謀本部は反対した。すでにネオコンの力は低下していた。

二〇〇九年、イランはより濃縮度の高い二〇％のウラン濃縮を開始した。同年一月に発足した民主党のオバマ政権は軍事的手段を避けつつ、外交的解決を模索した。イランでは二〇一三年には新たに遠心分離機が導入され、濃縮能力の向上が図られるなど状況は楽観できるものではなかったが、他方同年六月に、穏健派のロウハーニーが大統領選で勝利し、西側諸国の間に対話による雪解けへの期待も生じた。二〇一四年の中間選挙で共和党が勝利し、オバマ政権は難しい対応を迫られたが、英仏独中露およびEUとイランは協議を進め、二〇一五年七月についに包括的共同行動計画（JCPOA）に署名した。これにより、イランの濃縮ウランの貯蔵量、遠心分離機数の制限と見返りに、制裁は解除されることが合意された。

元来共和党はイランに強硬であった。ティーパーティー運動から支持を得て当選したばかりの共和党の新人のトム・コットン上院議員は、二〇一五年一月二七日の上院公聴会で、オバマ政権にイランに妥協しないよう要求、さらに同年三月、次の政権ではいつでも合意を覆すことができるとの内容の公開書簡をまとめた上、共和党上院議員五四人のうち四七人の署名を得ていた。コットンは、ウィークリースタンダード誌[*2]のウィリアム・クリストル主筆率いる「イスラエル緊急事態委員会」やボルトンからも資金援助を受けていた（Jett 2018: Kindle No. 926-928）。

イデオロギー色のより強い新興の下院議員連盟フリーダムコーカスの議員たちも、初代会長のマーク・メドウらとともに、オバマ政権のイランとの交渉に疑義を呈した。これより少し前、二〇一〇年の中間選挙では上院で民主党は多数党を維持したが、改選前の議席を含めてのことで、選挙自体では民主党は大敗していた。この選挙では、オバマ政権の医療保険改革や景気対策に対する草の根、保守右派の社会運動、ティーパーティー運動が勃興した（藤本・末次 2011: 7-9）。このことが後々、トランプ政権のJCPOA破棄決定に一定作用するのである。

穏健派と目されていた共和党の上院外交委員会委員長のボブ・コーカーはイランとの核合意には否定的だったが、推進派とも妥協点を探ろうと、ホワイトハウスに対し、イランとの合意に何らかの議会の役割を設定するように働きかけた。コーカーと民主党のベンジャミン・カーディンは、「コーカー・カーディン妥協」として知られる超党派の「二〇一五年イラン核合意審査案（INAR

*2　ネオコン系の雑誌で今は廃刊した。会田弘継によれば、同誌の廃刊は、保守派内部で進行するメディアの影響力の再編を示す典型的事例であり、従来の保守系雑誌はほぼトランプ系に転向した。同誌の廃刊にトランプ派のメディアは喝采を送ったという。会田弘継「日本人が知らない『トランプ派メディア』の本質―保守系メディアに吹き荒れる変革の嵐」東洋経済オンライン（二〇一九年二月一九日）〈https://toyokeizai.net/articles/-/264661?page=2〉（二〇二〇年五月二〇日最終アクセス）。

A)」を準備し、同年五月にイランとの核合意に先駆けて法律として成立させた。同法はイランとの核合意成立した暁に、合意内容を議会に通知し、他方議会はこれを踏まえ六〇日以内であれば合意内容を、上下院の不承認の合同決議によって否認することができることを定めていた。同法はさらに、JCPOAの内容の議会承認、ならびにその後イランの遵守状況を九〇日ごとに議会に報告するよう義務づけた。

JCPOAは二〇一五年七月一四日に最終合意された。共和党は上院で合意の不承認に関する決議案を上程したが、大統領の拒否権を覆すだけの得票六〇票を獲得できなかった。続いて下院は九月一五日、議会がまだJCPOAの二つの付属協定（オバマ政権は存在を否定した）を審査していないなどと述べて、オバマ大統領のINARAの《義務不履行》を非難する決議を二四五対一八六で可決した。だが、上院はすでにイランとの合意を葬るだけの決議票を集めることはできなかったわけで、JCPOAは成立した。

第二期ブッシュ政権と第一期オバマ政権、つまり共和・民主両党の政権にかつて国防長官として奉職したロバート・ゲーツは二〇一五年八月、「合意を否決したり、そこから抜けたりすることには、深刻な結果があるという現実に目を向けなくてはならない」とし、JCPOAに対し消極的賛意を示してはいた。[*3] 核軍縮と不拡散の超党派外交を牽引した共和党のリチャード・ルーガーも「テヘランの政権には不信感はあるが、よい合意である」とJCPOAを評価した。[*4] とはいえ、彼は、二〇一二年五月、インディアナ州の上院選予備選で、ティーパーティ運動の支持を受けたリチャード・ムールドック同州財務長官に敗れ、政界を引退していた。ルーガーの引退は、超党派外交を行いうる勢力の行き先を予兆していた。

4 トランプ政権によるJCPOAの破棄

JCPOAはイランの核関連活動の制限と引き換えに、制裁を解除することとしており、これに伴い米国大統領は、安全保障理事会決議に基づきイランに金融制裁を科すべく成立していた国内法「二〇一二年国防権限法」の執行停止を一二〇日

＊3 Reid Wilson, "Robert Gates: We Have a Flawed Iran Deal. Make the Best of It," *Morning Consult*, August 5, 2015 〈https://morningconsult.com/2015/08/05/robert-gates-we-have-a-flawed-iran-deal-make-the-best-of-it/〉（二〇二〇年五月二〇日最終アクセス）.

＊4 Lugar Center Channel (official), "Senator Lugar discusses the Iran nuclear deal and ISIS on MSNBC," August 20, 2015 〈https://www.youtube.com/watch?v=Q9QIEBHw5o〉（二〇二〇年五月二〇日最終アクセス）.

毎に承認する必要があった。ところが二〇一七年一月に大統領に就任したドナルド・トランプは二〇一八年一月、JCPOAのために制裁の執行停止を二度と承認することはないと述べ、同合意から米国を離脱させた。その際、彼は「ボブ・コーカーは我々にイラン合意を残した」と、INARAを成立させたコーカーを罵るツイートをした。トランプのJCPOA破棄決定は、イランが依然、穏健派のロウハーニーの執権の下にあった時に下されたもので、国際環境の変化に対応したというより、自らの支持層のイデオロギー的性向に基づき政策を転換したことを示唆している。

前述のガフニー、および彼の創設したシンクタンク「戦略政策センター」によるイランを嫌悪する主張を、トランプは頻繁に引用した。ガフニーは共和党保守派でさえ距離をとるほどの極端な人物であったが、トランプの右腕ステファン・バノンもガフニーを絶賛していた。共和党の反イラン核合意の急先鋒だった前述のコットンは、大統領選挙においてトランプの最も早い支持者の一人であり、イラン核合意を批判していた前述のメドウもまたトランプの同盟者であった。トランプは、イランと敵対するイスラエルの急進派の主張に賛同していたし、自らを支持するキリスト教右派がイラン核合意に反対していたことも理解していた。

二〇一七年のピュー・リサーチ・センターの調査によれば、民主党支持者、および民主党寄りの者のうち八三%が、良き外交が平和を確固としたものにすると回答しているのとは対照的に、共和党支持者および共和党寄りの者のうち同様の回答をしたのは三三%にとどまった。[*5] このような中、彼は国内政治上の支持の調達のため、専門家を軽視し、継続性を無視した外交を展開することを厭わなかった。彼は旧来のネオコンと、イデオロギーの色彩のより強い共和党内の新興勢力の支持を受けていることを熟知しており、JCPOAからの離脱を決定した。中央政界では新参者であったトランプは、彼を諫めようとする者を容赦せず、外交エスタブリッシュメントを政権内から放逐した(中山 2020: 55)。彼は二〇一八年三月、JCPOAからの離脱を諫めたティラーソン国務長官も「間抜け」と呼び更迭した。元国務副長官でカーネ

*5 Pew Research Center October 5, 2017, The Partisan Divide on Political Values Grows Even Wider: Sharp shifts among Democrats on aid to needy, race, immigration 〈https://www.pewresearch.org/politics/2017/10/05/the-partisan-divide-on-political-values-grows-even-wider/〉(二〇二〇年五月二〇日最終アクセス).

ギー国際平和基金の理事長（当時）ウィリアム・バーンズは二〇二〇年七月、「［トランプ］政権は、我々が外交を最も必要としているときに外交政策の二極化を煽り、いかなる前任政権にもまして米国外交の可能性を窒息させた」と指摘している。*6 確かに異なる外交路線はこれまでにも存在した。しかし、社会の分極化の深刻化を背景に、トランプ政権期の米国ではそれまでの外交が断絶した。イラン核合意の破棄はその一例であった。

5 おわりに
——揺れ動いた米国の核不拡散外交

米国の核不拡散外交はこれまで、核兵器開発が現に進捗するか、その潜在能力が増大する《問題国》に対し、粘り強く対話を行おうとする向きと、経済的制裁や軍事的圧迫を強硬に加えていかなければ事態は好転しないと考える向きに分かれ、前者には民主党が、後者には共和党がアクセントを置く傾向があった。クリントン政権からブッシュ（子）政権への対北朝鮮核不拡散外交の変容、そしてオバマ政権からトランプ政権への核不拡散外交の変容を比較すると、前政権の関与政策が一度否定された点で一見似てはいる。しかし、よく見てみると、この変化を齎した二つの政治過程は、質的にやや違った印象を我々に与えている。前者は民主党政権が推進した対話路線を共和党、それ全体がいちど葬り去った事例であった。ただ、ボルトンやラムズフェルドらネオコンはおそらく、それ以上の圧力を望んでいた。党派行動による政策の揺れは、強硬派によりさらに極端なものに変わる可能性を秘めていた。だがイラク戦争の戦況と大統領の支持率の低迷がそれを許さず、彼ら強硬派に代わりライスなど穏健勢力が、外交や安全保障を統括するようになった結果、「行き過ぎ」は是正された。二〇〇六年の中間選挙における共和党の敗北はこの潮流を確固なものとした。

後者のケースではどうだったか。スタンフォード大学の政治学者ケネス・シュルツは近年の議会の分極化による外交政策への影響を懸念し、オバマ政権期からトランプ政権期の対イラン核不拡散外交を典型例として言及している。曰く「政治的な分極化が、友好国と敵性国に対する長期的なコ

*6 William J. Burns, "Polarized Politics Has Infected American Diplomacy," *The Atlantic*, June 6 〈https://www.theatlantic.com/ideas/archive/2020/06/polarized-politics-has-infected-american-diplomacy/612778/〉（二〇二〇年五月二〇日最終アクセス）.

ミットメントを信頼あるものにする能力を損ねてしまう」という（Schultz 2018: 7）。オバマ政権は最初から、コーカーら共和党の穏健派との妥協によりＪＣＰＯＡを維持した。だが二期続いたオバマ政権の間、米国の社会の分断は進んでいた。ネオコン、共和党内に形成された新興勢力とトランプは同盟を形成し、超党派外交を行いうる共和党主流派の力をそいだのだった。こうしてオバマ政権期にはＩＮＡＲＡをめぐる超党派の妥協が成立したものの、トランプ政権期にはＪＣＰＯＡがごく短期間に簡単に破棄されたのである。

【参考文献】

Auerswald, David P. 2020. "Arms Control." in Auerswald, David P. & Campbell, Colton C. (eds). *Congress and the Politics of National Security*. Cambridge University Press.

Bolton, John. 2007. *Surrender Is Not an Option: Defending America at the United Nations*. Threshold Editions (Kindle). Simon & Schuster, Inc.

Carpenter, Ted Galen & Bandow, Doug. 2004. *The Korean Conundrum: America's Troubled Relations With North and South Korea*. St. Martins Press.

Cha, Victor. 2018. *The Impossible State: North Korea, Past and Future*. Harper Collins.

Destler, I.M., Gelb, Leslie H., & Lake, Anthony. 1984. *Our Own Worst Enemy*. Simon & Schuster.

Haksoon, Paik. 2003. "The Future of the Korean Peninsula Energy Development Organization." in Boose, Donald W., Hwang, Balbina Y., Morgan, Patrick, & Scobell, Andrew (eds). *Recalibrating the U.S.-Republic of Korea Alliance* 159-189. University of Michigan Library.

Homan, Patrick, Lantis, Jeffrey S. 2020. *The Battle for U.S. Foreign Policy: Congress, Parties, and Factions in the 21st Century*. Palgrave Macmillan.

Howell, William G. & Pevehouse, Jon C. 2007. *While Dangers Gather: Congressional Checks on Presidential War Powers*. Princeton University Press.

Jett, Dennis C. 2018. *The Iran Nuclear Deal; Bombs, Bureaucrats, and Billionaires*. Kindle edition: Palgrave Macmillan.

Lee, Karin & Miles, Adam. 2004. "North Korea on Capitol Hill." *Asian Perspective* 28 (4).

Minnich, James M. 2005. "Resolving the North Korean Nuclear Crisis: Challenges and Opportunities in Readjusting the U.S.-ROK Alliance." in Mansourov A.Y. (ed.), *Turning Point: Democratic Consolidation in the ROK and Strategic Readjustment in the U.S.-ROK Alliance* 268-309. Asia-Pacific Center for Security Studies.

Pritchard, Charles L. 2007. *Failed Diplomacy: The Tragic Story of How North Korea Got the Bomb*. Kindle: Brookings Institution Press.

Schultz, Kenneth A. 2018. "Perils of Polarization for U.S. Foreign Policy." *The Washington Quarterly* Winter 2018.

Wildavsky, Aaron. 1966. "The Two Presidencies." *Trans-action* 4.

中山俊宏　2020「二〇二〇年米国大統領選挙の外交的含意」日本国際問題研究所編『トランプ政権の対外政策と日米関係』日本国際問題研究所.

藤本一美・末次俊之　2011『ティーパーティー運動—現代米国政治分析』東信堂.

「記録」がつなぐ「分断」

——「過去、現在、未来をつなぐ国の重大な責務」としての「記録」

横大道聡

近時、南スーダンPKO日報破棄、森友・加計問題、「桜を見る会」名簿破棄、学術会議任命拒否など、公文書をめぐる不祥事が頻発している。しかし、なぜ公文書は重要なのかと問われると、即答できないのではないだろうか。

日本では二〇〇九年に「公文書等の管理に関する法律」が制定されたが、二〇〇八年にその準備のために公文書管理検討室が設置された際、公文書管理担当大臣に任命された上川陽子大臣(当時)は、「職員への大臣訓示」の中で次のように述べた。「政府の活動や歴史的事実の正確な記録は、国民の貴重な共有財産であり、これを広く国民の利用に供することは民主主義の原点です。また、国の重要な意思決定に際しては、過去から教訓を学ぶうえで欠かせない知恵の宝庫でもあります。それだけに、こうした記録を十全に管理・保存し、これを国民に開示していくことは、過去、現在、未来をつなぐ国の重大な責務であります」(上川 2010: 3)。

この発言の中に公文書の重要性と本書のテーマ「分断」との関係が示されている。すなわち、「記録」の作成・管理・保存・開示が、過去・現在・未来をつなぐものであるとすれば、それらが不十分であるとき、過去・現在・未来は「分断」され、それは民主主義にとっての脅威となるのである。本稿は、憲法学の立場から「記録」の重要性を示すとともに、特に国会に関する「記録」のあり方の問題点を示し、乗り越えるべき分断の所在を明らかにしたい。

1　公文書管理法の制定に至る道程

◉国民主権国家・表現の自由・知る権利

次の一文は、最高裁が北方ジャーナル事件判決[*1]において表現の自由の重要性を述べた有名な箇所である。

主権が国民に属する民主制国家は、その構成員である国民がおよそ一切の主義主張等を表明するとともにこれらの情報を相互に受領することができ、その中から自由な意思をもつて自己が正当と信ずるものを採用することにより多数意見が形成され、かかる過程を通じて国政が決定されることをその存立の基礎としているのであるから、表現の自由、とりわけ、公共的事項に関する表現の自由は、特に重要な憲法上の権利として尊重されなければならないものであり、憲法二一条一項の規定は、その核心においてかかる趣旨を含むものと解される。

この中では、表現をする自由だけでなく、情報の相互受領の重要性、いわゆる「知る権利」の重要性にも触れられている。

知る権利は、情報の受領を公権力によって妨げられないという意味をもつだけにとどまらない多義性をもつ概念であり、そこには、政府が保有する情報の公開を求める権利という政府情報開示請求権も含まれると解されている（芦部 2000: 261-273; 佐藤 2020: 281）。それは、「国民は主権者であり、主権者として国民が適切に国家の活動を監視し、コントロールするためには、政府がどのような情報を有しているのか国民に明らかにされる必要がある」（長谷部 2017: 346〔阪口〕）からであり、必要な情報から国民が分断されると、国民主権国家の前提が損なわれてしまうからである。

◉情報公開法

しかし、政府情報開示請求権を具体化する法制度の構築はなかなか進まなかった。一九八〇年代に各地の地方公共団体が制定した情報公開条例が先行する形で整備が進んでいき、二〇〇一年に

*1　最大判昭和六一年六月一一日民集四〇巻四号八七二頁。

なって、ようやく、「行政機関の保有する情報の公開に関する法律」（以下「情報公開法」という）が施行（制定は一九九九年）された。[*2]

情報公開法一条の目的規定では、「この法律は、国民主権の理念にのっとり、行政文書の開示を請求する権利につき定めること等により、行政機関の保有する情報の一層の公開を図り、もって政府の有するその諸活動を国民に説明する責務が全うされるようにするとともに、国民の的確な理解と批判の下にある公正で民主的な行政の推進に資することを目的とする。」と謳われている。立法過程では、目的規定の中に「知る権利」を明記するかが議論になったが、「知る権利」の概念の根拠や内容について様々な見解がありコンセンサスが存しないこと、最高裁の判例でも、行政機関が保有する情報に対する開示請求権という意味での「知る権利」は認められていないことを理由に明記が見送られ、現在の表現になったという経緯がある（総務省行政管理局 2001: 13-14）。

同法は、この目的に基づき、行政文書（二条二項）について、何人に対しても情報開示請求権を保障するとともに（三条）、原則的に開示を義務とし、法律が明記する不開示事由に該当する場合にのみ、例外的に不開示にできるという仕組みを採用している（五条）。

◉公文書管理法

「情報公開というのは記録と管理が一体となったときにはじめて意味をもつ」（大濱 2007: 56）ため、公文書管理についての法制度も同時に整備する必要があった。しかしそれは、情報公開法の施行から一〇年後の二〇一一年に施行（制定は二〇〇九年）された公文書管理法の登場まで待たねばならなかった。[*3]

公文書管理法一条の目的規定では、「この法律は、国及び独立行政法人等の諸活動や歴史的事実の記録である公文書等が、健全な民主主義の根幹を支える国民共有の知的資源として、主権者である国民が主体的に利用し得るものであることにかんがみ、国民主権の理念にのっとり、公文書等の管理に関する基本的事項を定めること等により、行政文書等の適正な管理、歴史公文書等の適切な

*2　情報公開に関する法制度は、①国の行政機関が保有する情報を対象とする情報公開法のほか、②独立行政法人が保有する情報の公開を定める「独立行政法人等の保有する情報の公開に関する法律」、③各地方公共団体が保有する情報の公開について定める各々の情報公開条例から成る。

*3　国立公文書館の設置（一九七一年の総理府設置法の一部を改正する法律。現在の設置根拠は一九九九年の国立公文書館法）や公文書館法の制定（一九八七年）などの動きはあったが、それらは公文書管理のための一般法ではなかった。

保存及び利用等を図り、もって行政が適正かつ効率的に運営されるようにするとともに、国及び独立行政法人等の有するその諸活動を現在及び将来の国民に説明する責務が全うされるようにすることを目的とする。」と謳い、四条で、「行政機関の職員は、第一条の目的の達成に資するため、当該行政機関における経緯も含めた意思決定に至る過程並びに当該行政機関の事務及び事業の実績を合理的に跡付け、又は検証することができるよう、処理に係る事案が軽微なものである場合を除き、次に掲げる事項その他の事項について、文書を作成しなければならない。」と定めて、意思決定過程を含めた文書作成義務を明記している。そして同法は、文書の分類整理（五条）、適切な保存（六条）、行政文書ファイル管理簿への記載と公表（七条）、保存期間満了後の書類の処理（八条）等について法令で定めることとしており、統一したルールの下での公文書管理の実現に資する内容となっている。

2　公文書管理と憲法学

◉公文書管理の憲法上の位置づけ

「国民主権国家」の存立の基盤に、〈表現の自由―知る権利―情報公開―公文書管理〉が存しているのだとすると、二〇〇〇年代になってようやく国レベルで情報公開法制度と公文書管理法制度が整備されたという事実は、日本という国民主権国家が最近に至るまで、過去・現在・未来が分断された不安定な基盤の上に成り立っていたことになるが、その責任の一端は憲法学にあるかもしれない。憲法学は、情報公開についてはともかくとしても、冒頭で触れた一連の不祥事を受けるまで、公文書管理の重要性をほとんど指摘してこなかったからである（岡田 2019: 245）。

今般、ようやく公文書管理法制が整備されたわけであるが、「『何のために』という公文書管理の哲学と『どのように』という具体的な技法とが必ずしも明確に結びつかないために、管理そのものが目的化していないだろうか」（岡田 2019: 245）という懸念を払拭するためにも、公文書管理の意義

を憲法論の中に定位することが必要である。＊4

　そこで本節では、行政改革委員会行政情報公開部会の委員として情報公開法の制定に関与した憲法学者の佐藤幸治がどのような憲法論に基づいて情報公開を把握していたのかを明らかにした上で、それと関連させながら、公文書管理の憲法上の位置づけを探ることにしたい。

◉「国民主権」との結びつき

　上述したように、情報公開法一条の目的規定への「知る権利」の明記が見送られ、「国民主権の理念にのっとり」という表現が採用されたわけであるが、これは佐藤幸治の発案であったようである（三宅 2021: 3）。それでは佐藤は、どのような認識に基づいて「国民主権」という語を用いたのだろうか。

　佐藤が執筆した教科書は、＊5「国民主権」を次のように説明している。「国民主権は……憲法を成立せしめ支える意思ないし権威としてあるのみならず、その憲法を前提に、国家の統治制度がこの国民の意思ないし権威を活かすよう組織されなければならないという規範的要請を帰結する」（佐藤 2020: 433）。この規範的要請を「構成的原理としての国民主権」ということができるが、それは「統治制度の民主化を要請するのみならず、統治制度とその活動のあり方を不断に監視し問うことを可能にする〝公開討論の場〟が国民の間に確保されることを要請する」（佐藤 2020: 434・原文は傍点部分は太字）。さらに佐藤は、「構成的原理としての国民主権」と「表現の自由」との直接的な結びつきを強調する。曰く、「集会・結社の自由、いわゆる『知る権利』を包摂する表現の自由は、国家からの個人の自由ということを本質としつつも、同時に、公開討論の場を維持発展させ、国民による政治の運営を実現する手段であるという意味において国民主権と直結する側面を有している」（佐藤 2020: 434; 三宅 2021: 4-6）。

　このように佐藤の理解では、構成的原理としての国民主権は「公開討論の場」の確保を要請するものとされ、また表現の自由は「公開討論の場」の維持発展とそれを通じた国政参加にとって不可欠なものと位置づけられている。「公開討論の場」

＊4　この点に関して、岡田（2011: 151-152）は、文書管理を担う専門職としてのアーキビストを民主政の不可欠のアクターとして意義づけるべきことを強調する。

＊5　以下では、佐藤が制度設計に関わった時点の教科書ではなく、より明確に佐藤の立場が示されている最新版の教科書（佐藤 2020）から引用する。

なる概念が、国民主権と表現の自由を結びつける機能を果たしているのであるが、表現の自由は「知る権利」を包摂するという理解を媒介することによって、国民主権が知る権利・情報公開とも結びつけられる、という仕掛けになっている。

整理すると、①構成的原理としての国民主権によって、公開討論の場の確保が求められる。②公開討論の場は、表現の自由によって維持発展し、国民による政治の運営を実現する場として機能する。③公開討論の場は、国民主権によって要請され、表現の自由によって維持発展・実現されるものであるから、公開討論を媒介にしながら国民主権と表現の自由とは直接的に結びつく。④表現の自由は知る権利・情報公開を包摂するものである。⑤したがって、国民主権と知る権利・情報公開も直接的に結びつく。これが佐藤の理解であるが、この①から⑤の連関が分断してしまえば、国民主権が十全に機能しなくなるのである。

以下、このような佐藤の理解を、便宜上、〈構成的原理としての国民主権―「知る権利」を包摂する表現の自由〉と表記する。

◉公文書管理法における「国民主権」

さて、公文書管理法一条の目的規定でも、「国民主権の理念にのっとり」という表現が用いられており、情報公開法の目的との関連性・整合性が意識されている。この点に関しては、佐藤が、「情報公開法（条例）が憲法上の要請に基づくものと解される以上、文書（情報）の確かな作成と適正な管理体制の構築や公開基準などの設定およびその運用につき、憲法上の統制が働く」（佐藤 2020: 281）と述べ、〈構成的原理としての国民主権―「知る権利」を包摂する表現の自由〉を、公文書管理とも結びつけている点が注目される（右崎 2019: 91）。

このような理解は、公文書管理のあり方等に関する有識者会議の『最終報告』の「基本認識」とも平仄が合うように思われる。すなわち『最終報告』は、「民主主義の根幹は、国民が正確な情報に自由にアクセスし、それに基づき正確な判断を行い、主権を行使することにある。国の活動や歴史的事実の正確な記録である『公文書』は、この根幹を支える基本的インフラであり、過去・歴史から教訓を学ぶとともに、未来に生きる国民に対する説明責任を果たすために必要不可欠な国民の貴重な共有財産である」と述べ、国民主権と公文書との関係を説明している。

●公文書管理に関する憲法上の要請

国民主権という概念をめぐって、憲法学では喧しい論争が繰り広げられてきたが、〈構成的原理としての国民主権――「知る権利」を包摂する表現の自由〉という理解は、憲法学において大きな違和感なく受け入れられると思われる。問題は、そこから、いかなる公文書管理のあり方を導き出すことができるかであるが、少なくとも次の二点の指摘はできるだろう。

第一に、「記録」という行為が憲法上の要請として把握されることになろう。情報公開法は憲法上の要請に基づく法律であり、その要請を履行するためには、「政府の文書（情報）の確かな作成と適正な管理体制の構築が大前提となる」（佐藤 2020: 281）からである。逆に言えば、冒頭で述べたように、「記録」の策定と管理が不十分であるとき、過去・現在・未来が分断され、国民主権国家の基盤が掘り崩される、ということである。

第二に、単に情報を「記録」しさえすればよいのではなく、「当該行政機関における経緯も含めた意思決定に至る過程並びに当該行政機関の事務及び事業の実績を合理的に跡付け、又は検証することができるよう」（公文書管理法四条）なものでなければならないこと（蟻川 2013: 114; 瀧川 2001: 37）、換言すれば、「『当座の、短期的な説明』にとどまらず、『時間軸の中で、どのような過程を経て、どうしてこのような現状に至ったのか』ということを説明し、検証可能にするための仕組み」（古賀 2018: 70）の整備もまた、憲法上要請されると考えられる。つまり公文書管理法四条は、憲法の要請を具体化した規定であると理解されることになる。分断を防ぐための「記録」は、それに値するものでなければならないのである。*6

3　統治情報の「公開」と「管理」

●射程の拡大――行政情報から統治情報へ

2では、「国民主権の理念にのっとり」という表現が用いられている情報公開法および公文書管理法が、どのような憲法理解に基づく法律なのかを

*6　さらに、「行政文書の管理に関するガイドライン」（平成二三年一月内閣総理大臣決定）が、「審議会等や懇談会等については、法第一条の目的の達成に資するため、当該行政機関における経緯も含めた意思決定に至る過程並びに当該行政機関の事務及び事業の実績を合理的に跡付け、又は検証することができるよう、開催日時、開催場所、出席者、議題、発言者及び発言内容を記載した議事の記録を作成するものとする」としていることもまた、憲法上の要請の具体化として捉えられるべきである。

見てきたわけであるが、両法は「行政」の情報に関する法律であり、国会と裁判所は原則的にその対象外である。

しかし、〈構成的原理としての国民主権——「知る権利」を包摂する表現の自由〉から、国会と裁判所を除外する理由はない。事実、佐藤は、自身の議論の射程を行政の保有する情報に限定していない。佐藤は、「構成的原理としての国民主権」によって要請される「公開討論の場」は、「統治制度とその活動のあり方を不断に監視し問うことを可能にする」場であると解しており、その「〝公開討論の場〟の中心にあって、国民に対して国政に関する重要な情報を提供し、考えるべき筋道を示す機能・役割を期待されているのが国会（特に議院の会議の公開に関する憲法五七条の意義）と裁判所（特に裁判の公開に関する憲法八二条の意義）である」（佐藤 2020: 434）と述べている。それに加えて、「知る権利」の一内容である政府情報開示請求権に関して、裁判の公開を定める「憲法八二条一項はその権利をまさに憲法レベルにおいて具体的権利化する規定である」、「議院の会議の公開を定める憲法五七条一項も同趣旨の規定と解される」などと指摘している[*7]（佐藤 2020: 281, 309）。このように佐藤は、〈構成的原理としての国民主権——「知る権利」を包摂する表現の自由〉から、行政のみならず、統治過程全体の公開の要請をも導き出しているのである。

憲法学者の渋谷秀樹も、「日本国憲法の統治に関する規定を通観」して明らかになる「統治機構通則」として、統治過程の「公開原則」が存すると指摘する。渋谷は、「統治過程の公開原則は、客観的法規範にとどまらず、主観的法規範（権利）といえないか。統治機関の保有するすべての情報は、本来、主権者たる国民のものであり、その内容について国民は主権者として知る権利があるとする理解が、現在の憲法学の共通の到達点といってよい」（渋谷 2017: 521）と述べているが、ここでは、国民主権と知る権利（を包含する表現の自由）との直接的な結びつきが、行政情報のみならず、統治過程の公開原則の根拠として挙げられていることが注目される。「主権者たる国民のもの」である情報は、適切に記録され管理される必要があり、そ

*7　奥平（1993: 345）も、「私は、法廷傍聴権・記録採取権は八一条一項〔八二条一項の誤植——引用者〕プロパーの問題としてではなくて、むしろ、国民主権の原則をはじめとした憲法全体の構造のなかから割り出され憲法二一条（表現の自由）を中核に構成されるところの、国政情報へのアクセス権の一環として捉えるべきであろうと考えている」と指摘している。

れが十全になされないとなると、国民と国家とが「分断」されると表現することができるかもしれない。

したがって、統治過程全体の「記録」について見ていく必要があるが、本稿では紙幅の都合上、国会の記録をめぐる問題状況と課題のみを取り上げる。それは、「議院内閣制を採る我が国においては、国の重要な意思決定は、国会及び政府・与党によって行われており、行政府の文書だけでは、その全容が明らかにならないこともあることから立法府も含めた文書管理の改善が期待される」（岡本 2012: 21）からである（大蔵 2018: 26）。

◉議院の事務の文書管理

まず、議院の事務（議院行政）に関する文書の管理に関してであるが、これについては「衆議院事務局文書取扱規程」（平成二三年庁訓第四号）および「参議院事務局文書取扱規程」（平成二一年事務総長決定）に基づき、整理・利用・保存・廃棄がなされている（大蔵 2018）。

ここでその詳細に触れる余裕はないが、議院の事務に関する文書管理について詳細に検討した公文書管理の専門家である大蔵綾子が、次のように指摘している点が本稿の観点からも重要である（大蔵 2018: 44）。すなわち、①両院事務局の規程が、文書管理の目的として事務の適正化や能率的遂行を掲げているだけで、公文書管理法にあるような「現在及び将来の国民に説明する責務」の視点が欠けていること、②「両院事務局とも文書管理はその大半が裁量的事務として位置づけられて」おり、「文書の作成は強制的義務でなく作成すべき文書の具体例を示していないし、文書の整理も義務でなく保存期間の設定基準を示していない。文書の保存も義務でなく、中間書庫を設けて集中管理を行わず、原課で分散管理している」こと、③両規程の対象外とされている事務総長が指定する文書について、「各部課による個別の定めにより統一性を欠いた運用が行われており、どのような文書が保有されているのか実態の把握が困難であり、言わばブラックボックスの状態となっている」。

公文書管理法附則一三条二項は、「国会及び裁判所の文書の管理の在り方については、この法律の趣旨、国会及び裁判所の地位及び権能等を踏まえ、検討が行われるものとする。」と定めている。このことを踏まえた規程の整備が必要である。

◉会議の記録

国会の「記録」として最も重要なのは、「会議の記録」ないし「会議録」である。憲法五七条二項は、衆参両院の会議録について、憲法レベルで作成・保存・公表・頒布を要請しているが、その趣旨は、「国会における議事手続および審議の内容等を事後に確認することができるようにするとともに、これを国民に広く知らしめる」（長谷部 2020: 761〔土井〕）ことにある（前田 1989: 78）。

憲法五七条二項が直接の対象としているのは、会議の「公開」について定める同条一項と同様に、議院全体の会議、すなわち本会議に限られているが、その趣旨に照らし、委員会についても準用されると説かれることが多い。この立場からすると、委員会の会議録（衆議院の場合は○○委員会議録、参議院の場合は○○委員会会議録）の作成について定める衆参の議院規則の規定（衆規六一～六三条、参規五六～五九条）も、憲法の趣旨を踏まえてそれを具体化するものと位置づけられることになる。

現在、各議院の本会議および委員会の会議録は、国立国会図書館の「国会会議録検索システム」により、第一回国会（昭和二二年五月）から、テキストまたは画像で閲覧することが可能である。*8「インターネットを通じた、これら会議録の公開と会議映像の中継およびオンデマンド配信に鑑みれば、本会議のみならず委員会等の会議についても、その実際の公開度は、各国と比較して非常に高い状況になるといえよう」（長谷部 2020: 768）と評価されているものの、*9〈構成的原理としての国民主権―「知る権利」を包摂する表現の自由〉の視点から見たとき、検討すべき課題もある。

◉会議録の記載内容①――発言の訂正・取消し

まず、会議録の記載内容である。会議録に記載される内容については、国会法と両院規則の中に定めが置かれており、「議事」がその主要部分を構成する。*10「議事」は速記法によってすべて記録されるが*11（衆規二〇一条、参規一五六条）、配布・頒布さ

*8　帝国議会の本会議・委員会の速記録も、国立国会図書館提供の「帝国議会会議録検索システム」からすべて検索・閲覧することができる。

*9　インターネット審議中継について、「傍聴の自由を補う媒体として、その維持保全は憲法上の要請に近くなっている」（森本 2021: 274）という指摘もある。インターネット審議中継をもって「実際には委員会の会議は公開されているといってよい」（長谷部 2020: 751）とする指摘もあるが、この理屈だと、本会議についてもインターネット審議中継しさえすれば、憲法五七条一項の要請する会議公開の原則を満たすことになりかねない。この点は、コロナ禍におけるオンライン国会を考える際の一つの論点になるが、指摘のみに留める。

*10　議長（委員長）の許可を得ずにされたヤジなどの不規則発言は、原則として「議事」に該当しないため、会議録に記載されない。

れる本会議・委員会の会議録は、会議の内容がすべて記録された会議録原本・委員会議録原本と内容が異なる場合があることに注意が必要である（前田 1989: 83）。配布・頒布される会議録では、秘密会の記録の中で特に秘密とすることを要すると認められるものや、議長・委員長が取消しを命じた発言などが削除されるからである（国会法六三条・一一六条、衆規六三条・七一条・二〇六条、参規五一条・五八条・一六一条）。「言論機関としての国会（議院）の会議録削除の問題は、極めて技術的ではあるが、政治的には決して小さな問題ではない」（前田 2002: 54; 1997）とすれば、会議録に記載されない事項について、憲法学の観点から検討することも必要となろう。

まず、憲法五七条一項但書の「秘密会」の記録については、その公開についての規定がないという問題がある。旧憲法下での秘密会の記録の中には公開されたものもあるが、現行憲法下における秘密会の会議録が公開された例はない。通常、時の経過とともに秘密にする必要性は減少するはずであり、公開しないことについての積極的根拠を提示できないのであれば、通時的意味の説明責任を果たすために開示すべきであろう（今野 2018）。

次に、議長・委員長による発言取消しである。議長は、議員の発言の中で、議院の品位を傷つけたり、明確に事実に反したりするもので、議員の発言の権威を失墜させると考えられる不穏当な言辞について取消しを命ずることができ（国会法一一六条）、委員会においては委員長が取消しを命ずることができる（浅野・河野 2014: 95-96）（衆規七一条、参規五一条）。取り消された発言は、会議録の該当部分に太線が引かれて削除された痕跡が示される場合もあれば、前後をつないで痕跡を残さない方法による場合もあるが、いずれの場合にせよ、いかなる発言が削除されたかはわからなくなる（白井 2013: 89-91）。その趣旨は、「このような発言を会議録上で再現すると、改めて法規に違反する等の事態を招くこととなることによる」などとされる（森本 2021: 282）。実際の運用では、「すべて後日の議院運営委員会理事会での問題提起により、合意に至れば、削除等一定の処置が施されて会議録発刊の運びとなる」ようであるが（白井 2013: 90）、こ

＊11　『速記法』は、話し言葉を逐語的に文字情報で記録する技術」である（森本 2021: 277）。なお、会議録を作成するにあたり、言葉通りの意味で逐語的に文字化しているわけではなく、整文（字句の整理）が行われることには留意が必要である（松田 2008: 第一章）。

の運用の下で安易な議事録からの発言の削除が横行しているとの批判が向けられている。

さらに発言・演説した議員は、会議録について、その趣旨を変更することはできないが、会議録配布の日の翌日の午後五時までに、字句の訂正を求めることができる（衆規二〇三条、参規一五八条）。その趣旨は、「自由な発言を促す趣旨から、やむを得ない場合に発言の一部を発言者が自発的に訂正することを認めるのが、各国議会に共通した慣例である」とされる（前田 2002: 57）。発言訂正の場合、通常は会議録が発行された後に申出がなされて認められるという流れになるため、訂正された発言は議事録から削除されるのではなく、訂正文が直近の会議録に掲載されるという方法での会議録の訂正になる。この方法の場合、「後日の会議録を見て初めて訂正の事実が判明するため、読む側としては見落とす可能性が高い」（森本 2021: 279）ものの、どのような発言が訂正されたかがわかるという意義がある。

そして、「この発言の訂正の手法は、……不穏当な発言の取消し……に代えて転用されることが珍しくない」とされる（森本 2021: 278）。発言の訂正は、発言の制止・取消しとは異なり、会議の規律維持のために行われるものではない（浅野・河野 2014: 96）。その意味で制度の目的外利用ともいえるが、規律維持にとって不適当な発言をした議員の具体的行状を知るという観点からは、この「転用」という運用には積極的意義を認めることもできる。

●会議録の記載内容②――資料等の掲載

テレビを意識した国会議員の活動が盛んになるにつれて生じてきた「記録」に関わる問題として、会議におけるパネルやフリップといった資料等の利用がある。政策研究大学院大学の比較議会情報プロジェクト[*12]が指摘しているように、「そうしたパネルは国会の会議録には残らず、『これによると』といった発言の『これ』が何を指すのかわからないことが多い」。委員会によっては理事会での合意に基づき、会議録の末尾に資料等を掲載する例もあるが、かなり限定的のようである（大蔵 2017: 36）。

国会が、「〝公開討論の場〟の中心にあって、国

*12　http://www3.grips.ac.jp/~clip/panel/

民に対して国政に関する重要な情報を提供し、考えるべき筋道を示す機能・役割を期待されている」（佐藤 2020: 434）ことに鑑みれば、会議録から会議の様子を復元できないという事態は問題である。この点、比較議会情報プロジェクトが「国会審議映像検索システム」を開発しており、審議映像で確認できる範囲に限られるとはいえ、大変注目される試みである。しかし、映像の公式公開の期間が限られていること、[*13]しかも映像データの公文書館への移管や永久保存についての定めがないことなど、「記録」の管理のあり方と連動して不十分なものとなってしまっている。本来であれば、国会の側が提供すべき情報、「記録」しておくべき情報なのであり、国会が審議で用いられたフリップ等を閲覧できるようにしておくべきであろう。

　なお、この問題は、国会での会議のために利用した資料（委員会参考資料など）の公開にも関係する。この点については、議会制度の専門家である政治学者の大山礼子の次の指摘を挙げておきたい。「法案等の委員会審査の際には行政省庁から多数の参考資料（「委員会参考資料」）が提出され、なかには一般には入手困難な統計資料など、国民と共有すべき貴重な情報が多数含まれている。しかし、これらの資料もごく一部を除いて、非公開である」（大山 2021: 21）。「国民代表機関としての議会が本人である国民（有権者）に対する説明責任を果たすためには、情報の共有が何より重要である。議会が国民に開示し、共有すべき情報には、議会自身の活動に関する情報と行政府から入手した情報の双方が含まれる。……しかし、諸外国議会と比較すると、国会からの情報発信は不十分といわざるをえない。国会の最大の問題点は、会議録以外の情報がほとんど発信されないことである」（大山 2021: 20）。

4　結びにかえて

　本書は「分断」をテーマにした論文集である。その中で本稿は、過去・現在・未来という通時的な意味での主権者国民による自己統治を実現するためには「記録」が必要不可欠であること、「記録」が不十分であることは過去・現在・未来を分断することになるという問題意識から、「記録」が

＊13　衆議院の場合は第一七四回国会（二〇一〇年一月一八日）以降の会議が対象であるが、参議院の場合は会議終了日から一年が経過した日までの会議が公開の対象である（大蔵 2017: 38）。

有する憲法上の意義を示した上で、その観点から国会の「記録」に関する現状の問題点を指摘してきた。紙幅の都合上、統治部門の一角である裁判所における「記録」については触れることができなかったが、近時、重要な憲法判例に関する裁判記録が廃棄されていたという問題が報道され、裁判所における「記録」の問題、さらには裁判記録の「公開」のあり方についても議論が進められている。

さらに、「記録」に関して憲法の観点から問題とすべき場面は、統治機関のそれに限定されるわけではなく、たとえば政治家に関する情報の「記録」なども重要なのであり、「選挙」に関する選挙公報などの各種のウェブ上の情報が、「選挙が終わり次第、削除すべき」という総務省の方針により、選挙後に一切見ることができなくなっているという問題や、政治家のSNS、ウェブサイト上の表現を「記録」すべきかなどの問題の検討も課題となる。*14

こうした問題群について考える際には、憲法の観点から、「何のために記録するのか」を明らかにした上で、それを指導理念に据えながら考察していくことが求められる。

【付記1】 本稿脱稿後、上代庸平「法制度・社会システムの改善のために―公法学から」下重直・湯上良編『アーキビストとしてはたらく―記録が人と社会をつなぐ』（山川出版社・二〇二二年）に接した。

【付記2】 本稿は、JSPS科研費・基盤研究（B）22H00919の成果の一部である。

*14　アメリカでは、オバマ大統領以降、大統領のツイッターでの発言は公文書として扱われ、公文書館に移管されている。二〇二一年一月九日に行われたトランプ大統領のツイッターアカウント凍結が大きな議論を呼んだのは、それが一私企業による規約上の措置を超えた憲法上の意味をもつからこそである。この点については別稿を予定している。

【参考文献】

浅野一郎・河野久　2014『新・国会事典〔第三版〕』有斐閣.
芦部信喜　2000『憲法Ⅲ 人権各論（1）〔増補版〕』有斐閣.
蟻川恒正　2013「決定―アーカイブズ―責任：〈三・一一〉と日本のアーカイヴァル・ポリティクス」奥平康弘・樋口陽一編『危機の憲法学』弘文堂.

右崎正博　2019「公文書の改ざん・隠ぺいと民主主義」『法律時報』91(3).
大蔵綾子　2012「わが国の立法府における情報公開の新展開」『レコード・マネジメント』57.
大蔵綾子　2017「欧米の議会における審議の録画の作成、移管及び利用：アメリカ、イギリス及びドイツとわが国の比較」『レコード・マネジメント』72.
大蔵綾子　2018「参議院事務局及び衆議院事務局における現用文書の管理」『レコード・マネジメント』75.
大濱徹也　2007『アーカイブズへの眼：記録の管理と保存の哲学』刀水書房.
大山礼子　2021「国会とアカウンタビリティ―国民代表機関の二重の責務」『駒澤法学』20(4).
岡田順太　2011「アーキビストの憲法的意義」『白鴎大学論集』25(2).
岡田順太　2019「日本国憲法における公文書管理論―デジタル化時代の憲法学に向けて」『白鴎法学』26(1).
岡本信一　2012「公文書管理法の制定の意義と施行後の課題について」『アーカイブズ』48.
奥平康弘　1993『憲法Ⅲ　憲法が保障する権利』有斐閣.
上川陽子　2010「時を貫く記録としての公文書管理の在り方―今、国家事業として取り組む」『アーカイブズ学研究』13.
古賀　崇　2018「政府・自治体の情報公開とアカウンタビリティ―『遡及的検証』の実現のために」『アーカイブズ学研究』29.
今野彧男　2018「国会における秘密会議録の取扱いについて」『Research Bureau 論究』15.
佐藤幸治　2020『日本国憲法論〔第二版〕』成文堂.
渋谷秀樹　2017『憲法〔第三版〕』有斐閣.
白井　誠　2013『国会法』信山社.
総務省行政管理局編　2001『詳解情報公開法』財務省印刷局.
瀧川裕英　2001「公開性としての公共性―情報公開と説明責任の理論的意義」『法哲学年報』2000.
長谷部恭男編　2017『注釈日本国憲法（2）国民の権利及び義務（1）§§一〇～二四』有斐閣.
長谷部恭男編　2020『注釈日本国憲法（3）国民の権利及び義務（2）・国会 §§二五～六四』有斐閣.
前田英昭　1989「憲法第五七条にいう国会の『会議録』について」『駒澤大学法学部研究紀要』47.
前田英昭　1997「国会の不穏当な発言と会議録の削除（発言と会議録）」『議会政治研究』43.
前田英昭　2002「国会の会議録における『削除』」『駒澤法学』1(3).
松田謙次郎編　2008『国会会議録を使った日本語研究』ひつじ書房.
三宅　弘　2021『知る権利と情報公開の憲法政策論―日本の情報公開法制における知る権利の生成・展開と課題』日本評論社.
森本昭夫　2021『国会法概説』弘文堂.

行政法規をめぐる分断についての一考察

——ローカルルールの意義に着目して

和泉田保一

地方自治体においては、あるグループと別のグループとの間に存する各々のグループが共有する利害をめぐって生起する分断について、その解決を図り、ないしは緩和する政策がとられる傾向がある。

本稿では、思想の対立をめぐる分断というよりも、比較的単純な、利害の対立をめぐるそれを対象とし、その解決等に臨むに際して、地方自治体が依拠し、あるいは定立したと考えられるルールをローカルルールと呼び、行政法規に対置したその意義や具体的手法について、政策法務的アプローチ[*1]により分析・検討を試みる。

対象とする事例としては、建築確認に際しての日照利益をめぐる分断に関わる行政指導の事例（品川マンション事件）、そして、産業廃棄物処分場の設置許可処分においてそのリスク評価をめぐる分断に関わる、立地規制条例制定および公害防止協定締結を採り上げる。それらにおいては、建築行為や施設設置が許認可に服しているところ、その許認可の基準が、それをめぐって利害が対立する者同士の間に分断線を画しているといいうる[*2]。そのような状況で、地方自治体は、地域における生活環境の維持、向上への志向というべき規範によってその解決等を図っており、その実現の手法として、特有の法的メカニズムを活用している、という構図が看取できる。

＊1　ここでは、政策を、公共的な課題を解決するための公的機関等の活動の方針であって、「目的」と「手段（条例制定、計画策定、予算化など）」のセットをなすものとし、政策法務を、「法を政策実現の手段と捉え、政策実現のためにどのような立法、法執行、争訟評価が求められるかを検討する理論および実務における取り組み」と考える。政策法務のこのような位置づけについて、参照、礒崎（2018: 3）。

＊2　法が「分断」線を引く、という事象について、参照、尾崎（2017: 11）。

Ⅰ　建築確認と日照

◉分断の状況と法制度

品川マンション事件[*3]は、ある中高層マンション建設についての、適法な建築計画の申請に対する建築確認処分を求める建築主と、当該建築が日照を阻害するなどとして建築に反対する建設予定地近隣の住民との紛争に端を発する。建築基準法は、当時（本件申請は一九七二年（昭和四七年）一〇月下旬）においては、隣接する土地への日照を確保することを確認の要件としておらず、また、確認処分において処分庁がそのような事情を考慮して条件を付すことも認めていない。つまり、日照に関して、それを享受する利益を主張する側とそれを否定する側が存在したとして、法は、日照利益を否定する側を包摂する一方で、日照利益を主張する側を排除しており、いわば分断線を画していたものといえる。

しかし、本件において処分庁（東京都の建築主事）は、そのような基準通りに建築確認を行うことをせず、建築紛争担当の部署は、建築主に対して、反対住民との円満解決を図るよう指導し（行政指導①）、解決までの間、建築確認処分を留保し、その後、数か月後に施行される高度地区[*4]上の規制に適合するよう設計変更するべき旨の要請（行政指導②）を追加した。

行政法規通りに建築確認を発出することをせず行政指導を行った事情については、以下の通りであったと思われる。まず、建築確認処分の法的性質としては、行政行為の伝統的な分類上、準法律行為的行政行為[*5]に分類され、裁量の余地はないものと考えられるし、伝統的分類と裁判上の法解釈はイコールではないとしても、確認要件に適合するか否かの要件判断については羈束事項であることに学説上も裁判所も異論はないであろう。すなわち、近隣の土地への日照阻害を理由として拒否するような裁量の余地はなく、また、裁量が存しないのならば、当該土地への日照の確保について何らかの条件を付すようなこともできない。他方、準法律行為的行政行為であっても、いつ処分をするかの判断については裁量の余地があると考える

*3　最判昭和六〇年七月一六民集三九巻五号九八九頁。

*4　都市計画法上の用途地区の一種で、建築物の高さ等を制限するためのゾーニング規制。

*5　準法律行為的行政行為とは、行政庁の認識等をその要素とする点で、意思表示を要素とする法律行為的行政行為（許認可など）と区別される。その帰結のひとつとして、前者には裁量の余地はないものと考えられる。

ことは可能である（時点は前後するものの、中野区特殊車両通行認定事件[*6]における判示事項）。実際、この裁量により確認処分を留保している間、協議による、いわば相手方の同意を追求するという、私法的な自主的解決に委ねたというわけであるが、申請者が自発的に日照を阻害しないような設計変更を行った上で改めて申請するならば、行政庁は申請通りの建築確認を適法にすることができ、なおかつ、近隣住民にとっては日照利益を確保することができる。また、この場合、協議の結果、関係する住民が何らかの見返りを受けることで当初の設計による建設を容認するという合意もありえ（現実、本件では金銭解決をしたとされる）、いずれにせよ、違法な確認拒否あるいは条件付き確認処分などは必要とはならない。

　このような行政指導について、最高裁は「〔地方自治法や建築基準法〕の規定の趣旨目的に照らせば、関係地方公共団体において、当該建築確認申請に係る建築物が建築計画どおりに建築されると付近住民に対し少なからぬ日照阻害、風害等の被害を及ぼし、良好な居住環境あるいは市街環境を損なうことになるものと考えて、当該地域の生活環境の維持、向上を図るために、建築主に対し、当該建築物の建築計画につき一定の譲歩・協力を求める行政指導を行い、建築主が任意にこれに応じているものと認められる場合においては、社会通念上合理的と認められる期間建築主事が申請に係る建築計画に対する確認処分を留保し、行政指導の結果に期待することがあつたとしても、これをもつて直ちに違法な措置であるとまではいえない」として、むしろ、このような行政指導を好意的に評価しているようにも見える[*7]。ただし、建築主がもはや「行政指導には協力できないとの意思を明確に表明している場合には……」、行政指導が行われているとの理由だけで確認処分を留保することは、違法である」とした。最高裁の判断においても、行政指導を、あくまでも合意点を見いだす範囲において許容されるものとしている。

　このように見てくると、本件のような行政指導は、行政法規上の基準が画する分断線をめぐって生じた紛争について、行政法規に固有の仕組みである建築確認権限とその留保（行政裁量）を背景に

＊6　最判昭和五七年四月二三日民集三六巻四号七二七頁。

＊7　行政指導に対する同様な好意的な説示は、武蔵野市教育施設負担金事件・最判平成五年二月一八日民集四七巻二号五七四等、複数の最高裁判決に見出すことができる。

しつつ、あくまでも行政法規そのものを侵すことなく、争点となっている利益について、当事者同士が協議を行い、譲歩や交渉による合意を基本して解決することを志向した手法であったといえる。[*8] このような手法は、しかし、どちらか一方当事者にそのような合意をする用意、つまり、妥協の余地がなければ期待することができないという問題がある。その余地がない場合には、申請通りの建築確認処分が強硬に要求され、その通りの処分がされることとなり、そうした帰結が広く周知されてくると、申請者にとって不利益な合意を求めるような指導に従う者は、究極的にはいなくなるかもしれない。このように、行政指導の効果には一定の限界があるであろう。

そのような限界を超えようという方策として、行政指導に一定の事実上の強制力を与えようとする様々な試みがなされたことは知られた事実であろう。本件における確認処分の留保も、申請者に協議を行わせる上での一定の動因となった。しかし、相手方がもはや指導に従わない旨を（真摯かつ）明確に意思表示しているにもかかわらずそのような指導を継続することは違法である。また、別の事例では、通例市町村が水道事業者として有する給水契約権限、あるいは公共下水道に関する権限に関連づけ、指導に従わない場合には、給水や下水道について必要な協力を行わない場合があるとする行政指導要綱を定め、当該規定に従い給水契約締結等を拒否した。この例について、最高裁は、そのような給水契約拒否は、水道法一五条の「正当な理由」なき契約拒否にあたるとしている。[*9]

品川マンション事件においては、別の性質の行政指導もなされている。[*10] 一九七三年に入って、東京都は、約二か月後に問題の敷地に新たな高度地区の制限を適用することを予告し、すでにされた確認申請について、その高度制限に従って設計変更し、改めて申請してほしい旨の行政指導（行政指導②）をした。つまり、当初は、近隣住民との円満解決をするよう指導したのみであったところ、今度は、その域を超え、申請者に対して法定基準とは異なる基準を示し、それに従うことを求めたのである。自らが協議の一方当事者になったとい

*8 民事訴訟において、裁判所の立場としては、建築基準法上適法な建築物でも、私法上の違法適法は別問題で、日照阻害が隣人の権利を侵害するとした例がある（世田谷区奥沢町日照妨害事件・東京地決平成二年六月二〇日判時一三六〇号一三五頁など）。

*9 武蔵野マンション事件・最決平成元年一一月八日判時一三二八号一六頁。

*10 行政指導の性質の分類については、参照、中川（2000: 209-）。

うことができよう。行政指導②があって、申請者はもはや従うことはできないとして審査請求を申し立てたことは、広く知られた事実であろう。

なお、行政指導要綱についてであるが、同じ頃、特に土地開発分野において、共通してそれを規制するべくとられる行政指導の指針を条文として定め、それを公示しておき、開発業者等に一律に遵守させるやり方もとられるようになった。宅地等開発指導要綱[*11]による、いわゆる「要綱行政」である。その内容が行政指導にすぎず、法的強制力を有しないことに変わりはないが、このようなインフォーマルなルールであっても、一定の対象には一律に適用されることとして規定され、また、それが公示されることは、情報の非対称性を是正し、ローカルルールの存在を正統なものとしてゆく機能も期待できると考えられる（高村 2012: 51）。[*12] 事実上の実効性を高める意義を有するといえよう。

◉ローカルルールとその手法：協議と合意による私法的解決

品川マンション事件においては、地方自治体は、まず、第一に、当事者同士の協議による解決を図ることを基本として、そのような協議をするよう指導した。そのために、建築確認権限について、いつ処分をするかについて有するとされる裁量権を行使して、確認を留保した。しかし、それは、強制にわたる場合には違法となるという限界がある。この方向性については、近年においては、中高層建築物紛争調整条例等を制定し、斡旋や調停の場を設け、それに応じない場合にその旨を公表するという手法に転じつつあるとされる（稲葉ほか 2018: 128-9〔人見〕）。このような条例は、行政指導が強制にわたるような例が多発し、それに対する紛争において違法とする裁判例が相次ぎ、また、行政手続法制定により、申請書の返戻、あるいは、相手方が指導に応じないことを明確に意思表示したにもかかわらず指導を継続することが違法であることが明記されたこと、条例制定権の限界論に関する理論的発展、地方分権改革による条例制定権の現実の拡大等が相まって、上記行政指導や開発指導要綱に代わって制定されるようになったという事情がある（稲葉ほか 2018: 129〔人見〕）。

たとえば、川崎市の同条例の場合、「中高層建築

*11　蛇足であるが、現在の行政手続法上の行政指導指針に該当する。

*12　ただし、高村は、建築協定やまちづくり条例に関して述べている。

物の建築に係る計画の事前公開並びに中高層建築物等の建築及び開発行為に係る紛争のあっせん及び調停に関し必要な事項を定めることにより、その紛争の調整等を図り、もって良好な近隣関係を保持し、併せて地域における健全な生活環境の維持及び向上に資することを目的と」して制定され（一条）、一定規模の以上の中高層建築物を建築しようとするときは、計画および工事の概要等について隣接住民に対し説明しなければならず（一〇条）、その建築に係る紛争について、市長があっせんや調停のために必要と認めた時には、工事の着手延期や工事の停止を要請することができ（一八条）、建築主が一二条や一八条の要請に正当に理由なくこれに応じないとき、その旨が公表される（二二条）。

つまり、条例制定に拠るとはいえ、その基本は両当事者の協議と合意を基本とする点では、上述の諸手法と軌を一にするものであるといえよう。

さて、このような局面において、紛争の調整等を図ろうという地方自治体の志向とはどのようなものであるといえるか。以上の経緯および、品川マンション事件最判、紛争調整条例の規定等に鑑みると、品川マンション事件において東京都の関係部局が意識していたか否かにかかわらず、同最高裁判決の「地方公共団体は、地方公共の秩序を維持し、住民の安全、健康及び福祉を保持すること並びに公害の防止その他の環境の整備保全に関する事項を処理することをその責務のひとつとしているのであり（地方自治法二条三項一号・七号）」[*13]、との説示内容、とりわけ、本事例においては、「住民の安全、健康を保持」し、環境を「整備保全」する責務を全うすることが当てはまるであろう。そのためには、まず、法令に則って対処し、それでも上記責務が果たせない場合には、両当事者に協議を求めるなどの可能な手段を駆使し、解決を導き出すべきことを志向するものであると、ひとまずまとめることができよう。

◉フィードバック、ローカルルールのこれから

この局面における上述のようなローカルルールに対し、国の行政法規とはどのようなものとして位置づけられるのだろうか。本件に関わる都市計

＊13　これは、一九九九年改正前の条文であるが、この責務は現在も存在しているといえる。

画法や建築基準法等の個別法は、それらの目的規定に定められる通り、「都市の健全な発展と秩序ある整備を図り、もつて国土の均衡ある発展と公共の福祉の増進に寄与する」(都市計画法一条)、「建築物の敷地、構造、設備及び用途に関する最低の基準を定めて、国民の生命、健康及び財産の保護を図り、もつて公共の福祉の増進に資する」(建築基準法一条)ための、具体化のための方策、制度、つまり、都市計画の内容のひとつである土地利用規制、建築物を建築する際の上記規制の遵守、その遵守を公権的に確認する建築確認制度などを規定している。各法によるその目的が、完全無欠に達成されているならば、個別の事例において、秩序なき都市環境の整備、ましてや国民の健康や権利、利益が阻害されるような事態は起こらないはずである。日照利益は、下級審においてではあるが、法律上保護される利益たりうるとされている[*14]ところ、そのような利益の侵害が現実に起こるということは、上記制度を具体化する行政法規によっては、「都市の健全な発展」以下の目的が実現されていないということを意味する。そうであれば、上記のような事態は、そのように規定する行政法規の不備といえるし、また、建築主は、容積制限や高さ制限等の限度まで建築可能としている基準に従って設計を行い申請するのであるから、行政法規が紛争等を誘発したともいいうる。

それが執行段階で、協議等により解消・緩和されれば問題とはならない。このような分断、紛争にあって、上述した地方自治体の責務に従って、上記のような事態の収拾を図らしめたものが、ここでのローカルルールであった。

ところで、それでも解消されない場合、排除、分断されている側が民事訴訟等で争うことは可能であるが、その都度そのような救済に頼らなければならないのでは、国民の福利を増進するという行政法規の機能を果たしていないことになる。行政法規自体の修正が必要になるであろう。

実際、日照利益の阻害に対しては、一九七七年の法改正により日影規制が創設された(建築基準法五六条の二)。ただし、これは分断線の引き直しにすぎず、新たな分断を発生させていると見ることもできる。現行法制においては、まず、建築物の

*14 世田谷区砧町日照妨害事件・最判昭和四七年六月二七日判時六六九号二六頁。

敷地について、用途地域によって日影規制の対象となる／ならないの区分が設けられており、また、対象となる用途地域においても、建築しようとする建築物の高さについても規制の対象となる／ならないの区分（七メートルあるいは一〇メートル以上等）が設けられており、日照が遮られてはならない時間数についても段階がつけられている。

　また、日照利益は一例にすぎず、それまで規定していなかった利益や価値について包摂して基準を追加してゆくという方向性は、法改正、制度創設により、繰り返されている（香山 2019: 273-）。

2　産業廃棄物処分場の設置許可

◉分断の状況と法制度

　産業廃棄物処分場の設置は、都道府県知事の許可に係らしめられている（廃棄物の処理及び清掃に関する法律（以下「廃掃法」という）一五条）が、行政法規上の許可基準等[*15]に適合する場合には、当該申請については許可しなければならない羈束処分であると考えられている（阿部 2017〔1997〕: 180）。このことから、許可がされる場合、その基準によっても排除できない環境汚染や悪化のおそれ、懸念、すなわちリスク[*16]が残存していたとしても、法令は、地元市町村や住民に対して、それを許容すべきと命じているということになる。[*17] このとき、これら法令上の基準あるいはそれがその前提として許容するべきとするリスクの内容、レベル（以下「許容リスク」[*18]という）について、納得できず許容できない者があるとすれば、彼らに対して、廃掃法制は分断線を画していることになる。

　ただし、このような分断の背景には、次のような構造があることに留意しなければならない。すなわち、法令による規制（設置許可制）がなければ、排出事業者や処分事業者は経済的利益の追求のためコスト低減を重視し、安全や環境への害悪の発生を低減させるための対策をそれより低位に位置づけ、そのような施設を自由に設置するであろう。

　その場合、処分場事業者が考える許容リスクと立地サイトの近隣住民が許容できるリスクをめぐる分断が存在していたはずであり、やがてそれは顕在化したはずであったところ、廃掃法制は、「廃棄物の適正処理」つまり、廃棄物により人の健康や

*15　一般廃棄物の最終処分場及び産業廃棄物の最終処分場に係る技術上の基準を定める命令昭和五二年総理府、厚生省令第一号（構造上の基準や維持管理基準を定める、いわゆる、「技術上の基準」）、および、「周辺住民の生活環境の保全について適正な配慮がなされたものであること」の要件（一九九七年改正によって創設された一五条の二第一項二号）。

*16　リスクとは危険（ハザードともいわれる）とその蓋然性の積を意味し、リスクの段階において危険は発生していない。参照、下山（2014: 59-81）。

*17　リスクの段階においては、権利や法律上の利益に対する侵害は生じておらず（そのおそれという段階であるにすぎない）、行政法規は、リスクが顕在化して権利や法律上の利益が侵害されることを受容、受忍すべきと規定しているわけではない。

*18　危険が発生することは防除すべきあるが、リスクの段階では、予防、事前配慮が可能であるにとどまる。本稿において、許容リスクとは、法令の規制によりそれをコントロールする対象であるリスクを指す。参照、織（2001）。許可基

生活環境に影響が及ばないように処理することを目的としており（同法一条）、法令上の基準をクリアしていれば、「廃棄物の適正処理」が行われ、人の健康や生活環境への影響は許容範囲になるという建前をとっている（織 2001: 47）。つまり、産業廃棄物処分場の設置にあたっては、国が自ら許容できるとするリスクの内容、レベルを反映した基準を定め、それを満たすことを要件とした許認可制に服さしむことで、当該施設に要求するリスクコントロールのレベルを一定の水準に保持し、それがなかったとすれば多発していたであろうリスクの許容レベルをめぐる分断の顕在化の頻度を一定程度に低下させている。このように、行政法規による許認可制は、もともとそれがなかったとすれば生じえたようなリスクやその許容レベルをめぐる分断について、解消、緩和するべく一律、画一的な基準により予防的規制を行い、それゆえその基準によっては掬いきれないような個別的例外的事例が必然的に発生し、顕在化しうるという構造を有する。*19

廃掃法制における産業廃棄物処分場の設置の許可基準のレベルあるいはその前提たる許容リスクについては、立地地元住民による反対運動や地元地方自治体のからの要望等を受けて、数次の改正を経て、漸次的に引き上げられてきたといえる。*20 しかし、この事例での構造的問題として事前許可制の性質上、実際に処分場を運営させた上で審査するのではなく、計画通りに適切に搬入し、適切に運営したと仮定した場合、その結果、有害物質、汚染物質がどれだけ出るか、を審査するだけであるという点が指摘されている（阿部 2017〔2003〕: 277）。このことから、過去において、管理型処分場におけるシートに関する工事の耐久性への疑問、あるいは遮断型処分場におけるコンクリートの工事の耐久性への疑問、運営段階での、安定型処分場に持ち込まれる廃棄物のチェック不全等の問題、懸念が指摘されてきていた（阿部 2017〔1989〕: 33）。これらの点について、一部行政法規上の対策がとられることとなったものの、申請された建設計画が基準に適合していたからといって、現実にその通り施行されるとは限らないし、基準通りに設置されたからといって、浸透や溢水によって有

準は、そのリスクがコントロール対象である（つまり、防除すべき危険ではない）ことを前提にして、当該基準に適合していればその施設ではリスクは顕在化しないか、あるいは、顕在化したとしても設置の経済社会的メリットとの比較衡量上、無視してよいものとみなしていることになる。参照、首藤（2014: 35-57（39））。なお、類似した用語として「受容リスク」（残存リスク）があるが、その定義としては、「社会に妥当な負担として、あらゆる市民によって甘受されねばならない」一定の蓋然性以下の危険性とされる。本稿でいう許容リスクとは、防除すべき危険と受容すべきリスクの中間にある。

*19　ところで、ここでいうリスクを、「生命、健康及び財産、生活環境の保護」等に置き換えれば、実は、前項（「建築確認と日照」）の建築確認についても同様な構造を見いだすことができる。

*20　同法制定当初（いわゆる一九七〇年法）においては、そもそも、産業廃棄物処分場の設置については許可制ではなく変更命令付きの届出制であった。また、届出の対象についてもスソ切り（たとえば、安定型は三〇〇〇平米）が存在し

害物質が近隣に流出するリスクはゼロにはなっておらず、設置後、不適切な管理運営のために有害物質が周辺環境に漏出するリスクについてもゼロとはいえない（阿部 2017〔1993〕: 137）（ただし、ゼロリスクの達成はそもそも不可能ではある）。

　そのような法令上の基準、あるいはそれが前提とする許容リスクを受け入れられない側は反対行動に出ることになるが、こうした紛争においては、地元市町村は多くの場合、許容できない側に立って、その分断の解消・緩和を試みた。その方策のひとつが立地規制であり、水源地など、リスクが顕在化した場合の悪影響が特に強いエリアへの立地を制限するやり方であった。このことについては、そもそも産廃処分場の設置許可権限を有する行政庁（都道府県知事）と、現実に対応を迫られる行政主体（市町村長）とは異なることが通例であることにも留意しなければならない。いずれにせよ、まずは前節（I）と同様、行政指導（要綱）によることが想定されるが[*21]、上述の通り強制力はなく、指導や要綱違背を理由に申請を返戻したり拒否することは違法である[*22]。あるいは、地元市町村は、条例制定によって一定のエリアについてその立地自体をできないようにしようと試みた。なお、後掲の阿南市の事例[*23]において、徳島県は、市の条例による立地規制対象に該当しないことを条件（附款）とする許可をしたところ、申請者が条件部分に対して行政不服審査法上の取消しの申立てを行い、厚生大臣（当時）はこれを認容している[*24]。その論旨について裁決書にアクセスすることができないため不明であるが、下級審ではあるが、廃掃法一五条の設置許可について効果裁量を否定したものがあり[*25]、そうであれば、条件を満たさない場合は許可しないという意義を有する条件付許可についても、同様に認められないものと推察される[*26][*27]。

　許可せざるを得ないならば、次は、設置、稼働開始後の運営管理に万全を期そうという方策である。処分場が設置された後の、稼働中に禁止物質の持ち込みや有害物質の漏出のような事態が発生しうるリスクに対しては、調査や監督処分権限の行使によりリスクの顕在化を一定程度予防するかあるいは低減させることができ、そうであれば、リスク顕在化の懸念についてもある程度除去する

ており、規制に服する施設が限定されていたところ、前者は一九九一年法改正、後者は一九九七年法改正で解消された。参照、阿部（2017〔1993〕: 136-）。

＊21　現在においても、立地の同意の基準となる行政指導要綱を制定している市町村が見られる。

＊22　白石市産業廃棄物処分場事件・仙台高判平成一一年三月二四日判自一九三号一〇四頁等。

＊23　申請は一九九八年（平成一〇年）。すなわち、これら事例は、地方分権改革前、つまり、本件の事務が機関委任事務であった時代のものであることに留意されたい（後掲、紀伊長島町の事例も、申請は一九九五年（平成七年））。

＊24　二〇〇〇年（平成一二年）七月三一日。参照、徳島地判平成一四年九月一三日判自二四〇号七〇頁。

＊25　札幌高判平成九年一〇月七日行集四八巻一〇号七五三頁、和歌山地判平成一二年一二月一八日（判決文未公表、参照、阿部（2017〔2001〕: 352））など。

＊26　一九九七年の法改

ことができる。廃掃法制上、都道府県知事には報告の徴収（同法一八条）立入検査（一九条）、改善命令（一九条の三）、措置命令（一九条の五）等の権限があり、一九九一年の法改正により、届出制が許可制に改められるとともに、生活環境の保全上必要な条件が付しうるとされ（一五条の二第四項）、その他、知事による使用前検査制（法一五条の二第五項、同法施行規則一四条の四）、放流水の定期的検査制等（施行規則一二条の六第八号等）、埋立中の維持管理のための定期点検（ただし、自主検査）が規定され、一九九七年改正で、いわゆるミニアセス手続（法一五条第三項）、告示・縦覧、関係住民等の意見聴取手続（同条第四～六項）が付加され、許可要件に、これまでの技術上の基準への適合性に加え、「周辺住民の生活環境の保全について適正な配慮がなされたものであること」の要件が加えられ、このことについては、「専門的知識を有する者の意見を聴いて、科学的に判断する」（法一五条の二第一項二号、第二項）こととされた。また、施設の維持管理状況の記録、閲覧制度（法一五条の二の三第二項）も創設された。

しかしながら、知事が発出すべき措置命令を懈怠し、住民が当該措置命令の義務付け訴訟を提訴せざるを得ない事態すら生じており、[28] その他知事の監督権限の不作為の懸念は払拭できない。だからといって、地元市町村長が法律上都道府県知事に付与されている権限を行使するようなことは違法である。また、法令が未対処の事項、あるいは単なる懸念等に対して、都道府県知事が監督権限を強制的に行使するようなことも違法である。そこで考え出されたのが、協定（公害防止協定）[29] の締結という手法である（北村 2021: 61-）。地元市町村長が、そのような条項を産廃処分場の事業者と協定として締結するのである。相手方の任意により締結するのであれば、形式的には都道府県知事の権限を侵すものでもないし、法定以上の強制権限を規定、行使することにもならない。なお、このような公害防止協定について、都道府県が制定する産業廃棄物の処理に関する紛争予防条例において、申請する事業者に地元市町村と協定を締結するよう指導するべき旨規定を有するものも多く見られる。

正によって、環境配慮条件についての規定が加えられたが、そうであれば、条件を遵守しない場合には許可しない、という活用はできないであろう。

＊27　これに対して、阿部 (2017[2001]: 364-369) は、肯定説に立つ。

＊28　産業廃棄物措置命令義務付け事件・福岡高判平成二三年二月七日判時二一二二号四五頁。

＊29　公害防止協定の詳細については、さしあたって、参照、北村 (2021: 61-)。

◉ローカルルールとその手法：水道水源保護条例

産業廃棄物処分場の設置許可は建築確認とは異なり裁量のありうる許可ではあるが、行政法規上の基準を満たしているにもかかわらず拒否する効果裁量は認められないとされることはすでに述べた。また、申請の受理拒否や返戻も行政手続法上認められない。加えて、地元が容認できるような高等な安全性レベルの条件を付すことについても、そのような条件を効果（許否）に係らしめることは認められない可能性が高い。[*30]

そこで、立地自体について制限するために水道水源条例を制定した試みを第一の事例として取り上げる。このような立地規制は、行政法規が定めた法令上の基準を満たしていれば起こりえない、あるいは、起こった場合の悪影響は設置のメリットとの衡量判断から許容できるとするリスク（許容リスク）を考慮要素に含めるという、いわば、行政法規の引いた従来の分断線を引き直すという意義を有する。ローカルルールによる、分断線そのものの上書きである。この場合には、法令と条例の競合の問題が生じうる。[*31] 徳島市公安条例事件最判で示された準則によれば、くだんの条例が法令と同一の事項について、同一の目的で、一定のリスクについて予防するような別段の規制を行う場合、法令が地域の事情による別段の規制を容認している場合でない限り違法となる。あるいは、そのような場合でも、目的が異なれば許容される余地はある。下級審の例ではあるが、阿南市の条例（「市の水道に係る水質の汚濁を防止し、清浄な水を確保するため、その水源を保護し、もって市民の生命及び健康を守る」（一条）という目的による立地規制）は廃掃法制上の法令と競合して違法であるとされた。[*32] 他方、紀伊長島町の条例（水道法二条一項の規定に基づいて、「町の水道水質の汚濁を防止し、その水源を保護することによって、町民が安心して飲める水を確保し、町民の健康と生命を保護することを目的」として（一条）、「水道に係わる水質を汚濁させ、若しくは水源の枯渇もたらし、又はそれらのおそれある」（二条五号）事業場を立地規制するもの）は、その目的が異なり、競合しないとされた。[*33][*34] 紀伊長島町の事例における対象は中間処理施設であり、水源から多量の取水が必要であった点で廃棄物処分場の事例として一般的

*30 「生活環境の保全上必要な条件」（法一五条の二第四項）は、停止条件たりえず、負担の範囲で付しうるものと考えられる。

*31 参照、阿南市についての地裁判決の判示内容および紀伊長島町についての高裁判決の判示内容。

*32 徳島地判平成一四年九月一三日判自二四〇号六四頁。

*33 名古屋高判平成一二年二月二九判自二〇五号三一頁。

*34 なお、紀伊長島町の事例について、最高裁は、すでに申請手続きに入っている事業者に対して、後追いで当該条例を制定して立地を規制しようという事情の下においては、事業者「に対して……予定取水量を水源保護の目的にかなう適正なものに改めるよう適切な指導をし、」その「の地位を不当に害することのないよう配慮すべき義務があったものというべきであって、……そのような義務に違反してされたものである場合には、本件処分は違法となる」という判断を示し（最判平成一六年一二月二四日民集五八巻九号二五三六頁）、阿南市の控訴審（高松高判平成一八年一月三〇日判時一九三七

でなく、類似するものが多い阿南市の事例が多くの場合の先例となりうるものと思われる。そうすると、別段の規制を容認しない法令においては、規制するべきリスクの見極めや許容可能レベルの設定について、当該法令が唯一無二であることになる。リスク顕在化による権利侵害が許されないことに鑑みれば、このことは、そのような法令の制定、それに基づく基準の策定について、無謬性が求められることを意味する。[*35]

◉ローカルルールとその手法：公害防止協定

行政指導では強制力がなく実効性に欠け、条例によるのも容易ではないようである。

第二の事例である公害防止協定締結は、処分場事業者等の申請者と、通例地元市町村とが、あくまでも合意によること基本として、行政法規上の基準、それが前提とする許容リスクにおいて問題のないとされる懸念について問題視し、対処するよう求めるものであると位置づけられる。条例制定により強制的な手法としたり許可の要件とするような場合は、規制内容や規制権限主体について法律との競合が問題となり、違法とされるおそれがあるのに対して、この手法に拠れば、その点は回避できる。ただし、旧福間町公害防止協定事件最高裁判決[*36]に拠れば、条項の内容が強行法規の規定内容に違背するか否か、条項の内容や協定締結の背景に公序良俗違反等がないかどうかについては問題になる。この事件では、協定で約定された処分場の使用期限についての法的効力の有無が問題となった。最高裁は、適法な協定であれば法的拘束力が認められることを前提に、処分場の廃止は、その旨を知事に届ければよく、事業者の自由意思で決せられる事項であるところ、その期限を協定で約定することは廃掃法に反しない、との判断がなされた。法的紛争となった場合には、このように諸条項について、個別的に法的評価をする必要があるというわけであるが、一旦、協定を締結した場合に、それが法的に争われることは、通例、想定しにくいこともあり、上述の「適法性」に留意しておけば、この手法には一定の効果が期待できるであろう。

協定の内容としては、上記使用期限のほかに、

号七四頁）においても同様の理が援用された。

*35　そのリスクについての評価、判断が社会的科学的に容易であればよいが、そうでない場合においては、無謬性を求めることは、現実的には不可能ではないかと思われる。特に、原子力発電所のリスクの見極めなどについては、その評価が極めて困難であろう。

*36　最判平成二一年七月一〇日判時二〇五八号五三頁。

事業者が公害防止のための具体的な措置を講じなければならないこと、搬入できる廃棄物の種類、水質試験を実施し、水質基準につき基準値を超えた場合に操業を停止しなければならないこと、監視人を設置できること、責任保険の締結義務等が定められている。[*37]分断の解消・緩和の観点からいえば、許容リスクの閾値を引き下げ、そうであれば、リスクが顕在化する可能性を低下させる機能を有するものであるが、規制的義務を定める条項のほかに、モニタリングの実施や維持管理情報の開示等については、処分場事業者に対する信頼性を高めるというような心理的な効果に働きかけるという側面も見られる。このように協定によって、産業廃棄物処分場の十全な運営、管理の実現についての総合的な対応を可能としうる。加えて、たとえば新潟県の原子力安全協定[*38]においては、その文脈において災害対策基本法の災害防止計画に定めるべき事項についてまで考慮要素を拡大する動きが見られ[*39]、この意味において、政策実現のための、法体系を超えた諸手段の総合化の可能性をも有するといえる。

なお、都道府県が申請者に対して地元市町村とのこのような協定を締結するよう行政指導する例が多いことはすでに述べたが、それが強制にわたれば前節（1）で見たように協定締約自体が違法とされかねないものの、協定締結を促進する上で、一定の事実上の効果があることは期待できよう。

◉フィードバック、ローカルルールのこれから

産業廃棄物処分場の問題は、処分場自体の問題のみならず、産業廃棄物処理業の許可や監督処分、越境搬出の管理、資源循環の推進による総量削減、処分場としての利用が終了した後の跡地の管理の問題等、論点が多岐にわたり、その対処法について、とるべき手段の選択可能性や利用可能性について、広範な選択肢がありうるところ、行政法規も、それらに対応して適用範囲を拡大しつつある。すなわち、処分場やその周辺の局所的問題から、その視点を鳥瞰へ拡大し、そのような総合的な方策により、処分場設置のリスクの低減が進められているといえる。いずれにせよ、廃棄物処分場の設置そして十全な運営、管理の問題は、

*37　公害防止協定の内容の詳細については、参照、北村（2021: 69-）。

*38　東京電力株式会社柏崎刈羽原子力発電所周辺地域の安全確保に関する協定書（二〇〇八年四月一日）。

*39　新潟県のいう、「原発事故に関する三つの検証」のうちの、新潟県原子力災害時の避難方法に関する検証委員会における検討事項を参照。新潟県ウェブサイト「原発事故に関する三つの検証について」〈https://www.pref.niigata.lg.jp/sec/genshiryoku/kensyo.html〉（二〇二二年一二月三〇日最終アクセス）。

それら全体と関連し、処分場に係るリスクの高低やコントロールもそれらの事情に依存し、各々の局面における適切な制御が必要とされるであろう。それらの問題のいくつかについては法令の改正によってすでに改善され、リスク制御について法定要件に取り込まれつつあることは前述の通りであるが、[*40]それは、ローカルルールにおける試みの一部が法令へフィードバックされた事例といえ、これらにより、もはやローカルルールによる対処を要しなくなっている事項もあろう。しかしながら、公害防止協定については、設置とその管理について、法令を超える規制と、総合的な対策を実施することについて約定し、私法的義務とすることで一定の効果が期待できるところ、このような手法は、行政法規による事前の一律、画一的予防の仕組みと相補的に効果を発揮することが今後も求められ続けるであろう。

3 分断におけるローカルルールの可能性 ——まとめ

環境法分野については、現場の知見から遠く離れ霞が関のレベルで制度設計を行う場合に存する困難から、そこで、地方自治体の取り組みがしばしば先行的な役割を果たすことになることが指摘されている（大橋 2008: 193; なお参照、北村 2021: 7-）。

事例として限定的ではあるが、これまで見てきたことから次のことがいえる。すなわち、前述のローカルルールは、そのような困難も一因をなす国の行政法規に関わる分断について、解消・緩和する志向を有している。まず、一定のグループ間に存在すると考えられる分断について、ある場合に行政法規は、それに起因する紛争を一律的画一的に事前に予防する目的をもって制定されるところ、そのことによる限界もあり、その基準に従うことによっては、ローカルにおける個別具体的な部分で、一部のグループの利益が阻害されるような事態が生ずる。その場合、そのような利益については包摂していなかったという意味で、行政法規そのものが分断線となっていた。

そこでは、ローカルルールは、地域の生活環境の保全等の観点から、まずは、対立する両当事者に働きかけて、既存の行政法規を改変することな

*40 本文に記した事項のほか、一九九〇年代後半に実現した改善例として、埋立終了後の跡地管理の不備の懸念について、維持管理積立金制度の創設などが挙げられる。その他の事項についても、参照、櫻井(2010: 51-7)。

く、両当事者の合意を基本として対立を解消・緩和しようと志向する（行政指導①）。あるいは、行政法規とは異なる新たな基準線をインフォーマルに示してそれに従うよう求める場合もあった（行政指導②）。また、そのような行政指導を要綱という形式で示すことにより、その履行の確保の実現性を事実上高めようとする例も見られる。他方、行政指導や要綱に従い協議を調えるまでは、処分を留保したり、従わない場合に給水や下水道について必要な協力を行わないこととしてその旨を予告するやり方も見られたが、合意を基本とすることで法的に認められている行政指導が強制にわたる場合には違法となる。[*41]

　このような一連の試みを、行政規制の私法化[*42]ということができるであろう。

　一方、地方自治体が、国の行政法規とは異なるローカルの基準を部分的にせよ示し、これに置き換えようとした事例が、産業廃棄物処分場の立地規制条例である。これが正攻法であるように思われるが、しかし、このやり方による場合、国の行政法規と条例との競合の問題があり、法律と同一目的で別段の規制を行うには、法律に、地方における別段の規制を容認する趣旨が含まれていることが必要であるとされるところ、廃掃法制においては、条例による立地規制は基本的には否定されるものと解される。

　このように、私法化の意義としては、まず、行政法規上の基準等を条例制定等により強制することは法律に反するおそれがあるところ、相手方が任意により受け入れることで、回避できる点にある。また、産業廃棄物処分場に関する権限分配の問題についても同様に回避できる。[*43]

　加えて、協定を締結する場合については、そのようなローカルな基準について、地元市町村が申請者等と協議の上、合意をもって定め、事実上、国の行政法規上の基準に置き換えるという手法であるといえ、その際、行政法規上の基準の限界はあるものの、協定内容について相手方の主張を容れて譲歩できる可能性、いわば、交渉可能性もあろう。そして、このことで、行政法規の規定に違背しかねない前述のような目的・効果を実現することを追求し、また、私法上の法的拘束力により、

＊41　そこで、別の方策として、当事者同士の協議を図る仕組み自体を整えようとするのが、中高層建築物紛争調整条例である。法的強制ではないが、合意を行政指導要綱同様に実効性を高めるという意義はあろう。

＊42　私法化の問題点として、差し当たっては、議会の回避が挙げられる。参照、北村（2021: 74）。しかしながら、そのような事態を招来した原因として、行政法規の目的規定、ひいては憲法上の原理を正しく具体化できなかった行政法規の不備があることを捨象してはならない。

＊43　この観点から、原子力安全協定は、国（原子力規制庁）の権限と、地方自治体の権限の競合の問題についても、同様に一定の整理がなされたといいうる。

実効性を高めるというメカニズムも具有するということになる。締結する地方自治体と相手方とにしか、直接的には、効力が及ばないという面もあるが、法定の基準とは異なる基準や手続を示し、遵守を求めることで、結果的に、その効果が地方自治体の住民に及ぶという意味で、本稿におけるローカルルールの文脈に含まれるといえよう。

この協定締結については、「総合化」が見られ、別の法体系に含まれる対策までをも包含する可能性すらあることも述べた。この総合化の手法については、行政上の行為形式上の分類としての行政計画の特徴として知られる。行政計画を定めてそれによるとすること（計画化）*44は、一定の政策目的の実現のために、複数、異種の手段をとりうるような場合で、各種の手段を効果的に組み合わせて実施すべき必要がある場合に適しているとされ、このことは、協定による総合化についても当てはまる。すなわち、適正な産業廃棄物の処分や処分場の操業の維持・達成という目的の実現のためには、各種の手段を効果的に組み合わせて実施すべきであり、実際、協定の内容としてそうした各種の事項が含まれていることは前述の通りである。

計画手法においては、計画上の決定やその実施に際しての住民の参加の機会や専門家や審議会への諮問が設けられることがある。前述のような利害関係者としてのあるいは情報提供者としての住民、科学的知見についての専門家等の参加*45により、決定の妥当性を高めることは、計画手法の特長でもある。特に、原子力の利活用のような、科学的に未知の部分が多く、正確なリスクの評価や判断が、現実的には不可能であるような場合における決定の手続として、必須であろうと考えられるが、協定においてもこれらの手続を活用することが検討されてよい。協定の場合は、当事者の意向を反映させることが第一次的には想定されるが、過去、協定締約に際してパブリックコメント手続を行う例*46も見られた。また、新潟県は、原子力安全協定に関連づけて、原発事故に関する三つの検証委員会を設置し、実効的な対策の実現のために専門家の知見を取り込もうとしている。*47こうした手法は、今後さらに重要となってくるものと思われる。

*44 複雑化した行政課題に対処するためには総合的に取り組むことが不可欠であり、その手法として行政計画は重要性を高めつつある（稲葉ほか 2018: 137）。そのような文脈において、法定計画が創設された最近の例として、海岸漂着物対策地域計画（いわゆる、海岸漂着物処理推進法）、空家等対策計画（空家等対策の推進に関する特別措置法）などが挙げられる。

*45 行政決定に関わる参加の意義については、参照、田村（2006: 3-）。

*46 廃止された旧大山田村環境基本条例（一九九八年）九条二項。環境審議会への諮問についても規定していたとされる。参照、北村（2021: 75）。

*47 参照、前出の新潟県庁ウェブサイト「原発事故に関する三つの検証について」。

4 結びにかえて

最後に、このようなローカルルールのあり方、あるいはそのは創造の経緯が示唆するところとそれに対する私見について、ごく簡単に言及する。

第一に、主に国の行政法規における一律的、画一的に事前の規制の観点から定立された基準の、いわば不備による分断については、分断が可視化された以上は、一時的にはローカルルールによって緩和されたとしても、究極的には基準線そのものを引き直す必要がある。日照利益について、法改正により建築確認の要件に取り込まれたように、この分野においては、その他、それまで捨象されていた要件が法改正によって包摂されつつあるといえる。

しかしながら、このような事例において、行政法規上の基準が万人にとって妥当であるという理想は実現するであろうか。改良版行政法規が、また、新たな分断線を画するかもしれない。その場合、その分断線によって疎外された者が、その解消・緩和のためのアクションを起こさなければならない。であれば、このような事例におけるローカルルールは必要とされ続けるであろう。この点について、私見としては、協議による決定や、ローカルによる基準の置き換え、その前提としての広範な裁量を認めるような方式について、むしろ、国がシステムとして採用するべきではないかと考える。

第二に、行政決定に影響を及ぼす私人の位置づけについてであるが、分断という事象を解消・緩和するという観点からは、ある場合は彼らの任意による歩み寄り等を求め、ある場合には、分断により疎外された権利の主張者として、あるいはその他情報や科学的知見の提供者として包摂してゆくことは、必須であるように思われる。また、決定の基準を定めるにあたってリスク評価などに未知の領域が多く含まれるような場合には、いわば、未知なる未来の決定について、その未来を引き受ける者としての参加機会を設けることもまた必須であろう（和泉田 2016: 178）。このように、分断の解消・緩和の観点からは、私人の参加は重視すべき事項であると思われるが、協定や総合化（計画化）手法にはそのような事項も組み込むことが可能であり、そのような機能は注目されてよい。

【参考文献】

阿部泰隆　2017『廃棄物法制の研究』信山社（所収論文の初出年を〔　〕に入れて示した）.
和泉田保一　2016「環境問題と市民参加」宗像優編『環境政治の展開（講座臨床政治学第六巻）』志學社.
礒崎初仁　2018『自治体政策法務講義〔改訂版〕』第一法規.
稲葉馨・人見剛・村上裕章・前田雅子　2018『行政法〔第四版〕』有斐閣.
大橋洋一　2008『都市空間制御の法理論』有斐閣.
尾崎一郎　2017「複合的分断と法―特集の趣旨」『法律時報』89(9).
織　朱實　2001「産業廃棄物処分場のリスクとは？」『いんだすと』15(9).
香山　幹　2019「3―3　復興・成長時代における建築基準法（昭和編）」日本近代建築法制一〇〇年史編集員会編『日本近代建築法制の一〇〇年―市街地建築物法から建築基準法まで』一財日本建築センター.
北村喜宣　2021『自治体環境行政法〔第九版〕』第一法規.
櫻井　仁　2010「ＮＩＭＢＹと合意形成―国際資源循環の進展下での展望」『季刊政策・経営研究』2010(3).
下山憲治　2014「原子力利用リスクの順応的管理と法的制御」『環境法研究』1.
首藤重幸　2014「原子力規制の特殊性と問題」『環境法研究』1.
高村学人　2012『コモンズからの都市再生―地域共同管理と法の新たな役割』ミネルヴァ書房.
田村悦一　2006『住民参加の法的課題』有斐閣.
中川丈久　2000『行政手続と行政指導』有斐閣.

第Ⅳ部　〈分断〉と社会

入会地紛争にみる差異と分断
――人の移動の観点から金武町杣山訴訟を再考する

西山千絵

一八七九年の明治政府の琉球処分により、すでに一八七二年に琉球藩となっていた琉球王国は解体され、沖縄県が設置された。沖縄は、周縁として日本に組み入れられながらも、一九四五年三月の米軍上陸と占領に引き続いて、一九五二年四月二八日の平和条約の発効によって正式に日本政府から分離されるという歴史を有する。地上戦の大きな犠牲の末に米軍統治下に二七年置かれ、一九七二年に沖縄県として復帰に至り、五〇年の歳月が経った。しかし、米軍が占領中から建設を進め使用してきた基地は、基地所在市町村の平均約一五％の面積を占める状況が続き、狭い平地の上で同居する広大な米軍基地の負担は、県内の政治的社会的対立にも反映されている。辺野古新基地建設をめぐって県が国との係争を抱えることも、周知の通りである。

「基本的に、お互い立っているスタンスが違う……その違いは簡単に融和したり、乗り越えたりできないはず」（目取真 2005: 171）という、自らの拠って立つ基盤への自覚は、凝集力の高い結束をもたらす。すなわち、本書第Ｉ部の西山隆行論文でも取り上げられた集団的アイデンティティの承認は、強いられた変化に直面したこの地域であればこそ、追求されてきた。琉球島嶼間にある差異は容易に一般化できるものではないが、少なくとも沖縄本島を中心に、琉球・沖縄に出自をもつ人という意の「ウチナーンチュ」という語は、確固として生きている。

Ｉ　金武町杣山訴訟

◉「分断」から何を考えるか

「基地を沖縄に押しつけているという現実は見ようともしないその虫のよさ、日本と沖縄の間にある権力構造を自覚さえしていないその傲慢さ」（目取真 2005: 170）との、県外からの一定の移住者、ナイチャーに対するひとつの評価がある。沖縄の複雑な経験・環境に直面した者と直面していない者との断絶や、沖縄の歴史を共有する者と共有しえない者との断絶は重い意味をもつ。それらが存在すること自体を「分断」として問題視するだけでは、単に非対称的な権力関係に無反省的であるとも、無知とも批判されよう。異国の移民先においてすら、「ナイチによるオキナワへの差別」（崎原 1991: 333）を受けたウチナーンチュとしての尊厳の否定や差別の経験は、決してナイチャーとは共有しえないとの見方は、何をもって克服されるべき分断と理解するかという課題を突きつける。

ただ、その一方で、琉球・沖縄と日本との間にあった社会的・文化的な相違は、明治期の土地整理事業に始まって、沖縄返還後に全面適用された移動の自由の下で、縮小傾向にある。現在の沖縄は、交通機関の発達による生活圏の拡大、通婚圏の拡大、さらには技能実習生等の労働者の受け入れにより外国人の増加率の伸びも顕著になってきている。沖縄本島・各離島で変化の進度は異なるが、住民の多様化は――ウチナーンチュと非ウチナーンチュの境界の不明瞭化も――進んでいる。

そこで、沖縄における分断の諸相を探るという本稿の趣旨に照らし、憲法学の見地から、金武町杣山（そまやま）訴訟（以下、単に「杣山訴訟」という）を題材に、次の問題を考えることにした。個人が共同体の一員として存在することへの尊重と、その共同体の外にある個人の尊重との両立を求める、現代の公共性の再構築についてである。

◉駐留米軍基地と軍用地料

杣山訴訟は、沖縄県金武町の入会（いりあい）集団の入会権者の資格要件が、女性差別として公序良俗に違反すると、最高裁で認められた事件である*1。差戻審で和解が成立して、そこから一五年以

*1　杣山訴訟最高裁判決（最判平成一八年三月一七民集六〇巻三号七七三頁）については、当該年度の重要判例として、分析と検討の対象となっていた。本稿では特に、佐々木（2007: 12）、大村（2007: 64）、吉田克（2007: 192）、吉田邦（2007: 752）を参照。

上が経過した。近時の社会学の研究によれば、杣山訴訟は、駐留米軍の軍用地として使用されている部落有入会地の賃料（軍用地料）をめぐる紛争という意味を超えて、「人権を考えるウナイの会」の女性二六名（以下、まとめて「Xら」という）による金武町の「地域社会を内部から問う運動」（桐山 2018: 69）であったとも、評価できるという。

この「内部から」という形容は、確かに的確である。米軍キャンプ・ハンセン内の軍用地料の収益を、自らの入会権に基づいて排他的に受け取っている入会集団（入会団体）は、金武町の町民であれば誰でも入れるものではない。その入会集団のもつ慣習を中心に定まる地縁・血縁等の一定の要件をクリアして、内部に入れる者にしかできない批判なり、運動がある。

金武町には、現在、五つの行政区（自治組織）がある。金武区の場合、地方公共団体である金武町からとは別に、入会団体から直接、区事務所に補助金が拠出されている。それをもとに提供されるサービスは、すべての区民が対象である。金武町に限らず、基地関係収入の割合が高い本島北部の自治体では、原資は公金でもある軍用地料の財産運用収入が多く、市町村財政や、住民へのサービスの格差に影響を及ぼしている。土地の使用が自由にできない以上、軍用地料は受け取らざるを得ない、という一面はある。しかし、かかる現実には、「勤労に基づかない、棚ボタのカネがそこら中にばらまかれていることを異常と感じていない。これを健全な社会といえるだろうか。しかもこのカネは、ひたすら軍事基地を維持したいという『積極意思』を日々育てているのである」（来間 2012: 105）との、代表的な批判も投げかけられてきた。

◉杣山訴訟の概要

さて、入会権者の資格を主張した本件のXらは、「杣山」と呼ばれる林野の一部土地（以下「本件入会地」という）につき入会権を有する者の子孫であり、いずれも女性であり、行政区としての金武区内に住所を有し居住していた。このうち、X_1とX_2のみについては、区外出身であった夫の死亡により戸籍筆頭者として記載されて、世帯主となっていたが、その余のXらは世帯主でない。

本件入会地は、一九〇六年に三〇年の年賦償還で、当時の金武部落民に払い下げられた。そして、本件のYは、本件入会地の入会権者の男子孫からなる入会団体であり、訴訟当時は「金武部落民会」であったが、現在は「金武入会権者会」の名称である（以下「K会」という）。K会は、本件入会地の入会慣習に基づく会則を有し、新たに入会する者については、届出または申出に基づき役員会の議を経ることを要するとして、入会資格の審査を行ってきた。入会に際しては、戸籍謄本、住民票等の提出が義務づけられ、申請者は形式的に世帯主として書類上記載されているだけでは足りず、現実に独立して生計を営んでいる実態が必要とされる。

Xらは、入会権者たる資格を取得したと主張したが容れられず、そこで二〇〇二年、XらがK会の会員たる地位を有することの確認等を求めて訴訟提起した。主な争点は、①入会権の取得に関する金武部落の慣習および会則が合理的な理由なく男女を差別するものであって公序良俗に違反するか否か、②Xらが本件慣習に基づき本件入会地の入会権者たる資格を取得すると認められるか否か、であった。

最高裁判決によれば、本件の入会慣習およびK会会則（以下、まとめて「本件慣習」という）は、訴訟当時、以下の通りと整理された。

ア　〈1〉一九〇六（明治三九）年の本件入会地の払下げ当時に、金武部落民として世帯を構成していた一家の代表者、〈2〉一九〇七（明治四〇）年から一九四五（昭和二〇）年三月までの間に金武部落の地区外から移住した一家の代表者であって、一定の金員を収めるなどして金武部落民の資格を認められた者は、いずれも入会権者であって、入会団体の会員である。

イ　入会権者たる資格は、一家（一世帯）の代表者としての世帯主にのみ認められる。一家の代表者として認められるためには、単に住民票に世帯主として記載されているだけでは足りず、現実にも独立した世帯を構えて生計を維持していることを要する。

ウ　一家の代表者が交替した場合には、新たな代表者が入会権者たる資格を承継する。

ただし、後継者は、原則として男性（男子孫）に限られる。

エ　入会権者の資格承継に際して男子孫の後継者がいないか、あるいは幼少の場合には、例外的に会員の妻が入会権者たる資格を取得できることがある。女子孫しかいない場合には、女子孫が一代限りで入会権者たる資格を取得できる。

オ　男子孫が分家して金武部落内に独立の世帯を構えるに至った場合は、届出により、入会権者たる資格を取得できる。独身の女子孫は、五〇歳を超えて独立した生計を営み、金武部落内に居住するなど一定の要件を満たす場合に限り、一代限りで入会権者たる資格を取得できる。

カ　女子孫が金武部落以外の男性と婚姻した場合は、離婚して旧姓に復しない限り、入会権者たる資格は認められない。

◉軍用地料の収受・管理と入会権

一般に、入会権とは、一定の地域の住民が一定の山林原野等において共同して収益、主として雑草、薪炭用雑木等の採取（入会稼）をする慣習上の物権であるというのが通説的見解である（我妻 1983: 427）。本件入会地でも、かつては共同して材木の伐採や薪等の採取をするといった収益行為により、部落の住民による入会地の使用が行われていた。しかし、その利用形態・収益の性格は、米軍の侵攻と、沖縄戦の後の駐留継続によって変化した。本件入会地は、入会権者が自ら入会地に入って薪等の採取をするという意味での使用はできず、国が賃借した上で米軍基地として使用され、その賃料を入会団体のK会が収受・管理している。つまり、もはや入会稼は行われていない。

杣山訴訟の最高裁判決は、本件入会地を第三者である国と契約して利用させる契約利用の形態へと移行した入会権の存在を確認し、「その賃料は、入会団体である被上告人により管理されているというのであるから、本件入会地について、いまだ入会権が消滅したものともその性質を変容したものともいうことはできない」と扱ったところに、ひとつの意味がある。そして、入会権は入会団体に総有的に帰属するため、「各世帯の構成員の人数にかかわらず各世帯の代表者にのみ入会権者の地位を認めるという慣習は、入会団体の団体としての統制の維持という点からも、入会権行使における各世帯間の平等という点からも、不合理ということはでき……ない」として、最高裁は、Xらのうち、世帯主となるに至ったX_1とX_2について、原判決を一部破棄し、原審に差し戻した。しかし、世帯主でないその余のXらはいずれも敗訴となり、明暗を分けた。

◉杣山訴訟が与えた効果

　最高裁判決を受けて、K会は、二〇〇六年五月の総会で会則を改正し、正会員資格を入会権者の「子孫」で「現に金武区域内に住所を有している者」とし、その上で、「K会活動を行う世帯主」の要件を明記した。さらに、同区在住の女子孫世帯に対する一代限りの支給を定めていた女性の準会員の条項を削除したとされる（琉球新報二〇〇六年六月二一日夕刊、沖縄タイムス二〇〇六年六月二三日朝刊）。ただし、差戻後控訴審では、現実にも独立した世帯を構えて生計を維持している世帯主の要件に関して、X_2の娘世帯との同居の扱いをめぐりYとX_1・X_2側との主張は平行線となり、結局は、両者に正会員資格の取得を認めることを条件に、和解が成立した。「資格要件の具体像が浮かび上がった可能性もあったが、和解により解明には至らなかった」（沖縄タイムス二〇〇六年一一月二八日朝刊）という指摘は、後進の女子孫への影響という点で、示唆的である。

　杣山訴訟は、直接的には、軍用地への地域の関心を喚起し、正会員資格の取得という形で、女性／男性の取扱いの平等化に寄与した。他区の入会団体においても同様の改正が行われたのは、本件慣習について、「性別のみによる不合理な差別として民法九〇条の規定により無効」との最高裁の判決を、Xらが得たことに伴う成果であり、波及的効果といえる。二〇〇六年度の会員数が六四〇人だったのに対し、二〇〇七年度は八九九人に拡大し、女性会員はさらに一二三人が新規加入したという（琉球新報二〇〇七年一一月一三日朝刊）。

2 町面積の約五割強を米軍基地が占める町

◉金武における入会団体の影響力

一九七〇年代後半の金武町に関して、次のような分析がある。「町を構成する多数の住民が軍用地料収入を入手し、しかも、中川区や一部の『寄留民』を除いて、区行財政の恩典を受けている。このことが本来なら当然過疎化するような条件下にあるこの町が多く（勿論相対的にだが）の人口を扶養できている根因であろう」（野原・今村 1982: 176）。金武町の統計（金武町 2018: 24）によれば、そこから金武町の人口はゆるやかに増加し、直近の二〇二二年一月現在でも一一五〇〇人弱を維持する。基地建設のための土地の接収によって、実際に、金武町内の各部落の入会地は、入会団体に属する各世帯に年間数十万程度の補償金をもたらす土地となった。さらにいえば、後述のように、町も収入を得ることになる。行政区も同様であり、各入会団体への軍用地料の分収金は四つの区に充当され、各区の公共的施設建設、サービスの提供、そのための人件費の確保は、原資への批判は措くとしても、住民一般に対して恩恵を与えている。

そうすると、同訴訟にあらわれるK会は、どのような存在と位置づけられうるか。前節（Ⅰ）で述べた本件慣習のア〈2〉にも示される通り、かつて、この入会集団は、部落外から移住してきた家の代表者には、一定の制限の下で入会権者たる資格を認めていた。ゆえに、部落民であることと入会権者であることとの乖離は、基本的に小さかった。しかし、一九四五年三月以降、転入者の入会の途は閉ざされ、入会地と周辺住民との関係は切断されている。「Y〔入会団体〕は二〇数億円の貯蓄を有した住民団体なのであり、基礎自治体にも類した公共性を帯びることは否定できない」（吉田 2007: 775）との指摘は、そうあることが客観的には望まれるとしても、K会の名称に象徴されるように、団体の性質として普遍的ではないであろう。むしろ特殊的、個別的な団体といいうる。

◉自治体による軍用地料の分収

金武町の場合、現行の五つあるうちの四つの行政区における各入会団体は、軍用地料を直接国から受け取るのではなく、一旦は金武町の一般会計の財産収入として計上されたものを、町から分収金として配分を受ける。「旧慣による金武町公有財産の管理等に関する条例」（旧慣条例）において、「金武町と当該部落民会の両者において各々一〇〇分の五〇宛分収するものとする」（四条）と規定されることから、町と、条例に対応した各部落の入会団体とで、半分ずつ分収される。

もっとも、行政区画の変更で戦後設置された中川区のみ、別途の扱いを受けている。「中川区だけは昭和一五年から一六年の県営開墾のさいに入植者が定住してできた部落であり、したがって、旧入会地がないため、当然地料収入もない」（野原・今村 1982: 169）ことを理由に、分収金はない（なお、一九七七年当時の中川区長が適正額の分収金の交付を陳情したところ、当時の九月村議会にて不採択となっている）。そこで、専ら、「行政区の年間運営財政が軍用地料を受領する……団体からの直接の補助金という形によって予算が組まれること」（瀧本・青木 2017: 99）にも照らし、町から補助金が交付されている。なお、各行政区の格差是正の目的による中川区への町の補助金支出に対しては、不満の声が出たという（難波 2015: 134; 牧野 2020: 46）。

地域全体といった抽象的な観点ではなく、「先輩」の築いた、自らのルーツの部落有地の歴史的・財産的価値をまもろうとする観点に立てば、入会慣習に基づき資格を認められた「後を継ぐ」人々は、その立場から外れる住民[*2]よりも多く受益してよいと考えることになろう。「金武町は米軍基地とともに、外から移住者が増えてきた。祖先伝来の財産を守るため……子孫に承継していく手段方法としてつくられた団体であり会則がある。……会長として約七百人の会員の権利および財産を子々孫々まで守る使命がある」との、本件第一審判決後に出されたK会会長の談話（沖縄タイムス二〇〇三年一二月一八日朝刊）には、かつての金武部落（入会集団）の会員世帯に限って、補償金の個別配分が行われていることの背景の一端があらわれている。

●入会団体に生じた排除性

「私権主体としての入会団体が、公共団体に対してのみならず、他の私権主体と利害対立の関係に

*2　金武町旧並里区から中川区へと住所変更した一部住民（源原組）が、入会集団の会員としての共同作業に参加していなかったこと等を踏まえて、入会集団たる旧並里区から離脱したものとして入会権の喪失が認められた、那覇地判平成一八年三月二二日判時一九五二号一四五頁の事例は参考となる。

陥ることがあるのは、当然のことである。……私権主体としての入会団体は、それ自体としては『共』を代表しえない」（楜澤 2010: 225）。[*3] このことは、高い収益を生み出す入会財産を抱える入会集団の事例に照らして、正鵠を射た指摘であろう。「社会の流動性が高まり、ムラの構成メンバーと入会団体の構成メンバーにずれが生じれば生じるほど、潜在的利害対立は顕在化する。特に入会財産の価値が大きいときに利害対立は先鋭化する」（楜澤 2010: 225）。ましてや、入会権者らが使用できない入会地であって、資源の保全のために自らの資本を投じたり、実際に資源の維持管理をせずともよい状況では、新規住民の労働力等の貢献は、必要とされない。

入会資格を限定する閉鎖的な団体となった点で、K会は、入会団体の内外を分ける境界を地域に形成することになった。もっとも、自らが属する集団とそこに属しない住民との間に区別を認めることが、必ずしも「共」への無関心を意味するわけではない。土地に根ざした団体の一員として生きることは、帰属アイデンティティを与えるばかりでなく、足元の地域への公共的貢献にその者の関心を向かわせることもある。杣山訴訟におけるXらについても、同様である。「基地を抱える地域社会で行われた、基地と軍事主義に抗する日常生活に根ざした抵抗運動」（桐山 2018: 93）とも見立てられたように、特殊的、個別的な共同体への帰属を志向しつつ、主観的には、「共」の普遍的観点に立ったものであったかもしれない。Xら自体は、「一方で区事務所中心の反基地運動や平和運動に参加しつつ、他方ではまったく自主的なグループによって要求運動をたたかった」（桐山 2019: 12）もので、基地の存続を容認する立場にはなかった。

◉任意団体の公共性

しかし、いわゆる「タイトなローカル・コモンズ」（井上 2011: 13）としての入会地では、入会集団の構成員と地域住民とは必ずしも同質・同等の存在ではない。その資源に際限があるという意味で、特定の集団のみに開かれ、フリーライダー的な利用に伴い資源を費消されるのを防ぐための統制が、重視されてきた。Xらの主張も、自らの入会団体

＊3　ここでいう「共」とは、『国家＝公』でも『市場＝私』でもないその中間に位置する『社会＝共』（楜澤 2010: 205）であり、私的であると同時に公共的な世界の存在を指す。

の会員としての「権利」を私有財産権的な性格のものと捉えつつ、K会による主体的な意思決定を通じた地域への社会的責任として、利益の還元を構想していたようである。[*4] しかし、ここで問いたいのは、会員の基準に入会権者の子孫以外を含めない任意団体たる入会団体に対し、住民の合意形成の場としての公共性を承認できるのか、ということにある。

同じ金武区の住民でも、一九四五年三月以前の入会権者の家と縁をもたない住民——すでにそこから七〇年以上が経過する——は、自らの行政区内の軍用地をめぐる問題の《自治》の外に置かれる。かつての金武部落民の子孫からなる共同体に固有の意義を認めることは、同じ年齢、同じ居住年数の住民の間にも、差異を認めることでもある。「連帯を生み出す社会的な凝集力それ自体が分断を引き起こす力になりうる」(正村 2017: 100) とするならば、こうした共同体の内部連帯もまた、社会の分断の契機となりうる。一定の出自をもつ個人とそうでない個人の間の区別なり格差に依拠することは、前者のみが包摂される私的自治のレジームを再強化する方向に作用し、後者の住民や、周辺地域の利害関係者等の疎外をめぐって、見解の対立を増幅させるといえる。

3 入会地の公共性・共同性に立ち戻る

◉「古い革袋と新しい酒」

所有権は、憲法二九条一項において私人に帰属することが認められているところ、「最高裁は、財産権的価値を有する権利を各人が単独で自由に使用、収益、処分することに、『財産権の原型』をみている」(木下・只野: 359〔木下〕)。他方で、入会権は、個人を中心とした財産制度においては異質であって、各戸(家ないし世帯)を単位とする点に特徴づけられ、入会慣習による集団的な統制・制裁を受け入れることが求められる。それでも、住民の生活・生産上のニーズがある自然資源について、住民が共同して管理・利用する入会権は、そこに一定の共同体的・社会的な公共性を見出しうるところに、法の保護があった。では、入会地自体の共同利用に代えて第三者に使用させ、その収入を分配するという債権的性格が前景にあらわれたK

＊4 「ウナイの会が教育・福祉サービスの改善を述べる際、金武町への要望は一言も出されず、入会団体の軍用地料の使途として裁判やインタビューで主張していた」(桐山 2014: 49)。

会の入会権は、どうか。法的には、契約利用形態としての入会権の一形態として整理可能であったとはいえ、その効果として極度な保護が与えられることになったと、いえなくもない。

杣山訴訟で承認された入会団体のあり方は、周辺住民による参画の方向性がない点で、農業・林業等の生産に従事する、資源を分け合うなど、利害の共通性により住民が組織化された旧来の入会団体のそれとは、意義を異にする。公共性を動機とする分収金の使途にかかわらず、また、受益者でもある地域住民の多くが肯定的な立場であるとしても、閉鎖性が強く、排他的に分収金を自ら管理し処分することを活動内容とする入会団体に対して、公共的性格を――「私的でかつ公共的な世界＝『共』を体現する団体」（楜澤 2010: 224）――であることを期待するには限りがある。

◉「軍用地コモンズ」と弱い行政

「分断は、客観的次元では格差の拡大として現れる差異化と、主観的次元では人々の多様な意見を二つ（もしくは少数）のグループに集約していく同質化……によって引き起こされる」（正村 2017: 99）ところ、「その差異化された人々を組織化する手段」（正村 2017: 100）となっているのは、本件では、合計するとかなり高額の、軍用地料である。基地に抵抗するという共通項をもつ人々にも、基地の存続を容認する人々にも、既存の入会集団を通じた軍用地料の個別配分がある。かかる状況については、「『排他性』と『競合性』という軍用地コモンズの問題（軍用地コモンズの悲劇）が、そのまま露出している」（難波 2013: 43）との指摘が、当てはまるであろう。入会団体と住民との分断は、軍用地の現状がもたらす帰結でもあって、入会地それ自体ではない。本件入会地は、現在、K会の会員が直接自由に立ち入ることはできず、かつての入会集団の姿はそこにない。あえていえば、入会集団の構成員としてのアイデンティティの共有を追求することは、実際には難しくなっている。それでも、基地返還により入会利用は変化する可能性をもつ。たとえば、金武町の軍用地は基本的に山林原野であるから、仮に林業・農業目的での転用がなされることがあれば、生産活動に関わり、資源管理をなしうる労働力が必要となる。今後、「経済的合理性ではとうてい説明できない軍用地料水準は、明らかに政治価格というべき」（川瀬 2014: 26）ことを勘案すると、入会財産の価値は、軍用地の返還によって相応に下落すると見込まれる。*5 そのとき、「地域全体の財産ともいうべき林野が、将来に基地から開放されたときに、どのように保全し利用するかの展望」（小川 2005: 27）によっては、また新しい住民や組織など多様な主体を包含する、現代的コモンズに向けた可能性を開きうる。

入会団体の公共性・共同性が復元する途はそう容易ではない。*6 軍用地主に対するインセンティブの付与、入会地の収益を高める計画や転入住民の取扱いなど、跡地利用に向けた自治体の介在は不可欠であろう（難波 2015: 129-130; 川瀬 2014: 24-27）。しかし、「現在の金武町と各区の財政に大きな比重を占める軍用地料は、先人たちの血と汗で贖われたものであり、町民はその果実を受け取っている」（金武町 1991: 33）との拱手傍観するに等しい消極的な立場では、跡地利用問題に関与することすら難しい。最近、町内の地下水源からは、隣接するキャンプ・ハンセンが有力な汚染源と考えられる有機フッ素化合物（PFOS、PFOA）等が、しばしば検出されており（沖縄タイムス二〇二一年九月一七日朝刊等）、健康への影響という共通の利害・脅威にも町は直面している（この場合、基地外に居住する米軍人・軍属とその家族とも利害が共通する）。生活圏に米軍基地があり、軍用地は、基本的に町の住民全般の日常に関係する土地であるという現実に対し、公共的な議論のプラットフォームの形成が十分に進んでいるとはいいがたい。

4 「二項対立」の分断にどう向き合うか

◉隔たりをつなぐ公共性の作法

「［Xらは］基地維持の利権構造に異議を申し立て、女性の人権の拡大や、日常生活における反基地への抵抗の意志を示す運動という要素を持っていたにも関わらず、運動が家父長制や入会権の問題に限定するかたちで理解され、県内ばかりでなく、町内の全女性の問題とならず、……孤立さえ招いた」（桐山 2018: 83）。この問題提起は、本書のテーマ「分断」に照らして示唆的である。Xらの

*5 軍用地料は、一人当たり県民所得が全国でも低い沖縄にあって、対立を生じさせうるものとなる。それゆえに、その受け取りの事実や具体的金額を表だって口にすることが憚られる場面は多く、依然として県内で正面から扱うことは難しい問題である。沖縄社会の文化、生活に大きく質的変容をもたらしたとして、反対の立場を表明し批判を加えてきた来間泰男は、「すべて『通常』の状態に戻り、これまでの『異常』を解消するということでしかない」（来間 2015: 221）とする。

*6 沖縄県宜野座村の惣慶区の入会団体では、同区に本籍、住所をおき満一〇年以上経過した他地域出身の「戸主」につき、一定の義務を果たし、総会等の意を得て、賦課金を納入すれば準会員としての資格を認める余地を設けるという（難波 2013: 40）。

運動の目指す射程には、本件慣習にみる男系中心の原理に対する批判を伴った、旧来の地域の慣習的規範における女性差別の解消があった。しかし、訴訟という作法の限りでは、かつての金武部落との間に縁をもたない「よそ者」の女性には直接関係のない、閉じた地縁・血縁共同体の内側にいる者の間での、限定的な女性差別への反対といえなくもない。和解成立後一五年以上を経て、もたらされた変化は、条例、会則、広報、新聞報道（県紙）等の表層部分にはあらわれていないように思われるが、「女性たちの連帯は……依然、過渡期にある」（桐山 2019: 284）との見方もあり、当該地域への波及的効果に関する研究の蓄積を待ちたい。

最も大きな問題は、入会団体を通じた地域の「自治」と住民自治との間の乖離であろう。K会に関する、「原始権利者や追加的原始権利者の子孫以外の居住者を排除するのはなぜか」（大村 2007: 65）、米軍の基地利用に伴う入会地の影響を受ける住民を包摂する方法たりうるかという問いは、行政にも、Xらにも、投げかけられる。現状のK会は、住民のための団体といっても、地域・血縁的に結びついた住民とそれ以外の資格を「もたない」住民との区別に立脚するものである。そして、これら個人を架橋する「公共性」の実現における行政の役割は、希薄であり現状追認的といいうる。

◉真の「チャンプルー社会」とその論理

地域住民の隔たりは、もはや単純な二項的図式には還元できない。人の移動の自由の保障の効果として、自らの出身地や家族の母語、帰属意識の異なる個人が、そこかしこに生活している。象徴的であるのは、米軍基地のゲート前に立地する歓楽街である、金武町「新開地」で働く他地域出身、もしくは外国籍の女性従業員らへの性暴力に関して、「原告グループ〔Xら〕は新開地女性について口ごもり、その関係は聞き取りや日常的なつきあいからは見えてこない。……彼女らの中にも新開地地区への差別意識があり、新開地地区の状況を見ないようにしてきたとも思えることだ」（桐山 2016: 192）と、指摘される箇所である。ここには、被害を受けたのは新開地の女性だけではないとの理解が含まれているが、地縁・血縁的バックボーンをもつ女性と特に「もたない」女性との立場の相違も、考慮すべきであろう。地元と血縁を結んだ、地域住民としての主体性を当然として疑わないでよい者と、たとえば「五〇年もここで生活している。いつになったらこの地域の住民と認められるのだろう」（桐山 2016: 178）と問うような者とでは、隔たりがある。社会で十分に可視化されない存在について留保したまま、「共」を体現しようとすることの限界が浮き彫りとなっている。

グローバルな人の移動の時代にあって、地域の共通課題を、地域の裕福かつ有力な団体の判断に依拠してではなく、住民全体の公正の観点から解消するためには、多様な住民の包摂への試みが、「共」を代表する作法として欠かせない。ルーツの差異に基づいた共同体の一員として存在することの尊重も、一面では重要であろう。ただし、それと同時に再認識されるべきであるのは、「沖縄が『チャンプルー社会』であり、独自の『チャンプルー文化』があるという言説に対する疑問」（野入 2010: 334）が、アメリカ人（American）と、アジア人（Asian）＝沖縄出身の親をもつ「アメラジアン」の子どもへの差別を問う研究において、顕在化していたことである。ルーツの差異をもつ者もまた個人として等しく尊重されることは、「チャンプルー社会」の基本的前提にほかならない。

「そこに外国人がいる、アメラジアンがいる、さまざまな文化があるというだけでは『チャンプルー』にはならないのではないか」（野入 2010: 335）[*7]。それは無言のうちには実現されず、意図的なコミュニケーションを媒介せずして、様々な差異をもつ人と人の間は結節されない。閉じた私的結合に属する自由があるとしても、社会的影響力に乏しい個人も地域の一員として尊重されること、一定の地域に共存し共通の課題を有する個人、集団に開かれることにおいてしか、「共」的な主体というに足る公共的基盤は形成できないものと考える。

5 最後に

本稿を閉じるにあたり、固有名詞を捨象する憲法学を振り返って、頭の片隅に置かれる裁判例をもう一つ挙げておきたい。一票の較差をめぐる最高裁平成二四年一〇月一七日大法廷判決[*8]であり、

*7 沖縄におけるダブルの子を取り巻く環境に関して、米軍基地問題に帰因する、『共生』ということを簡単に口にすることができない苦さを〈日本〉は知るべきであろう」と、あわせて指摘されている（野入 2010: 337）。

*8 民集六六巻一〇号三三五七頁。

そこでの千葉勝美裁判官補足意見にみられる「全国的に均質性の高い……国家」という、わが国に関する一つの視点である。そこから、こぼれ落ち、埋没しているかのような地域の存在感の希薄さを、私は移住後ようやく意識することになった。沖縄のことである。

全国を抽象的に均質に捉えるというのは、住宅地域と在日米軍専用施設・区域とが隣接する自治体を含む地域も、たとえばまた、原子力発電所の事故で放射能汚染の被害を受けた区域を抱える自治体を含む地域なども、過去でしかないその地の歴史すらも捨象して、国内に設置される選挙区や各地の日本を一律平板に捉えるということである。「全国的な視野からの検討が必要になる」側面を多分に有する国の外交防衛課題にも、内と外とを分ける境界の端緒を見出すことができる。

軍用地問題の原因となる基地が置かれるに至った地上戦の代償は、地域住民ではなく、主に土地の所有者への金銭補償の問題へと転化していったという沖縄の個別的文脈がある。そして、本稿で取り上げた金武町杣山訴訟の舞台は、まさに米軍とその基地の介在によって特殊化した入会地である。彼我の相違に直面し、変質した社会の混乱に翻弄された住民に、そこで生じる諸問題の自己解決・解消が委ねられたという過酷な状況は、沖縄の基地所在地域のコミュニティの内における分断という単純な文脈だけでは語りえないであろう。移動の自由に基づく社会を持て余し、重層的な分断が生まれるべくして生まれる地域構造の存在は、町、県、そして国の課題でもある。

【参考文献】

井上　真　2001「自然資源の共同管理制度としてのコモンズ―森・川・海の資源共同管理を考える」井上真・宮内泰介編『コモンズの社会学』新曜社．

小川正一　2005「入会権者の女子孫の入会権継承および取得―沖縄県の事例―」『地域研究』1．

大村敦志 2007「判批」『平成一八年度重要判例解説』有斐閣.
川瀬光義 2014「基地跡地利用政策をめぐる財政問題」『商学論集』82(4).
桐山節子 2014「戦後沖縄の軍用地料の配分と女性住民運動―二つの地域の比較研究」『社会科学』44(3).
桐山節子 2016「戦後沖縄の基地と女性―人の移動とライフヒストリーから」『社会科学』46(1).
桐山節子 2018「沖縄の基地と地域―軍用地料問題と女性運動」『社会科学』47(4).
桐山節子 2019「沖縄の基地と軍用地料問題―地域を問う女性たち」有志舎.
金 武 町 1991『金武町と基地』.
金 武 町 2018『平成二九年度版第八号 統計きん』.
来間泰男 2012『沖縄の米軍基地と軍用地料』榕樹書林.
来間泰男 2015『沖縄の覚悟―基地・経済・〝独立〟』日本経済評論社.
楜澤能生 2010「持続的生産活動を通じた自然資源の維持管理―ローカルコモンズ論への法社会学からの応答」『法社会学』73.
崎原 貢 1991「ハワイ移民史神話」『沖縄文化研究』17.
佐々木雅寿 2007「判批」『平成一八年度重要判例解説』有斐閣.
瀧本佳史・青木康容 2017「軍用地料の『分収金制度』(10)―北部四市町村と軍事基地：地域を分断する軍用地料―」『佛教大学社会学部論集』64.
木下智史・只野雅人編 2019『新・コンメンタール憲法〔第二版〕』日本評論社.
難波孝志 2013「沖縄の軍用地におけるコモンズの諸問題―杣山《そまやま》の軍用地料分収金をめぐる諸相」『大阪経大論集』63(5).
難波孝志 2015「沖縄軍用跡地の過剰開発プロセスにおける自治体の役割」『日本都市社会学会年報』33.
野原全勝・今村元義 1982「軍事基地群集中地域における地域開発問題―金武町伊芸区を中心に」『商経論集』18.
野入直美 2010「アメラジアンはチャンプルーの構成要素になっているか?」石原昌英・喜納育江・山城新編『沖縄・ハワイ―コンタクト・ゾーンとしての島嶼』彩流社.
牧野芳子 2020「沖縄本島における字のリアリティ―北部の軍用地と住民関係に関する考察」難波孝志編『米軍基地と沖縄地域社会』ナカニシヤ出版.
正村俊之 2017「社会的な分断と連帯の現代性」『学術の動向』22(10).
目取真俊 2005『沖縄「戦後」ゼロ年』日本放送出版協会.
吉田克己 2007「判批」『判例時報』1968.
吉田邦彦 2007「判批」『民商法雑誌』135(4=5).
我妻 榮 1983『新訂 物権法（民法講義Ⅱ）』有泉亨補訂、岩波書店.

災害対策関係諸法制度の複雑さがもたらす分断

――「社会的亀裂」を広げる要因の考察

向井洋子

近年、自然災害に関するニュースをよく耳にするが、実際に被災してみないとわからないことも多い。かくいう筆者もその一人である。熊本に着任して二週間後、熊本地震が発生した。ほとんど知り合いがいない中での被災を機に、筆者はこれまでの価値観を大きく変えた。東北地方で「東の食の会」[*1]を運営する高橋大就氏の言葉を借りれば、「周りの人も地域も一緒によくなっていこう」と考えなければ「成功しても社会の分断が起こって」いく、[*2]という価値観へと変わったのである。被災者の感じ方に個人差があるとはいえ、大規模災害からの一体的な復興に失敗すると被災地域が分断すると考えられることは多い。生活再建に成功した人々と復興から取り残された人々を二項対立図式でセンセーショナルに報じられることが少なくないからである。

それでは、被災地の一体的な復興を妨げるとするなら、分断の要因は何であろうか。本稿は、災害対策関係の法体系[*3]の複雑さを要因として論じたい。

*1　東の食の会ウェブサイト（公開日不明）〈https://www.higashi-no-shoku-no-kai.jp/about〉（二〇二二年一月二二日最終アクセス）。

*2　DRIVE「ローカルベンチャー」（二〇二一年五月一八日公開）〈https://drive.media/posts/30092〉（二〇二二年一月二二日最終アクセス）。

*3　本稿は、日本法令索引の法令沿革の表記にあわせ、個々の法律の改正表記および略称を用いる。

I　わが国の「社会的亀裂」と分断

被災地の分断を考えるにあたって、政治学の古典的な議論を振り返る。リプセットとロッカンの『亀裂構造と有権者連携』である。リプセットらは、それぞれの社会において歴史的に形成されてきた「社会的亀裂」が存在し、先進国の政党システムを規定していると指摘した（Lipset & Rokkan 1967: 554）。

この議論をわが国に当てはめると、一九七〇年代以降、都市―地方の「社会的亀裂」が日本政治に大きな影響力を与えてきた（岡田 2006: 167-189）と考えることができる。五五年体制を念頭に、都市を代表する左派政党と地方の農村を代表する自民党の間に大きな亀裂があるという見方である。

岡田の見方は、一九九三年に衆議院本会議が地方分権の推進に関する決議を行ったことを踏まえたものといえる。国会決議の「さまざまな問題を発生させている東京への一極集中を排除して、〔中略〕地方分権を積極的に推進するための法制定をはじめ、抜本的な施策を総力をあげて断行していくべき」[*4]という文言は、わが国に都市―地方の「社会的亀裂」があることを暗に示しているからである。高校卒業を契機に若い世代が都市の大学や職場に移動し、地方の農村部に高齢者が取り残されることで加速する都市―地方の「社会的亀裂」は、想像しやすいだろう。

もちろん、経済のグローバル化による工場の海外移転や高齢化の中での地方公共団体の負担増加といった問題もあるが、地方公共団体の試行錯誤は「社会的分断」を修復する側面もある。熊本県の「くまモン」を利用した民間企業・団体の商品などの売上高は増加を続け、二〇一一年から二〇二一年までの売上高の合計額は九八九一億円にものぼる（熊本県 2021）。地方公共団体の試みにより創出された雇用は、若い世代をその土地にとどめる効果があるからである。

こうした地方公共団体の試行錯誤を含みつつ、都市―地方の「社会的亀裂」があるとするなら、従来の災害研究の議論は何が問題なのだろうか。

災害研究では、「社会的亀裂」を飛び越して分断を論じてしまうことが問題といえる。たとえば、

*4　内閣府「地方分権の推進に関する決議（衆議院）」（平成五年六月三日）〈https://www.cao.go.jp/bunken-suishin/archive/category04/archive-19930603.html〉（二〇二二年一月二二日最終アクセス）。

被災地の中で生じる二極化による被災者の分断の考察（頼政ほか 2020: 67-81）や分断の類型化（林 2015: 93-98）がある。これらの先行研究のうち、林の類型化は、大きく分断の現れ方と分断の要因で分類してから、それぞれ、地域間・被災者間・被災者家族内・被災者―非被災者間、被害程度・リスク認識・生活設計の方向性・時間経過・体験共有の度合いに分けている。林のように、災害が起きたことによって突然分断が生まれたというイメージで論じた研究は、災害研究分野では多い。

　しかし、災害によって突然に分断が生じるのだろうか。そんなことはあるまい。本稿は、災害によって都市―地方の「社会的亀裂」が広がり、分断に発展すると主張したい。リプセットらが「亀裂」を定義してこなかったため、数多の研究者が「亀裂」「社会的亀裂」「政治的亀裂」を論じてきたが、いまだその定義は確立していない（間 2006: 69-85）。それでも、都市―地方の格差を「社会的亀裂」とみなす意義はあると考えられる。

　次に、用語の定義をした上で、分断の要因が災害対策関係諸法の複雑さであることを説明したい。

2　用語の定義と「霞が関曼荼羅」*5

同じような災害でも、地形や都市化状況によって被災状況は異なり、被災した地方公共団体の首長らの指導力や時期によって復興状況は変わってくる。もちろん、被災地で用いられる言葉も違う。そのため、ここで本稿が用いる用語を定義したい。

　第一に、「災害」である。「災害」は災害対策基本法（災対法、と略す）が「暴風、竜巻、豪雨、豪雪、洪水、崖崩れ、土石流、高潮、地震、津波、噴火、地滑りその他の異常な自然現象又は大規模な火事若しくは爆発その他その及ぼす被害の程度においてこれらに類する政令で定める原因により生ずる被害」と定義している（災対法二条一号）。法律の改正がない限り、新型コロナウイルスのような感染症は「災害」に含まれない。

　第二に、「被害」である。災対法二条が定義していないため、内閣府が管理運営する「防災のページ」で公開された被害情報に記載されたものとしたい。ただし、この情報は状況に応じて柔軟に変わる性格のものである。

＊5　二〇二一年一月一五日、滝沢ガレソ氏が環境省「日本発の脱炭素化・SDGs構想」の図を会員制交流サイトのツイッターで取り上げたことによって広まった用語。

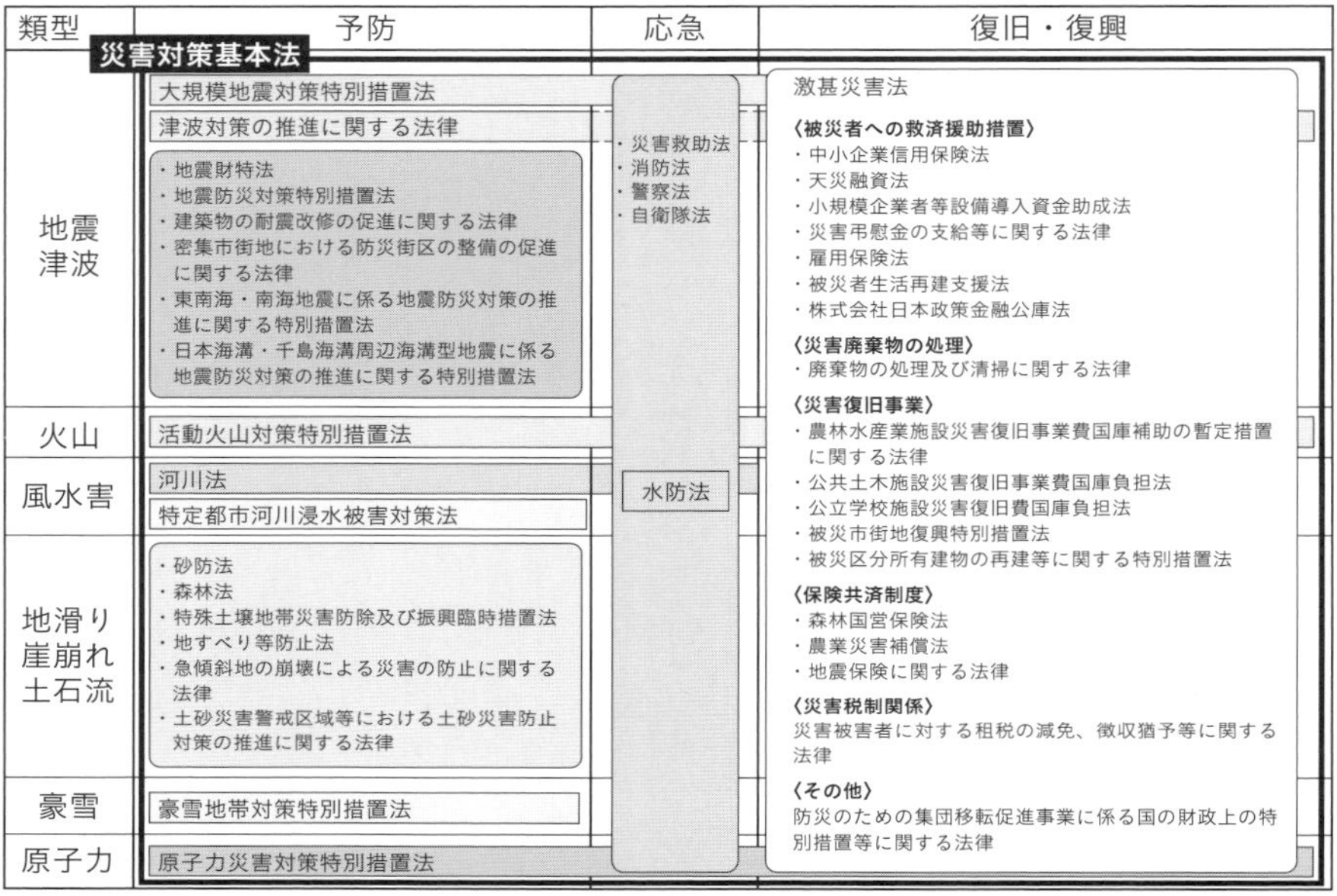

（出典）内閣府ウェブサイトａより抜粋

図1　内閣府「主な災害対策関係法律の類型別整理表」

第三に、「緊急災害」「非常災害」「激甚災害」である。「緊急災害」「非常災害」は、それぞれ内閣府に対策本部が立ち上がったことをもって認定する（災対法二四条および二八条の二）。

第四に、「災害対策関係諸法」である。これは「災害への対応を明文化した法律のまとまり」としたい。すでに、内閣府政策統括官（防災担当）付参事官（総括担当）付が、**図1**のように類型別に整理したものを公表している（内閣府ウェブサイトａ）が、その体系は非常に複雑である。こうした霞が関の国家公務員が作成する複雑な図式は、「霞が関曼荼羅」とよばれることとする。

もちろん、これは政府の立場から整理したものであって、被災者の立場で整理したものでないからだという見方もあろう。しかし、被災者の立場で整理しても、やはり複雑であった。東日本大震災時の無料法律相談の内容、すなわち「リーガル・ニーズ」の分類も、二四種類にのぼった（岡本 2014: 7）。被災者の立場から整理しても、複雑であることに違いないのである。

政府から見ても被災者から見ても、複雑な災害対策関係諸法がつくる制度の理解は難しい。筆者が理事をつとめる災害NPOや共同代表をしている災害支援団体でも、複雑な法律や制度を知らないばかりに二重ローンを組んでしまった被災者の話を聞く。あるいは二重ローンを組むことを恐れて住宅を再建せず、仮設住宅に住み続ける選択をする被災者もいる。災害救助法二条で救助の対象とされた災害で住宅ローンや事業性ローンなどの債務を弁済できなくなった個人は、所定の債務手続によって新たにローンを組む必要がなくなる（自然災害による被災者の債務整理に関するガイドライン）*6にもかかわらず、である。こうした出来事は被災地では少なくない。

二重ローンの事例を振り返ると、法律や制度の知識へのアクセスの有無で、被災者の復旧・復興に差が出てくるといえる。そして、法律や制度の知識をもつ人々は都市に多く地方に少ない。なぜなら、高齢化がすすんだ地方の農村部に法律家や専門家の仕事は少ないからである。高齢化のすすんだ地方の農村部被災地にやってきて被災者支援をする法律知識をもつ災害ボランティア・弁護士や学識経験者はきわめて少なく、農村部被災地の「リーガル・ニーズ」に対応するのは、被災地がある地方公共団体の職員に集中しがちである。被災者が相談窓口の混雑を避けているうちに、自らを周辺化し、外部との関わりを分断してしまうことも出てくる。東日本大震災の時、被災した高齢女性が一人で家の片づけを行っていたところに、通りすがりのボランティアが手伝いを申し出たところ、「うちはそれほど大きな被害を受けていないから、もっと大きな被害を受けたところへ行ってください」といわれたエピソード（関 2016: 97）は、この典型例といえよう。ここに、都市／専門知識へのアクセスが多い―地方／専門知識へのアクセスが少ないことによる「社会的亀裂」の構造を見ることができる。

こうした被災地の実態を背景に、なぜ、災害対策関係諸法は「曼荼羅」化したのか。次に、災害

*6　各都道府県の弁護士会で相談窓口を設置しているところが多い。熊本弁護士会「支援専門家の委嘱依頼受付」（二〇一六年七月七日公開）〈https://kumaben.or.jp/saigai/saigai_cat_2830/〉（二〇二二年一月二四日最終アクセス）。

表1　主な大規模災害と災害対策関係諸法

災害	法律
1946　南海地震	1947　災害救助法
1959　伊勢湾台風	1961　災対法 1962　激甚法
1967　羽越豪雨	1973　災害弔慰金法
1995　阪神・淡路大震災	1996　特別非常災害特別措置法 1998　被災者生活再建支援法
2011　東日本大震災	2011　東日本大震災関連法*7 2012　災対法（二次改正） 2013　災対法（一・二条による改正） 復興法

（出典）筆者作成

対策関係諸法の概要を振り返り、代表的な法律の立法過程から災害分野における「霞が関曼荼羅」の功罪を論じたい。

3　災害対策関係諸法の立法過程

わが国の災害対策関係諸法は、歴史的に、大規模な災害が起きた後に制定ないし修正されてきた（土田 2018: 6-19）。南海地震後の災害救助法、伊勢湾台風後の激甚法と災害弔慰金法、阪神・淡路大震災後の特定非常災害法、東日本大震災後の災対法改正と復興法がある（風間 2002: 1-82）。これら諸法を抽出整理した**表1**を見ると、二〇一三年まで、大規模な災害の発生後、その対策が立法化されてきたことを確認できる。

◉災害対策基本法

災害対策関係諸法の中心にあるのは基本法たる災対法である。災対法法案は、一九六一年一〇月六日、池田内閣から衆議院と参議院へ同時提出された。一〇月二七日、衆議院本会議の採決を経て、一〇月三一日に付帯決議付きで可決した（第

＊7　東日本大震災に関わる法律をまとめた表記である。具体的には、東日本大震災復興基本法とこれに連なる法律の体系を指す。

二九回国会議事録　災対法審議）。*8

ただし、被災者の救済、被災した公共建築物の修復、中央政府と地方政府の権限分担について十分に議論しなかった。日本社会党の川村継義は、「災害対策と防災対策に関する責任の所在をただし、災害対策への財政法上の特別の措置と弔慰金等の実現」を求めたことに対し、自民党の池田隼人総理大臣は、「財政金融に関する措置には一章設けているものの、地方と中央の負担区分については別の統一法に譲る」としたからである。弔慰金についてては「災害救助法を応急措置とし、今後の拡大を検討していく」と答弁した（同前）。

こうして、財政法上の特別の措置と弔慰金等の実現についての二つの付帯決議は、激甚法と災害弔慰金法となったのである。

◉阪神・淡路大震災後の災対法「災害緊急事態宣言」の問題化

災対法の制定後、ほとんどの災害は災対法で対応できた。これに対応できなかったのが一九九五年の阪神・淡路大震災である。

発災後すぐ、自民党の小沢潔国土庁長官を本部長とする「平成七年兵庫県南部地震非常災害対策本部」は応急措置を実施した。そして、総理大臣の村山富市は自らを本部長とする「兵庫県南部地震緊急対策本部」へ移行したが、災対法に基づく災害緊急対策本部を設置しなかった（平成一七年防災白書: 240）。すなわち、災対法に基づく「災害緊急事態」宣言ではなく、兵庫県南部地震の「緊急事態」宣言を行ったのである。

「災害緊急事態」と「緊急事態」の違いは何か。一九九五年時点での災対法では、私権制限を含む「災害緊急事態」宣言には国会の承認を必要とした。またこの時、国会の承認が難しかったとされている（牧 2011: 199）。

ここで、なぜ国会の承認が難しいのかについては、掘り下げて考える必要がある。災対法一〇六条が求める国会の承認は「これを発した日から二〇日以内」であるから、一月二〇日から開会予定であった第一三二回国会で承認を求めればよかったわけである。また、閉会中審査という方法もあった。各議院の常任委員会と特別委員会は、その議

*8　以下、国会の審議過程は、国会議事録システム〈https://kokkai.ndl.go.jp/#/〉（二〇二二年一月二四日最終アクセス）にて検索であがってきたものを抜粋して省略して記載する。

院の議決があれば閉会中でも審査を行うことができるからである。そこで、国会議事録システムを用いて、一九九五年一月の閉会中審査の議事録を検索したところ、阪神・淡路大震災にかかる案件は審議にあがってこなかった。

国会の承認をうける方法があったのにそれを求めなかったのは、村山の判断であろう。この村山の判断を考えるにあたって、二つの論点がある。

第一に、災対法が定めた災害緊急災害の基準が関東大震災レベルだったことである（防災行政研究会 2016: 654）。一九二三年の関東大震災の死者・行方不明者は約一〇万人だったことに照らせば、阪神・淡路大震災の被害が大きいといっても、関東大震災レベルとはいいにくい。関東大震災規模（マグニチュード）の災害が起きたとしても、建築技術や防災技術が飛躍的に向上した二〇世紀末の日本で、関東大震災と同等の被害とみなせるかは、村山でなくとも判断に迷うだろう。

第二に、左派政党社会党の村山に、私権を制限する「災害緊急災害」の宣言ができたのか、ということである。災対法成立後すぐに追加された一〇六条が国会の承認を求めた趣旨は、「緊急事態の布告がなされると法律で私権の制限がなされること等の重大な効果が生じる」ことへの懸念である（防災行政研究会 2016: 656）。この懸念は、左派政党の議員がもちやすい。阪神・淡路大震災後の第一三二回国会審議において、村山と同じ社会党の衆議院議員石橋大吉や参議院公明党の横尾和伸にもこの懸念が強くあらわれていたからである。石橋は、関東大震災時の戒厳令と流言による朝鮮人惨殺への懸念、大災害が発生した際であっても公安委員会が自由に私権を制限することに抵抗があると主張をし、横尾は警察権限の悪用・乱用防止策への懸念を質問した（第一三二回国会議事録　災対法改正審議）。こうした状況の下、一九九六年一月五日、社会党総理大臣の村山は、突如辞意を表明した。「自分の能力の限界」を感じたからだという（村山 1998: 154）。

災対法が定めた災害緊急災害の基準が高いために「災害緊急災害宣言」を出せないのだとすれば、その基準を緩和する法改正が必要となった（第一三二回国会議事録　災対法改正審議）。

◉特定非常災害特措法制定による政令での対応

村山が発出をためらった「災害緊急事態」とはいったい何なのだろうか。類似概念を並べると、非常災害、特定非常災害、緊急災害がある。災対法が定義している非常災害は「規模その他の状況により当該災害に係る災害応急対策を推進するため特別な必要があると認めるとき」（災対法二四条）、緊急災害は「著しく異常かつ激甚な非常災害が発生し、又は発生するおそれがある場合において、当該災害に係る災害応急対策を推進するため特別な必要があると認めるとき」（災対法二八条の二）である。「特定非常災害」は、「著しく異常かつ激甚な非常災害」（特定非常災害特措法二条）である。つまり、大規模災害のうち、被害の規模の小さいものから、非常災害、特定非常災害、緊急災害となっていることがわかる。

次に、これら三つの災害の運用を見ると、「特定非常災害」の特異さが目につく。非常災害と緊急災害が災対法によって運用方法が示されていることに対し、「特定非常災害」は、「当該非常災害の被害者の行政上の権利利益の保全等を図り、又は当該非常災害により債務超過となった法人の存立、当該非常災害により相続の承認若しくは放棄をすべきか否かの判断を的確に行うことが困難となった者の保護、当該非常災害に起因する民事に関する紛争の迅速かつ円滑な解決若しくは当該非常災害に係る応急仮設住宅の入居者の居住の安定に資するための措置を講ずることが特に必要と認められるものが発生した場合には、当該非常災害を特定非常災害として政令で指定するものとする」（特定非常災害特措法二条）となっている。要するに、「特定非常災害」は法律ではなく、官僚の裁量で対応できる災害なのである。

しかも、特定非常災害特措法は、「兵庫県南部地震に係る特措法」のような、阪神・淡路大震災への対応を目的とした限定的な名称にしていない。あえて「特定非常災害」としたのである。この法律の名称に関わる点は、衆参両院の災害対策委員会でも本会議でも議論されていない（第一三六回国会議事録　特定非常災害特措法審議）。この法律は何をもたらしたのか。

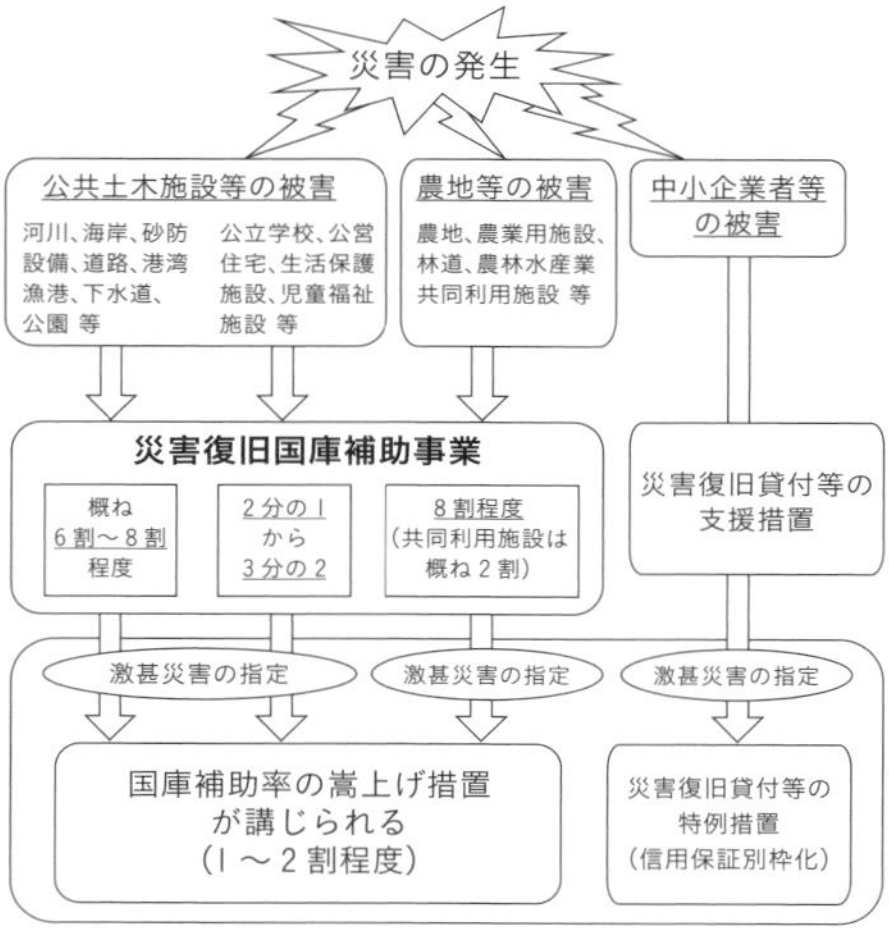

（出典）内閣府ウェブサイトbより抜粋

図2　激甚制度の概要

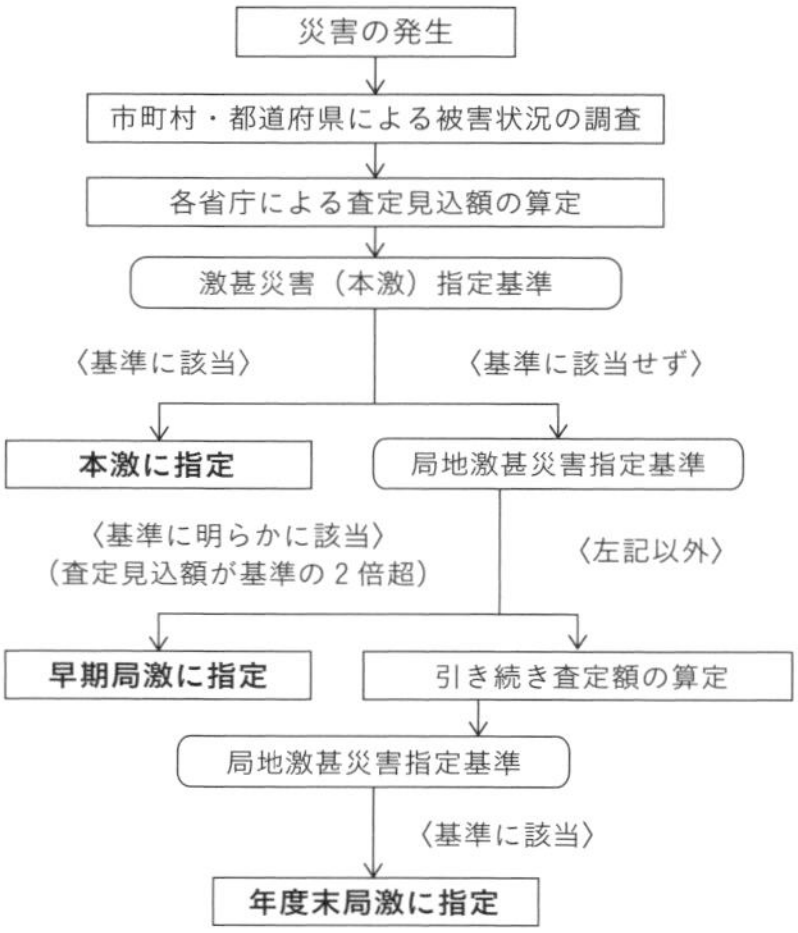

（出典）内閣府ウェブサイトbより抜粋

図3　激甚災害指定の流れ

◉緊急災害宣言を出さなかったことから生じた民主主義の歪み

特定非常災害特措法の成立は、政令で発災後の対応をする道を広げた。たとえば、公共建築物などへの被害復旧を援助する激甚法指定基準の緩和である。そもそも、激甚法の運用は、制度も指定の流れも、**図2**と**図3**（内閣府ウェブサイトb）で示したように、単純ではない。

公共土木施設等の被害でも、施行令（政令）が規定した指定基準は三つあった。全国的な被害を示す「本激」のAとB、局地的な被害を示す「局激」である。本激Aは二つの基準のうち一つを満たせばよいが、本激Bは一つの必須基準に加え、選択基準のうち一つを満たさなければならなかった。しかし、一九八四年以降の指定が阪神・淡路大震災の一件のみであったことから、二〇〇〇年、「激甚災害に対処するための特別の財政援助等に関する法律施行令の一部を改正する政令」を公布して指定基準を緩和したのである。

激甚災害指定制度が複雑なので、例を挙げて、もう少し説明しよう。標準税収三〇兆円の自治体

表 2　激甚災害指定の基準変更（2000 年）

標準税収入に対する査定事業費割合		対象	旧	新
本激 A	必須基準	都道府県	4%	0.5%
		市町村	4%	0.5%
本激 B	必須基準	都道府県	1.2%	0.2%
		市町村	1.2%	0.2%
	選択基準	都道府県	100%	25%
		市町村	25%	5%
局激	必須基準	市町村	100%	50%

（出典）内閣府ウェブサイト b より筆者作成

があったとする。旧基準であれば、公共土木施設関係の災害の復旧の査定額が約一兆二〇〇〇億円でなければ本激 A に指定されなかった。だが、新基準では一五〇〇億円の査定額で指定されるのである。査定額が官僚の判断で八分の一に引き下げられたことになった。これによって、指定を受ける激甚災害の数は飛躍的に増加した。これらの基準変更を、新旧対象条文を整理して**表 2** で示した。

こうして、官僚の判断によって大規模災害に対応する道が広がったことが、災害対策関連諸法をめぐる「霞が関曼荼羅」を生み出したと考えられる。「霞が関曼荼羅」は、政治家が判断を先送りする場合、国民の安全や財産を守る応急措置の機能を果たすとはいえ、民主主義の観点からは消極的な評価とならざるを得ない。被災者が制度を理解しにくく、直接救済制度にアクセスするハードルを上げた点で、直接民主主義的な側面を毀損しているように見えるからである。また、選挙で選ばれた政治家に責任回避を許した点で、間接民主主義的な側面も毀損していると考えられよう。

それでは、再び災害緊急事態レベルの大災害が発生したとき、間接民主主義のしくみで選ばれた政治家は「災害緊急事態」を宣言したのだろうか。

4　東日本大震災後の被災地分断と被災地のチカラ

二〇一一年三月一一日、わが国は再び未曾有の大災害に襲われた。東日本大震災である。

東日本大震災の発災時、民主党政権の総理大臣の菅直人は、「災害緊急事態宣言」を発出しなかった。基準緩和の法改正を行っていたにもかかわらず、災対法に基づく「災害緊急事態」を宣言しなかったのである。それでも、災対法に基づく「緊急災害対策本部」を閣議決定により設置した（内閣府 2012: 10, 77-78）。また、原子力災害対策特別措置法に基づく「原子力緊急事態」を宣言した（内閣府 2012: 25）。

菅が頑なに「災害緊急事態」宣言を出さなかったことについて、内閣府は次のように総括している。「内閣府では、東日本大震災における初動対応や政府の実施した各種災害応急対策について、課題・教訓のとりまとめを行っているが、今後、甚大な災害が発生した際には、初動期には、適時適切な被災者支援を実施するために、緊急災害対策本部事務局の機能の強化を図るべきである」（内閣府 2012: 77-78）。すなわち、東日本大震災の初動対応と応急対策の課題・教訓は、政治家ではなく、官僚に権限を集めるべき、ということである。

私権を制限する「災害緊急事態」宣言を時の総理大臣が出せない理由は、日本社会党や民主党といった左派政権だったからなのか、それとも災対法が「災害緊急事態」宣言の法的範囲を明確にしていないからなのかは、わからない。しかし、内閣府は、「緊急災害対策本部」の長たる総理大臣が災対法に基づく「災害緊急事態」宣言を出す制度的枠組みの構築を求めた。特に、災対法を中心とする災害対策関連諸法の基本的な考え方を変更し、自然災害における「緊急事態」の法的効果の範囲を明確にした法体系の構築の必要性を強調した（内閣府 2012: 79）。

こうしてなされたのが、災対法の大がかりな改正（二〇一三年災対法）と、大規模災害からの復興支援を規定した「大規模災害からの復興に関する法律」（復興法）である。東日本大震災にかかる一連の法律は、東日本大震災復興基本法を中心とした法体系とされ、二〇一三年年災対法と復興法から切り分けられた。災害分野における「霞が関曼荼羅」は、間接民主主義が機能するように法改正された一般的な大規模災害分野と、直接民主主義的なしくみを取り入れた東日本大震災分野とに、形を変えたのである。

◉直接民主主義要素を取り入れた試みが生む分断

東日本大震災復興基本法を中心とした法体系は、復興に関わる多様なしくみを網羅した。なかでも、本稿は、「自助」「共助」を重視した直接民主主義的なしくみに注目したい。

行政機能が低下する大規模災害の際や、少子高齢化がすすみ地区防災力の低下が見られる場合、地域に住む住民一人ひとりの力が重要になる。東日本大震災復興特別区域法に基づく復興推進計画を策定すると、様々なものが特例の対象となった。たとえば、応急仮設建築物等の特例、設備投資に係る即時償却などの税制上の特例などである（内閣府 2013: 50）。東北の被災地で特区が実施した試行錯誤は全国規模に拡大し、二〇一四年から三か年の「地区防災計画制度」のモデル事業となった。特に、二〇一六年に選出された七地区では、複数回のワークショップを開催し、大学教授などの有識者懇談会の各委員をアドバイザーとして派遣し策定支援を行った（内閣府 2017: 57）。この事業は、直接民主主義的な復興のしくみといえる。

しかしながら、分断という点では、「自助」「共助」を重視した特区における復興推進計画策定は、被災地あるいは他の地域の「社会的亀裂」を広げたと考えられる。復興推進計画の質あるいは計画の有無によって、地域間の格差が生じ人口移動に結びつくからである。

二〇一五年から二〇二〇年の人口増減を算出すると、東北の被災三県で人口が増加しているのは、岩手県盛岡市近郊の滝沢市、矢巾町、北上市、宮城県の仙台市都市圏、福島県福島市、相馬市、郡山市近郊の大玉村・三春町、いわき市、西郷村、のみである。各県の中核都市とその周辺への人口移動が加速している（菅野 2020: 37）。この人口増加地区を「地区防災計画制度」のモデル地区に選ばれた東北の被災三県に当てはめると、アドバイザー派遣を受けた宮城県仙台市青葉区片平地区のみ、人口が増加していることがわかる（仙台市ウェブサイト）。そのほかのモデル地区では人口は増加していない。岩手県大槌町安渡地区、宮城県石巻市上釜地区、福島県桑折町半田地区（内閣府 2017: 57）は、先に挙げた人口増加地区に入っていない。

ここからわかることは、「自助」「共助」を重視した直接民主主義的なしくみは被災地の分断に結びつきかねないことである。これは復興のすすむ都市の被災地と復興のすすまない農村漁村部の被災地の間にあった「社会的亀裂」をより広げたと見ることができるし、分断に発展させたと見ることもできる。

ではなぜ、被災地であっても都市部は人口増加傾向にあるのだろうか。

●被災地のチカラ、仙台市における市民協働の伝統

都市部の被災地で人口増加傾向が見られる要因として、これらの都市では専門知識をもつ人々が多く、専門知識へのアクセスが多いことを本稿は指摘したい。特に、仙台市は、市民協働の伝統をもっていることも影響すると考えられる。

仙台市は、一九五八年代から七期二六年以上の長きにわたって、弁護士の島野武が市長をつとめ、革新的な市政を続けてきた。「健康都市」の建設方針を打ち出した島野は、全市民への協力を呼びかけるとともに、市の全職員に協力を要請した。愛市運動実行委員会、医師会、婦人会をはじめとした各団体から参加してもらい、地に足をつけた実践運動を繰り広げてきた。この全市運動は、仙台市が行う市民とのコミュニケーションに独特の規範性やルールをもたせる苗床となっていった（菅野 2020: 177-178）。

また、一九九三年、市民派の藤井黎が市長に当選すると、市民参加型シンクタンク「仙台都市総合研究機構」を設立し、市民協働を前面に掲げた市政を展開した。阪神・淡路大震災以降、一九九九年を「市民協働元年」と位置づけ、東日本大震災後の二〇一五年、仙台市市民公益活動の促進に関する条例を協働によるまちづくりの推進に関す

る条例に改訂した。この市民協働の市政から得られた知見は、市が市民運動や民間組織とコミュニケーションをとること、自発的な市民事業が社会ネットワークを形成しながら様々なイノベーションを創出すること、市が市民事業の創出したイノベーションを受け入れることの三つに集約できた（菅野 2020: 262-264）。

半世紀以上にわたって市民協働の市政を行ってきたことにより、仙台市には、「リーガル・ニーズ」に対応できる人材が育っていたと考えられる。これらの人材が直接民主主義的な市民協働の伝統をさらに根付かせ、東日本大震災に際しても市民参加型の復旧・復興政策を試行錯誤し続けているのである。

ただし皮肉なことに、この仙台市の市民協働の伝統と復興後の発展は、周辺の地方自治体から人口を吸い上げる結果にもなっている。仙台市都市圏では一体的な復興をしているが、宮城県内あるいは東北被災三県まで視野を広げると、仙台市都市圏／専門知識へのアクセスが多い―仙台市都市圏外／専門知識へのアクセスが少ない、という「社会的亀裂」の構造を生んでいる面も忘れてはならない。

5 法改正後の大規模災害から
――熊本地震の知見

本稿は、被災地の一体的な復興を妨げる分断の要因をその土地にあった「社会的亀裂」とし、災害復興関係の法体系の複雑さが、被災者の中に法律や制度の知識へのアクセスに差を生み、分断に広がっていくと論じてきた。また、一見すると一体的な復興に見えても、視野を広げると分断に見える可能性も示した。

他方で、東日本大震災後、災害対策関連諸法の大がかりな改正ののちに発生した熊本地震では、これまでの問題点をフィードバックさせた形で防災体制の見直しがなされた（内閣府 2017: 2-48）ことも指摘しておきたい。この新しいしくみの中で行われた熊本地震の復旧・復興では、「社会的亀裂」を広げたのではなく、むしろ修復した事例が見られた。熊本県益城町櫛島地区の事例である。

二〇一三年に成立した復興法が住民主体の復興

計画を促進していたこともあり、最も大きな被害を出した地区のひとつ、熊本県益城町は、町の総合計画に復興計画を組み込む形に修正し、復興の主体を住民と明記した。そして、復興計画策定委員会の下部組織に専門部会を設け、任意で設立した各地区のまちづくり協議会から意見聴取する枠組みを設定した。まちづくり協議会は、防災関連施設を設置するための計画策定をすすめた。そして、二〇一九年一二月、益城町は、各地区の計画の集大成である『復興まちづくり計画（避難路・避難地編）』を完成させたのである。櫛島地区では、地元大学の教員と学生の協力を得て、地区住民が月二回の話し合いを継続し、計画を策定した。また、この計画策定を通して地域の伝統行事を復活させ、地域住民の一体的な復興につなげたのである（向井 2020: 167-178）。

熊本地震後の櫛島地区からの知見は、仙台市の市民協働の伝統から得られたものと基本的に同じであったが、一体的な復興を促す要素が加わった。それが櫛島地区の事例で特徴的だったゲートキーパーの存在である。外部の専門家らから取り入れる情報を精査するゲートキーパーの役割を担った住民は、法律や制度の知識を理解し蓄えた。そして、近隣の地域、あるいは別の災害の被災地に、ボランティアとして赴き、ゲートキーパーとして の経験と教訓を伝え続けている。

【参考文献】

間　寧　2006「亀裂構造と政党制—概念整理と新興民主主義国への適用」『アジア経済』47(5).
岡田　浩　2006「社会的クリーヴィッジと政党システム—日本における都市農村クリーヴィッジの検討」『日本比較政治学会年報』8.
岡本　正　2014『災害復興法学』慶應義塾大学出版会.
風間規男　2002「災害対策基本法の制定—防災政策ネットワークの形成」『近畿大学法学』50(1).
菅野　拓　2020『つながりが生み出すイノベーション—サードセクターと創発する地域』ナカニシヤ出版.
関　嘉博　2016「東日本大震災における復興とボランティア」『フォーラム現代社会学』15.
土田宏成　2018「二〇世紀日本の防災」『史学雑誌』127(6).

林　大造　2015「ボランティアにおける共有不可能生性と『道具』」神戸大学震災復興支援プラットフォーム『災害復興学―阪神・淡路二〇年の歩みと東日本大震災の教訓』ミネルヴァ書房.
防災行政研究会　2016『逐条解説 災害対策基本法〈第三次改訂版〉』ぎょうせい.
牧　紀男　2011「行政の災害対応」『自然災害科学』30(2).
向井洋子　2020「住民主体の復興まちづくり計画策定に関する考察―熊本県益城町櫛島地区の事例を中心に」『日本災害復興学会論文集』15.
村山富市　1998『そうじゃのう…村山富市「首相体験」のすべてを語る』第三書館.
頼政良太・宮本匠　2020「デモクラシーと災害ボランティア―分断された社会をつなぐ中間領域」『災害と共生』4(1).
Lipset, Seymour M. & Rokkan, Stein. 1967. "Cleavage Structure and Voter Alignments." *Party System and Voter Alignments*. Free Press.
熊本県　2021「報道資料：くまモン利用」(二〇二一年二月九日公開)〈https://www.pref.kumamoto.jp/uploaded/attachment/129499.pdf〉(二〇二二年一月二八日最終アクセス).
仙台市ウェブサイト「地域情報ファイル（片平丁小学校区）」(公開年月日不明)〈https://www.city.sendai.jp/aoba-chiikishinko/kurashi/manabu/chiikikatsudo/chiiki/fuairu/documents/r2-006-katahira-2.pdf〉(二〇二二年一月二八日最終アクセス).
内閣府ウェブサイトａ「災害対策法制のあり方に関する研究会（第一回）参考資料二」(二〇一一年九月一二日公開)〈http://www.bousai.go.jp/kaigirep/kenkyu/saigaitaisakuhousei/1/〉(二〇二二年一月二八日最終アクセス).
内閣府ウェブサイトｂ「『激甚災害指定基準』、『局地激甚災害指定基準』及び『激甚災害に対処するための特別の財政援助等に関する法律施行令』の一部改正について」(公開年月日不明)〈http://www.bousai.go.jp/kohou/oshirase/h12/120324/120324.html〉(2020-8-31)〉(二〇二二年一月二六日最終アクセス).
内閣府　2005『平成一七年防災白書』.
内閣府　2012『平成二四年防災白書』.
内閣府　2013『平成二五年防災白書』.
内閣府　2017『平成二九年防災白書』.

事業継続とレジリエンス思考
――災害による分断を乗り越える

吉川晃史

地震や洪水等の災害は、経済社会活動に対してハード面、ソフト面から損害を与え、事業運営に対する各種の「分断」をもたらす。企業や自治体は各種分断をいかにして乗り越えて事業継続を果たしていくのか。

事業継続には、災害からの被害をいかに最小限にするかという事前の防衛と、受難した被害からできるだけ早く復旧するために、ＢＣＰ（Business Continuity Planning：事業継続計画）／ＢＣＭ（Business Continuity Management：事業継続マネジメント）を策定して運用することが、分断対策として重要であるといわれる。しかし、想定外であることが多い災害に対して、ＢＣＰ／ＢＣＭをうまく機能させることは容易ではない。

本稿では、熊本地震からの復興事例を取り上げ、地理的分断、サプライチェーンの分断からの克服事例を取り上げ、ＢＣＰ／ＢＣＭの有無にかかわらず、事業継続にはレジリエンス思考が鍵概念となることを確認する。レジリエンスは「回復力」、「弾性（しなやかさ）」を意味し、「外的な衝撃に耐え、それ自身の機能や構造を失わない力」（枝廣 2015: 19–20）である。復旧力をもちながら、想定外の事象に柔軟に対応して、新しい方向性を打ち出せる発想方法が重要となる。

最後に、自助・共助・公助を前提とした社会制度のデザインにレジリエンス思考を取り込んでいくことが重要になることを示唆する。

I　経済社会の分断とレジリエンス

震災といった自然災害や、感染症によるパンデミック（世界的大流行）は、経済活動に大きな影響を及ぼす。災害大国の日本においては、阪神・淡路大震災、東日本大震災をはじめ、大規模な災害を経験してきた。地震だけでなく、温暖化の影響による水害が毎年のように各地を襲い、新型コロナウイルス（COVID—19）は我々の社会様式そのものの変革を迫る。まさに災害は、企業活動を止め、国民の社会生活を止め、社会を分断させる。

たとえば、日本経済の基盤を支えるわが国の製造業は、生産拠点、販売拠点がグローバルに至り、最適なサプライチェーン・マネジメントを構築することが経営の要諦となっている。しかし、災害のたびに、そのサプライチェーンは分断され、その立て直しを迫られてきた。

また、サプライチェーンの分断だけでなく、災害は、様々な分断を引き起こす。筆者が熊本学園大学所属時に経験した熊本地震においても、モノの流れのサプライチェーンだけでなく、鉄道、道路が寸断されて人の流れが分断してしまった南阿蘇の事例、事業が引き継がれない世代間の分断リスクに直面した事業者がいた。

本稿では、2において災害によって引き起こされる各種の分断とそれに対する国家レベルの対応と、組織におけるBCP／BCMの基本的な概念を説明する。そして、3では、熊本地震で生じた各種の分断を克服してきた事例を紹介する。最後に、分断克服に資する要素として、いかにレジリエンスを高めるのかというレジリエンス思考が鍵であると論じる。

本書読者の多数派であろう法律を学ぶ者にとって馴染みのある概念とはいえないと思われるレジリエンスについて先に概説する。レジリエンスは、元来、「反発性」や「弾力性」を意味し、外圧が加わっても、再び、元の姿に戻れる力という意味で使われていた。レジリエンスの定義は一義的ではなく、各研究分野で定義づけがされる。しかし、各分野で共通していることは「外的な衝撃に耐え、それ自身の機能や構造を失わない力」である（枝廣 2015: 19-20）。

著名な環境ジャーナリストである枝廣淳子は、レジリエンスの概念について、生態学と心理学の分野から整理する。生態学においては、生態系を対象として、「正常な状態」、「外部からの影響」、外部からの影響を受けた「現在の状態」、現状を正常な状態へと回復させる「潜在的な回復力」の関係をループで示し、生態系の能力をシミュレーションする。たとえば、地震、洪水、山火事、大雨、干ばつ等の気候変動、人間による伐採や汚染等の攪乱に耐えて、生態系が回復する場合がある。そして、生態学においては、気候変動等の攪乱に耐え、機能特性を失わずに回復する生態系の能力を「レジリエンス」という（枝廣 2015: 27-32）。

また、心理学においては、たとえば、トラウマ体験やストレスによって、精神的な負担から立ち直れる者と、立ち直れない者がおり、両者の違いを生み出すものを「レジリエンス」という（枝廣 2015: 55）。つまり、ストレスのある状況や逆境でも、うまく適応し、精神的健康を維持し、回復へと導くものがレジリエンスである。

そして、社会生態系において、レジリエンスとは、本質的に同じ機能・構造・フィードバックを保持するために、変化（change）を受けながらも、攪乱を吸収し、再編成するシステムの能力をいう（Walker et al. 2004）。

本稿では、レジリエンス概念を「外的な衝撃に耐え、それ自身の機能や構造を失わない力」と理解し、それを念頭に置いた思考をレジリエンス思考（Walker & Salt 2006）として議論を展開する。

2　分断される経済社会と事業継続

◉災害の時代における各種の分断

日本においては、一九九三年北海道南西沖地震、一九九五年阪神・淡路大震災、二〇〇四年新潟県中越地震、二〇一一年東日本大震災、二〇一六年熊本地震といった被害をもたらす地震を経験してきた。多くの地震学者が警告しているように、日本列島は一九九〇年代半ば以降に活動期に入り、むこう三〇年の大地震発生確率は、首都直下地震七〇％、南海トラフ地震七〇～八〇％となっている（国土交通省 2020: 126-127）。火山の噴火や津波災害に加えて、それらに伴う原発やコンビナート等の危険施設の誘発事故も懸念される（岡田・秋山 2016: 3）。

また、二〇一八年の西日本豪雨、二〇一八年台風二一号による関西国際空港の水没、関東地方を襲った二〇一九年台風一九号、大規模な線状降水帯から集中豪雨をもたらした二〇二〇年の熊本豪雨をはじめ、毎年のように、台風、集中豪雨、土砂災害、竜巻、雪害が発生し、いわば「今や、日本列島は災害の時代に入っており、いつ、どこで、どのような自然災害が起きても不思議では」ない（岡田・秋山 2016: 17）。

一九九五年の阪神・淡路大震災では死者は六四三四人に達し、道路・鉄道・電気・水道・ガス・電話などのライフラインは広範囲で寸断し、家屋被害は全壊一〇・五万棟、半壊一四・四万棟のほか、七〇〇〇棟以上の家屋が全焼した。その他、道路七二四五か所、橋梁三三か所、河川七七四か所破壊し、被害総額は一〇兆円以上にのぼった。

東日本大震災は、二〇一一年三月一一日に発生した東北地方太平洋沖地震による災害およびこれに伴う福島第一原子力発電所による災害である。地震規模はマグニチュード九・〇で、発生時点で日本において観測史上最大の地震だった。地震により最大一〇メートルによる巨大な津波が発生、震災による死者・半壊・行方不明者は一万八四三四人、建築物の全壊・半壊は合わせて四〇万二六九九戸におよび、日本政府は震災による直接的な被害額を一六兆円から二五兆円にのぼると試算した。

このようにして災害は、ハード面、ソフト面の様々な点で経済社会活動の各種の分断を引き起こす。

典型的には、災害によるサプライチェーンの分断により、企業はその活動の停止を余儀なくされ、結果として経済に多大な影響を及ぼす。*1

熊本地震による生産停止はサプライチェーンの途絶をもたらし、その影響は国内他地域や海外にまで波及した。たとえば、ソニーではデジタルカメラや監視カメラ向けイメージセンサーの世界シェアの約五割を握っているとされるが、同工場の生産が約三か月にわたり停止し、世界のデジタルカメラメーカーへのデバイス供給が滞り、市場が品薄となった（鹿嶋 2018）。

*1 サプライチェーンの分断は災害だけでなく、需給面のアンバランスはじめ各種の要因から発生しうる。

また、二〇一六年四月一六日に起きた熊本地震では、阿蘇大橋が崩落し幹線道路が塞がれ、また、南阿蘇鉄道は線路の損傷が大きく、復旧するのに橋の架け替え工事費約四〇億円を含めて計約七〇億円かかるという状況で、人の往来の流れが分断されてしまった。

◉事業継続に対する国家レベルの対応

それでは、自然災害といった社会への脅威に対してどのように対処すればよいか。

災害に対する対応として、「自助」、「共助」、「公助」という基本的な考え方がある。「自助」とは、家庭あるいは企業自らが日頃から災害に備えたり、災害時には事前に避難したりすることである。「共助」とは、災害時に要援護者の避難に協力したり、地域住民と消火活動や炊き出しを行ったりするなど、周囲の人々・組織と助け合うことである。「公助」とは、市役所や消防・警察による救助活動や支援物資の提供をはじめとする公的支援のことである。災害時には、自助・共助・公助が互いに連携し一体となることで、被害を最小限にでき、早期の復旧・復興につながるものとなる。

まず、公助の基本としての国家レベルでの対応がどのようなものか、米国と英国の歴史を振り返りつつ、日本の状況を確認する。

米国における組織横断的な緊急対応組織として、一九七九年に連邦緊急事態管理庁（Federal Emergency Management Agency：FEMA）が設置された。[*2] FEMAでは、災害・事件の種類を問わず、あらゆる緊急事態対応で使用するための標準化されたマネジメントシステムであるインシデント・コマンド・システム（ICS）等の危機管理システム、タイムライン等の効果的なアプローチの開発・改善を行う。

ICSは「指揮Command」「実行Operation」「計画情報Planning」「後方支援Logistics」「財務・総務Finance/Administration」という五つの主な機能に組織を構成するという組織体制から、命令系統、計画書の様式や通信方法といった管理手段、使われる用語やルールまで、すべてが標準化されていることを特徴とする。

タイムラインとは、災害が発生した時に、政府

＊2　FEMAは同時多発テロ事件の翌二〇〇二年には国土安全保障省（DHS）の傘下に入り、組織面の統合や強化が図られることとなった。

や自治体、関係諸機関などが、いつ、どのように動くかが一目でわかる「行動計画表」を作成しておくというものである。米国の災害対応プログラムの中では、「タイムライン」によるアプローチの有効性が広く認められている。

一方で英国においては、二〇〇四年に市民非常事態法が制定された。これは、緊急事態への準備・対応においてそれぞれの組織が果たすべき役割と責任を明確に規定するものである。自然災害だけでなく、広く災害・ハザードをとらえ、「何が起こったか」よりも「それによって、どういう事態になるか」から問題と対応を考え、自治体や関連組織が重要な役割を担う存在として位置づけられる。

市民を守るために、地元自治体には、たとえば、緊急時にも不可欠な機能を発揮し続けられるよう、事業継続計画（BCP）を作成することが義務づけられる。民間企業にBCPを推進することも義務づけられている。

日本の災害へのレジリエンスの取り組みについては、その対応が遅れているといわれる。日本の災害対策に関する法律は「災害対策基本法」で、昭和三四年に死者・行方不明五〇〇〇人以上の被害をもたらした伊勢湾台風を契機に制定された[*3]。この災害対策基本法に基づいて、昭和三八年に策定された「防災基本計画」が災害などに対する政府レベルの計画である。この計画に基づいて、指定行政機関・指定公共機関は「防災業務計画」を作成し、地方公共団体は「地域防災計画」を作成する。以後、阪神・淡路大震災や東日本大震災を経て部分的に修正されてきた。基本的にはこれらは生じた結果よりもその発生原因を抑えることに重点を置き、日本では米国のICSのような部門横断型危機管理システムが求められる（枝廣 2015）。

東日本大震災後の二〇一三年には、「強くしなやかな国民生活の実現を図るための防災・減災等に資する国土強靱化基本法」が成立し、国家レベルでリスク分析と起きてはならない事態を設定して、それに対する対策がとられることになった。

＊3　災害対策関係諸法の成立・改正、その問題点については、本書第Ⅳ部の向井論文を参照。

◉企業レベルの事業継続計画（BCP）と事業継続マネジメント（BCM）

わが国においては、東日本大震災が発生するよりも以前から、民間企業に向けたBCPについてのガイドラインが、二〇〇五年から二〇〇六年にかけて経済産業省、内閣府そして中小企業庁と、複数の省庁から出されていた。そして、東日本大震災を契機に、BCP／BCMの策定はいっそう加速して促され、各府庁および各種業界団体等からも様々なガイドラインが出され、国家レベルにおける防災と早期の復旧に関する問題意識は高まっている。[*4]

中央防災会議（2020: 17）では、災害時の企業の役割として、各企業において災害時に重要業務を継続するための事業継続計画（BCP）の策定と、損害保険等への加入や融資枠の確保等による資金の確保によるリスクファイナンスによるリスクマネジメントの実施を明記する。

まず、BCP（Business Continuity Planning：事業継続計画）とBCM（Business Continuity Management：事業継続マネジメント）の概念を確認する。

英国規格であるBS25999―2（二〇〇七年）では、BCPを下記のように定義する。

> BCPとは、組織があらかじめ定めた受容レベルで、その重要な活動を実施し続けることを可能にするため、何らかのインシデント発生時に備え、開発され、まとめられ、維持されている文書化された一連の手続きおよび情報の集合体である。[*5]

災害・事故等の危機の発生により、従業員、会社建物・施設・設備等の経営資源が被害を受け、事業活動に大きな影響が発生した場合でも、BCPは事業活動上最も重要な機能を継続または可能な限り短期間で再開できるように事前に準備・対応・取り決めを行っておくべき事項、あるいは予想される危機対応業務を規定化したものである（KPMGビジネスアドバイザリー 2013: 64）。

具体的には、BCPでは事業継続基本方針を定め、インシデント発生時の組織体制を定め、社内各部署の危機対応業務を準備する。それは、被害

*4 ただし、中小企業のBCP策定率が高いとはいえない状況にあり、BCP／BCMの普及にはなお課題がある（たとえば、吉川・渡邉 2021）。

*5 危機管理マニュアルは対策本部を中心とした活動要領が中心であり、BCPは、平時の準備事項および予想される危機時の業務基準をあらかじめ定めるという色彩が強い点で、両者は異なる。

復旧活動や重要な業務の再開が円滑に行えるように規定していかなければならない。重要業務については、継続させるために必要な経営資源を事前に定め、インシデント発生時の影響を勘案し、代替生産サービス提供のための施設生産ライン、原材料等の確保移送手段等も加味し策定したものになる。したがって、関連会社、サプライヤー、メンテナンス業者等との間で所要の協力支援を取り決めておくと事前に準備対応すべき業務を規定していくことになる。

次にBCM（Business Continuity Management：事業継続マネジメント）概念を確認する。BS25999―2（二〇〇七年）では次のように定義されている[*6]。

> 事業継続マネジメント（BCM）とは組織への潜在的脅威や、そうした脅威が現実となった場合に引き起こされる可能性のある事業運営上の影響を特定する包括的なマネジメントプロセスであり、このプロセスは組織のレジリエンスを構成するフレームワークに、組織の主要なステークホルダーの利益、組織の評判、ブランド、および価値創造活動を保護する効果的な対応のための能力を提供する。

BCMには、事業中断が発生した場合の事業活動の普及または継続の管理、および教育・訓練、演習、レビューを通じ、事業継続計画が現行の最新のものであることを確実にするためのプログラム全体の管理が含まれる（KPMGビジネスアドバイザリー 2013: 5）。BCMでは、机上訓練、防災訓練、勉強会を通じたマニュアル共有とマニュアルの見直しが行われる。

次節以降では、各種の分断を乗り越える取り組み事例を紹介する。

3　分断を乗り越える取り組み事例

本節では、熊本地震後に経験した地理的分断とサプライチェーンの分断を克服する取り組みについて紹介する。

＊6　BS25999―2は英国規格（British Standard）の事業継続マネジメントである。

◉地理的分断に対する自治体の取り組み

熊本地震により南阿蘇地域は、阿蘇大橋、俵山トンネルという地域の幹線道路を失った。南阿蘇地域にある高森町は熊本市、阿蘇市とのメインの交通網が分断され、使えるルートが昔の山上を通るルートだけになり、住民の生活環境は一変した。熊本県のインバウンド観光客は、阿蘇が入口もしくは主戦であったが、イベント時以外は通常の二割、三割ぐらいまで入り込みが落ち込んだ。飲食、宿泊、観光、小売りの何もかもが止まり、非常に活気がない状態が続いた。

それに対して、自治体としての高森町として、交通インフラを守る南阿蘇鉄道はどのように、震災後に対応を図ったのか。本項の記述は、二〇一六年一二月三日に熊本学園大学付属産業経営研究所主催研究会「震災復興と地域・組織マネジメント」における、高森町長で南阿蘇鉄道の代表取締役でもある草村大成氏による講演録に基づいて記述している。

高森町としての対応　熊本地震では、震度六強が一回、震度五弱ぐらいが一回で、すべて停電し、水も止まり、携帯電話もつながらなかった。前震以降は役所から離れられず職員含めて、二五日ぐらいまで帰宅できなかった。

震災後のマネジメントとして、すぐに災害対策本部を立てて避難所の運営を行った。まず、消防、警察はじめ各種の情報を一つに集めて、避難活動を行っていった。[*7]

最初に取り組んだことは、携帯電話企業の簡易鉄塔から電波を持ってきてもらうことと、電気の復活で、その二点に絞られた。水はあっても電気がなければポンプアップができない。また、電気がなければ防災無線、スピーカーも使えない。発電機があっても、いったん使い切れば充電できないという状況であった。ガソリンスタンドも、電気でポンプアップするためガソリンはあっても提供できない。非常用電源も数日しか保てないということで、先に電気の復活を指示した。さらに、携帯電話の充電器が不足した。

霧が深くて風が強く、自衛隊のヘリコプターが熊本市まで飛べず、南阿蘇村の東海大学の学生の避難所として、高森町の避難所を提供した。安否

＊7　携帯電話が使えず、SNSによる発信・通信ができず公務員自身の家族となかなか連絡がとれない、あるいは実家がかなり被災しており、公務員はじめ支援者の方も被災者であったということは大変なことであった。

確認のため、NTTに震災後三時間後、四時間後に衛星電話の設置を依頼した。学生が避難していたこともあり、非常に早い対応が図られた。

携帯電話が復活してからは、営業している店舗、銀行・ATM、ガソリンスタンドの状況をSNSから細かく発信し続けた。お年寄りが多い地域のため、ケーブルTVの町のチャンネルから、リアルタイムで発信し続けた。

電気については高電圧移動式電源車が全国の電力会社から提供された。それを高森町の月廻り公園に置き、そこが基地局となり電気の供給を再開した。東日本大震災から高電圧電源車の必要性を学び、発災後二日目に熊本県知事の名前で電源車を要請するというスピード対応となった。

震災直後の大きな課題であった電源と通信の確保については、早期復旧ができたものの、交通インフラの修復や生活環境の再建については、予算措置を早急にできないという課題に直面した。地方自治体では、防災計画などの災害復旧計画を立てて、避難訓練をやるが、自治体行政の一番の問題点は発災時の予算執行を迅速にできないことであった。予算化をするためには臨時議会の決議が必要でそのための審議時間がかかる。

民間の経営者をしてきた経験から、自治行政は民間経営と勝手が異なるということを町長は感じてきた。地方自治体は計画を立てても、そこに予算がないので実際には絵に描いた餅になってしまうということを経験した。

そのような中でも、早期対応を図るべく生活再建や、環境づくりのための支援策について優先事項を五月ぐらいに臨時議会で可決して決定した。高森町の住民数を減らさないことが重要であるとして、住居数を確保するため、民間のお金を活用して賃貸住宅を作れるように補助金を交付する。あるいは、引っ越してくるための敷金礼金を全額補助することを決定した。

南阿蘇鉄道の復旧活動

また、草村町長は南阿蘇鉄道の代表取締役として、交通インフラ復旧のための対応を図っていった。南阿蘇鉄道とJRの線路が崩壊して運行ができなくなり、町外に通う学生の通学インフラが途脱した。そこで、臨時のバスを出して通学の環境を整えるように町単独の予算の利用を決めた[*8]。

南阿蘇鉄道は、第三セクターとして民間の会社として運営してきた。震災後に復活した第三セクターという事例はあまりなく、大半が廃線になってきた。なぜなら、採算ぎりぎりで運営しており、厳しい財政事情だからである。

東日本大震災後には三陸鉄道が復活を果たした。これは東日本特別措置法があったためで、補助金のかさ上げにより、ほぼ九九・九パーセント国が負担し、復活できた。

南阿蘇鉄道も同様に復旧困難な状況の被災を受けた。これに対して同社は三陸鉄道なみの復旧支援をもらった上で、南阿蘇鉄道を復旧していこうと目指した。そして鉄道の全線復旧方針を五月二日に臨時株主総会を開いて決定した。これを五月の第一週目に決めた。全線復旧方針を打ち出したものの資金面、人材面、復旧の進め方が確保されていたわけではなかったので、国から色々と質問を受けることになった。

単なる復旧ではなく、創造的に復旧を果たすことが目指された。人を外に出さない、安定してそこに住み続けさせることができる最低限の利便性として、道路か鉄道しか阿蘇にはなく、鉄道に関しては絶対復旧させるほかないというのが地域マネジメントの中でも重要なポイントとなった[*9]。

二〇一七年四月に国土交通省から発表された南阿蘇鉄道の災害復旧調査結果では、線路設備や軌道の修復等に最大で五年の工期を要し、総工費は六五億~七〇億円になると試算された。政府は、同年一二月、大規模災害復興法で定義する特定大規模災害で被災した鉄道事業者に対して、復旧費用の大半を補助する新制度を創設、国と沿線自治体が半分ずつを負担し、鉄道事業者の負担を免除。沿線自治体負担分については地方交付税の交付措置により、実質的に国が九七・五%、自治体が残りの二・五%を負担することになった（レスポンス 2018）。

その後、熊本県高森町と南阿蘇村は二〇二〇年一〇月二七日、南阿蘇鉄道（本社・高森町）のＪＲ豊肥線・肥後大津駅（大津町）までの乗り入れを目指し事業を進めると発表し、今後、ＪＲ九州に協力を要望することとなり（朝日新聞 2020）、さらに

＊8　当該大規模地震による、交通インフラの途脱の復旧に対して、代替方法の提供について県か国が補償する仕組みがあればよいというのが鉄道会社、自治体の要望であるが、法整備がなく、実施できない現状にある。

＊9　これを実現するために草村町長は、住民の理解と復旧に向けた盛り上がりと同時に水面下で国と交渉を継続していくということであると語っている。そのために、漫画『ワンピース』とのコラボレーションや、セブン銀行、セブンイレブンによる支援が行われた。

は熊本駅までの運行も目指している。

◉サプライチェーンの分断に対する企業の取り組み

「ジャスト・イン・タイム」方式を採用しているようなトヨタを代表とする企業では、部品は必要となるタイミングで供給されるため、自社では多くの在庫をもたない。これにより、効率化と最適化が図られ、在庫管理コストが低く抑えられる。しかし、このシステムは、外部からの衝撃に弱く、上流で深刻な問題が発生して供給不足となった場合には操業に大きな支障が生じる。

自然災害や人的災害に起因するサプライヤーの被災によって、トヨタのサプライチェーンが途絶した主な近年の事例としては、阪神・淡路大震災（一九九五年）、アイシン刈谷工場火災（一九九七年）、東海豪雨（二〇〇〇年）、新潟中越沖地震（二〇〇七年）、東日本大震災（二〇一一年）、熊本地震（二〇一六年）等を挙げることができる。これらの経験を踏まえて、トヨタは「一に人命、二に地域貢献、三に生産復旧」という非常事態対応の基本方針を確立している（西岡ほか 2018: 107）。

トヨタにおいては、災害を経て同社のＢＣＰは進化している。東日本大震災時においては、同社によるサプライヤーの全貌把握は不十分であり、二次下請け三次下請けになるに従って十分に取引先リストを把握していなかった。そこで東日本大震災後において同社は、サプライチェーン情報システムの構築を行い、取引先の在庫を把握するに至った（藤本ほか 2016: 17）。

アイシン精機（株）の子会社で自動車の内装系・外装系部品を製造するアイシン九州（株）（熊本市南区）は、前震でトランスが故障して製造ラインが停止した。その復旧に着手したのもつかの間、本震で重量物を搬送する天井のクレーンが五〇〇トンの大型プレス機の上に落下、自動車部品の金型が工場の壁を突き破り、屋外に飛び出すほどの被害に遭った（西岡 2018: 141）。

アイシン九州はドアの開閉を調節するドアチェックについてトヨタ自動車向けのほぼ全量（月産九〇万個）を生産していたため、トヨタはアイシン九州の操業停止によって二〇一六年四月一八日から同月二三日にかけてグループ企業を含め国内一五工場における完成車組み立てラインを段階的に一時停止した。[*10]

トヨタにおいては、部材、外注加工について複数社に依頼する複数調達を基本としている。しかし、複数調達を一〇〇%実現しているというわけではなかった。というのも、複数調達にすることによってコスト面での競争優位性が保てない場合があるからである。

熊本地震の際に生じたドアチェック部品の調達がそれに該当した。ドアチェック部品の研磨加工を一社だけに依頼していたが、技術的には複数拠点から依頼することが可能であったという。しかし、輸送面の観点から一社に加工を依頼していた。その結果、熊本地震の後には、加工工場の生産がストップした。

生産復旧の方向性の考え方について、建屋の損傷が大きいことがあり、全面復旧に要する時間も考慮すると、アイシン九州の生産に関連するグループ会社、グループ外の会社も含めて、別の工場で代替生産するほかないということになった。

特にトヨタの国内生産車両の、全量生産をしているドアチェックを最優先として復旧活動を進めた。ただ代替生産は暫定対応なので、建屋の修復が完了したら必ず戻すというのを基本的な考え方として進めていった。九州と愛知県に生産に必要な金型を全部移動させて、生産を開始した。そのために、従業員にも一時的に移動してもらう必要があった。

四月二二日にアイシン九州の経営者が絶対に工場を復活させるという宣言をした後には、従業員も安心し、最終的には、九州地区で一六七人、愛知の方で一七八人合わせて三六〇名ほどの従業員の半数くらいが出向に応じた。結果として五月六日からの生産開始目標に間に合わせることができた。復旧のスピードに関しては、部品の加工工場に対してもトヨタグループの全面的なバックアップがあり、非常に早かったといえるものであった。

トヨタグループというグローバル企業であっても、自然災害のたびに工場を停止せざるを得ない状況に陥る。同社グループでは、災害のたびに創意工夫をこらして早期の事業復旧を果たしながら組織学習し、BCPを改訂している(河野 2017: 48)。

＊10　本項で引用のない部分は、二〇一七年一一月一日に熊本学園大学付属産業経営研究所・メルコ学術振興財団共催セミナー「トヨタ生産方式と管理会計―震災復興と地域・組織マネジメント」において、河野敏氏(アイシン九州株式会社 取締役管理本部本部長)による講演録に基づいて記述している。

4　分断を乗り越えるレジリエンス思考

本稿では、災害による分断のうち、地理的分断とサプライチェーンの分断を取り上げて、ＢＣＰ／ＢＣＭによる災害からの被害をいかに最小限に食い止めるかという事前の防衛と、受難した被害からの復旧について検討した。

事前対策としてのＢＣＰ／ＢＣＭは想定外のことには対応しにくく、万能ではない。また、自社だけの取り組みで完結するわけではない。特に経営資源の乏しい中小企業においては、ＢＣＰ／ＢＣＭの取り組みを行う余裕がない。仮に、形式的なＢＣＰを文書化はできていたとしても、事前の防衛活動を継続すること、災害時に実質的に機能させることは容易でない。他方で、事業継続の思考をもちながら、分断を乗り越えて新たな展開を目指そうという取り組みがあることを明らかにした。

地理的分断では、阿蘇大橋や俵山トンネルが崩落し、地域の幹線道路を失った高森町と南阿蘇鉄道の対応を取り上げた。震災直後の復旧フェーズでは、町長のリーダーシップの下で電源、通信の早期復旧が図られた。南阿蘇鉄道の復興フェーズでは、熊本駅までつなぐ新しい構想を打ち出し、国の支援を受けて再建されることになった。

サプライチェーンの分断では、アイシン九州の事例を取り上げた。工場は激しく損壊し、ある部品の供給ができないことにより、トヨタ本体の工場が停止するに至った。トヨタグループのＢＣＰ対応の下、熊本工場の復旧を前提にして、一時的な人員異動を含めて他工場へ製造ラインの移管を行い、事業継続を果たした。

ニュージーランドのレジリエンス研究者のトレーシー・ハットンらは、二〇一一年にクライストチャーチで発生したカンタベリー地震による被災企業を調査し、ＢＣＰはレジリエンス（回復力）の一部に過ぎず、人々がそれを達成する能力をもっていなければ、計画は無意味であるという教訓を導き、レジリエンスの重要性を示唆する（Hatton et al. 2016: 88）。

京都大学防災研究所の林春男は、災害に対して地域・組織でのレジリエンスを高めるために必要なこととして次の三点を挙げる（林 2011: 11）。

・リスク評価：何が自分にとって備えるべきリスクなのかを分析する作業

・被害の予防：想定した脅威による被害を予防するための対策を講じる

・被害を受けた時の対応：予想したもの以外の脅威が顕在化、あるいは予想した脅威が想定以上の被害をもたらした際の対応

本稿の検討によって、レジリエンス思考の特徴として次のことを見出すことができよう。すなわち、早期的な復旧・復興に対する予算措置の意思決定の重要性（高森町の事例）、断続的に起きる障害からの組織学習実践（トヨタの事例）である。自助・共助・公助を前提とした社会制度において、レジリエンス思考が重要となるが、それをどのように構築していくのか、制度設計の観点から考えることも有益であろう。

【参考文献】

Hatton, Tracy, Grimshaw, Eleanor, Vargo, John, & Seville, Erica. 2016. "Lessons from disaster: Creating a business continuity plan that really works." *Journal of Business Continuity & Emergency Planning* 10 (1).

ＫＰＭＧビジネスアドバイザリー 2013『経営戦略としての事業継続マネジメント―予測不能な危機に強い組織づくりのための経営者の役割』ＫＰＭＧビジネスアドバイザリー.

Walker, Brian, Holling, C.S., Carpenter, Stephen R., & Kinzig, Ann. 2004. "Resilience, Adaptability and Transformability in Social-ecological Systems." *Ecology and Society* 9 (2).

Walker, Brian & Salt, David. 2006. *Resilience Thinking: Sustaining Ecosystems and People in a Changing World*. Island Press［黒川耕大訳 2020『レジリエンス思考―変わりゆく環境と生きる』みすず書房］.

朝日新聞 2020「ＪＲ肥後大津駅へ乗り入れめざす 南阿蘇鉄道」（二〇二〇年一〇月二八日）〈https://www.asahi.com/articles/ASNBW74WHNBWTLVB00B.html〉（二〇二一年一二月二〇日最終アクセス）.

枝廣淳子 2015『レジリエンスとは何か―何があっても折れないこころ』東洋経済新報社.

岡田知弘・秋山いつき 2016『災害の時代に立ち向かう―中小企業家と自治体の役割』自治体研究社.

河野　敏　2017「『熊本地震からの復旧の道のり』〜一致団結で取り組んだ早期の生産再開と四ヶ月での引き戻し」熊本学園大学付属産業経営研究所・メルコ学術振興財団共催セミナー講演資料．

国土交通省　2020『国土交通白書』．

中央防災会議　2020『防災基本計画』．

西岡　正　2018「自動車産業にみるサプライチェーンの復旧能力―熊本地震におけるアイシングループの取り組みの考察」『商大論集』69(3)．

西岡正・目代武史・野村俊郎　2018『サプライチェーンのリスクマネジメントと組織能力―“熊本地震”における「ものづくり企業」の生産復旧に学ぶ』同友館．

林　春男　2011「防災からレジリエンスへ―共通目標に向かって共通言語で動ける体制」『リスク対策.com』27．

藤本隆宏・加藤木綿美・岩尾俊兵　2016「調達トヨタウェイとサプライチェーンマネジメント強化の取組み―トヨタ自動車調達本部 調達企画・ＴＮＧＡ推進部 好田博昭氏 口述記録」『東京大学ものづくり経営研究センター・ディスカッションペーパー』487．

牧　紀男　2014「災害発生時における危機対応システム―米国の事例に学ぶ（特集 大規模災害と社会保障（２））」『海外社会保障研究』188．

吉川晃史・渡邊敬二　2021「熊本地震後のＢＣＰ策定動向とその課題克服にむけて―ＬＣＰ／ＢＣＰ／ＣＣＰ構想」『熊本学園大学産業経営研究』40．

レスポンス　2018「熊本県の南阿蘇鉄道が全線復旧に着工―国の新支援制度を初適用」（二〇一八年三月七日）〈https://response.jp/article/2018/03/07/306927.html〉（二〇二一年一二月二〇日最終アクセス）．

小水力発電技術の分断と再生

——地域産業創生の取り組み

藤本穣彦

日本の近代化をエネルギーの観点から見ると、最初は「水主火従」、日本の国土に豊かに賦存する水を利用した水力発電が開発された。水力発電を基幹電源として、不足分を火力発電で補うという仕方であった。

第二次世界大戦後には、それが、「火主水従」に転換した。戦後日本の産業化と経済成長を支えるエネルギー源は、石炭、石油、天然ガスへと移り、原子力発電へ期待が集まった。

これに応じて、水力発電は次第に開発されなくなり、各地域にできていた小規模な発電所も廃止されていった。大規模な水源開発も一九六〇年代末までにはおおむね収束した。

産業構造の戦略的な転換が起こる。市場のニーズがなくなる。そうすれば、技術の担い手がいなくなる。あっという間に技術は消失する。気がつけば、小規模な水力発電のローカル技術が日本の各地からなくなっていた。

こうした技術の分断について、普段はそれに気がつくことがない。同じ機能を満たす技術や商品が手元に届けられる限り、利用者は技術の消失を気にかける必要はない。スイッチを押せば電気がつく、それでよい。ふだんの暮らしの意識が及ばないところで、知らないうちに消えている。

その技術消失が意味するものは何か。また、技術の再生に挑戦する中で、回復したものは何か。小水力発電を事例に、技術の分断と再生について考えたい。

Ⅰ　小水力発電と地域社会

小水力発電は、「ダムなどの大規模開発を伴わない、環境に配慮した水力エネルギー」（国際エネルギー機関）、「大規模ダム（貯水池式）、中規模ダム（調整池式）ではなく、河川の水を貯めること無く、そのまま利用する発電方式」と定義される（全国小水力利用推進協議会 2012）。

出力規模による小水力発電の定義は各国で異なり、中国では五万キロワット、インドでは三万キロワットを上限としている。これに対して日本は一万キロワット以下とすることが多い（Fujimoto 2020: 51-59）。

一九五六年に着工し、一九六三年に完成した黒部川第四発電所（三三万五〇〇〇キロワット）など大規模ダム建設を伴う水力発電所や、一九七一～七三年に完成した大井火力発電所（一～三号機で合計三五万キロワット）、一九八五～一九九七年に建設された柏崎刈羽原子力発電所（一～七号機で合計八二一万二〇〇〇キロワット）と比べると、小水力発電の「小」の規模は、かなり小さいことがわかる。

小水力発電は、ダムなどの大規模施設建設の必要がないため、それほど大きな投資も自然改変も必要とせず、地形と流量に依存する。流量は、降水量、地質、森林・土地利用の来歴に拠る。そのため小水力発電は、基本的には、その土地の自然の恵みそのものであり、地域に帰属する性格をもつ。

新たな発電用の水利用については、農業用の慣行水利権や漁業権など、その地域で先行して利用されている権利との調整が必須である。また、流水をなるべくそのまま利用するため、河川環境の保全や山林の管理、生物・生態系への配慮も必要である。渓流での釣りやシャワー・クライミングなどの遊びを阻害してもいけない。

これらのことを注意深く配慮しながら、小水力発電も、多様で多面的な地域の水利用の歴史の中に、素直に位置づけることが求められる。また地域の空間の中になじむよう、自然なものづくりができるとよい。

導入のための計画づくりには、地域住民が主体となり、さらに、下流域の住民や河川管理者、農家など地域の水を共有する人々が、長期的な視点をもって参加することが望ましい。なかでも、子どものころ川や山で遊んだ体験をもつような地域住民の参加は貴重である。遊びの再現を織り込むことで、子どもの参加が得られるとなおよい。日本では、農家が協同組合を組織するなどして小水力発電所が建設されてきた歴史もある（藤本ほか2012）。

初期段階から、情報をオープンにし、参加の機会を多層的に作っていきながら、計画策定に際しては、すぐに達成できるものから長期的なものまで、段階的な目標を設定する。そうすることで、多世代の、多様な参加に支えられた、未来志向の小水力発電プロジェクトを設計することができる。小水力発電所の建設が、未来の子どもたちにどのような財産を残していきたいのかを伝えられる場になるのもよい。

小水力発電の導入と持続的な運転を、山・川・農業・林業・遊びなどを包摂した地域社会全体のリ・デザインの機会とし、公共性・公益性をもって了解しあい、その合意を地域社会の中にしみ込ませていく。小水力発電を、地域が主体となって、多様性を受け入れながら、持続的な地域づくりのために導入する。

こうしたプロセスの全体を捉えるエネルギー・コンセプトを、本稿では、「地域小水力」と呼ぶことにする。つまり、小水力発電の導入が地域社会を分断させないようにできないか。地域社会の分断を回避するデザイン技術としての小水力発電はいかにして可能か。本稿の問いはこのように立てられる。

2　小水力発電技術の分断

いま日本で期待されている小水力発電とはどのようなものか。いったんトレンドから外れた小水力発電が再び注目されるようになったのは、気候変動、気候危機がクローズアップされた二〇〇〇年代以降である。二〇〇三年に「電気事業者による新エネルギー等の利用に関する措置法」（RPS法）が、一〇〇〇キロワット以下の小水力をその制度の対象としたことで、年間一〇件程度の新設工事が行われるようになった。RPS法は、二〇一二年に「電気事業者による再生可能エネルギー電気の調達に関する特別措置法」(通称、FIT法)へと引き継がれ、固定買取制度(Feed-in Tariff：FIT)の下で、近年少しずつ小水力市場が再生してきている。

また二〇一〇年代には、環境省により再生可能エネルギーのポテンシャル調査が行われ、中小水力についても改めて残存のポテンシャルが評価された。開発地点が具体的にマッピングされており、中小水力のエネルギー賦存のイメージを俯瞰的につかむことができるようになった。

このように二〇〇〇年代以降は、自然エネルギーの地域づくり価値が見直され、太陽光や風力、地熱などの新エネルギーが注目される中で、小水力についても、約一〇〇年ぶりにフォーカスが当てられている(諸富 2015)。

しかしながら、自分たちで小水力発電所をつくろうとするまで、水車の製造技術が消失し、小水力発電の技術システムが分断していたことに気がつかなかった(島谷ほか 2013)。

たとえば、二〇一一年に、筆者らの研究チームが福岡県糸島市の白糸の滝で建設を計画していた一五キロワットの小水力発電システムについて、水車と発電機、電気システムの見積もりをとったところ、三社から回答が得られた。平均して、納期が一五～二〇か月、費用が三二〇〇～五〇〇〇万円というものであった(髙木ほか 2014)。これらの企業は、それぞれの会社の立地するエリアの既設発電所のメンテナンスや設備更新、発電施設の運転などの業務が中心で、他地域の新規案件に対応できる体制になかった。

小水力発電に固有な技術は、地域の水から電力エネルギーを取り出す水車部分の技術である。水車を選定する際には流量や落差の条件に合った、最適な水車を選定する必要がある。水のエネルギーを回転エネルギーに変換するランナの形状と水車の構造、設置個所によって、適正な水車は異なり、その適正なタイプの中でも、流量と落差に応じて設計が異なる(全国小水力利用推進協議会 2012: 58-67)。つまり水車は、その土地の条件に合わせた形で、一つひとつ設計、製造される(**写真1**)。

写真１　インドネシアで製造し、日本に輸出するクロスフロー水車

日本では、この水車の製造技術のみが、マーケットの消失を受けてなくなっていた。水車の設計はできても、その設計を反映して鋳型をつくる企業がなかったり、削り出しをして仕上げる工場が新規案件を受け付けていなかったりした。図面は書けても製造ができない、品質を保証できない。できそうなところに働きかけてみても、そう言われた。机上でのビジネススキームは構築できても、小水力発電所の設置適正を判断する能力、水車の基本的な設計技術の消失が、実際の建設を不可能にしていた。技術者の消失期間が長すぎたことで、技術システムが分断していた。技術は人に蓄積しており、一度分断してしまうとなかなか回復しない。

では、市場の回復がある程度見込まれる中で、小水力発電の技術を地域単位でいかに再生するか。「地域小水力」が対象とする技術的なターゲットをどのように設定するか。

まず、手作りを基本に、地域住民が育てていく技術がターゲットになる。規模は数一〇〇ワットから五キロワット程度で、手づくりでのメンテナンスや改良を前提とした技術開発である。水車も発電機もリユース品の利用を中心に、小回りが利くやり方で地域住民を巻き込み、将来の地域産業につながるような方向で取り組む。その過程で、小水力発電の技術要件をトータルに学び、地域内のポテンシャル調査を行い、開発計画を策定する。こうした経験を積みかさねながら、地域の小水力発電導入を担う事業体（NPOや協同組合を含む）を起業する。

次に、きっちりと仕上げ、地域産業の核を目指す小水力技術の確立である。規模は五キロワット～四九・九キロワットまでの低電圧で系統連系できるサイズの技術開発である。これには、地域製造業の中小企業が核となり、それぞれの会社の基盤産業を維持しながらも、小水力発電事業へと投資・展開する気概がいる。ビジネスモデルは、売電を基本として、投資回収をきちんと行うビジネススキームを構築し、そのスキームを実現できるコストと納期で、小水力発電システムの開発を行う。

これらの二段階について、一五～二〇件程度の開発経験を積み、ノウハウとネットワークを蓄積していけば、第三のターゲットとして、まずは二〇〇キロワット程度まで、あるいはその先に一〇〇〇キロワット程度までと技術のスケールアップは可能である。ただし、二〇〇キロワットを超えると他の大規模水力技術との競合も発生するので、まずは数十キロワット程度の案件を中心に、技術開発・商品開発・ネットワーキングに集中する。

筆者らは、水車技術の再生を地域産業創生の視点から、このような三つのプロセスを設定した。

3 産学連携
——九州大学小水力エネルギープロジェクト研究コア

二〇一四年一一月、河川工学者の島谷幸宏をリーダーとして、筆者らは「九州大学小水力エネルギープロジェクト研究コア」（以下「小水力コア」という）を立ち上げた。

「地域のための小水力発電の導入を進めるために、現実の、具体的なプロジェクトをもちよって、実践的な研究開発を行なう中で、適正価格で、ローカルに取り組める技術を開発し、日本と世界の地域発展のために小水力エネルギーを活用する」、そのための中核機関を立ち上げよう——。筆者は、島谷からプラットフォームづくりの指令を受けた。

これに先がけて筆者は、二〇一一年八月から、島谷の下で小水力発電の技術開発と社会実装に従事しており、福岡県糸島市、朝倉市、佐賀市三瀬町、宮崎県五ヶ瀬町、日之影町などで個別プロジェクトが先行して動いていた。これらの具体的な導入プロジェクトを束ねて産学連携のプラットフォームとしてオープンにすることで、小水力発電の技術開発に関心のある北部九州の地域企業をネットワークした。

小水力コアの設立にあたって、小水力発電技術の分断を生んでいた水車技術をいかに再生するかが、主たる技術課題となった。さらに、水利権行政の整理、地域の合意形成と発電のための地域主体形成をいかにして行うかも重要な課題であった。

小水力発電の導入には、河川工学、土木工学、機械工学、電気工学、電力システム工学等の横断的な工学知識に加えて、人文社会科学、政治経済学的な要素、水利権や水利用、土地利用に関する歴史的要因も関わる学際的なアプローチが求められた。

実務的にも、営業（案件開拓）、構想（ポテンシャル評価を含む）、設計・デザイン、発電所の運営企画、申請・手続き、技術調達（機械・電気・電力システム）、施工、施工管理、通電確認、運営・モニタリング・メンテナンス、設備更新、社会資本投資・社会課題解決投資といった多岐にわたる内容が求められる。

そのために、分野横断的な研究者ネットワークを組織するとともに、北部九州に集積する電力・エネルギー分野の産業群との連携を構築した（図1）。

具体的には、適正技術開発、社会的合意形成、国際連携の三部門からなるプラットフォームを設計し、国内外の小水力ネットワークを集積した。それぞれの部門の設置目標を以下に記す。

・適正技術開発：「火主水従」の中で失われた

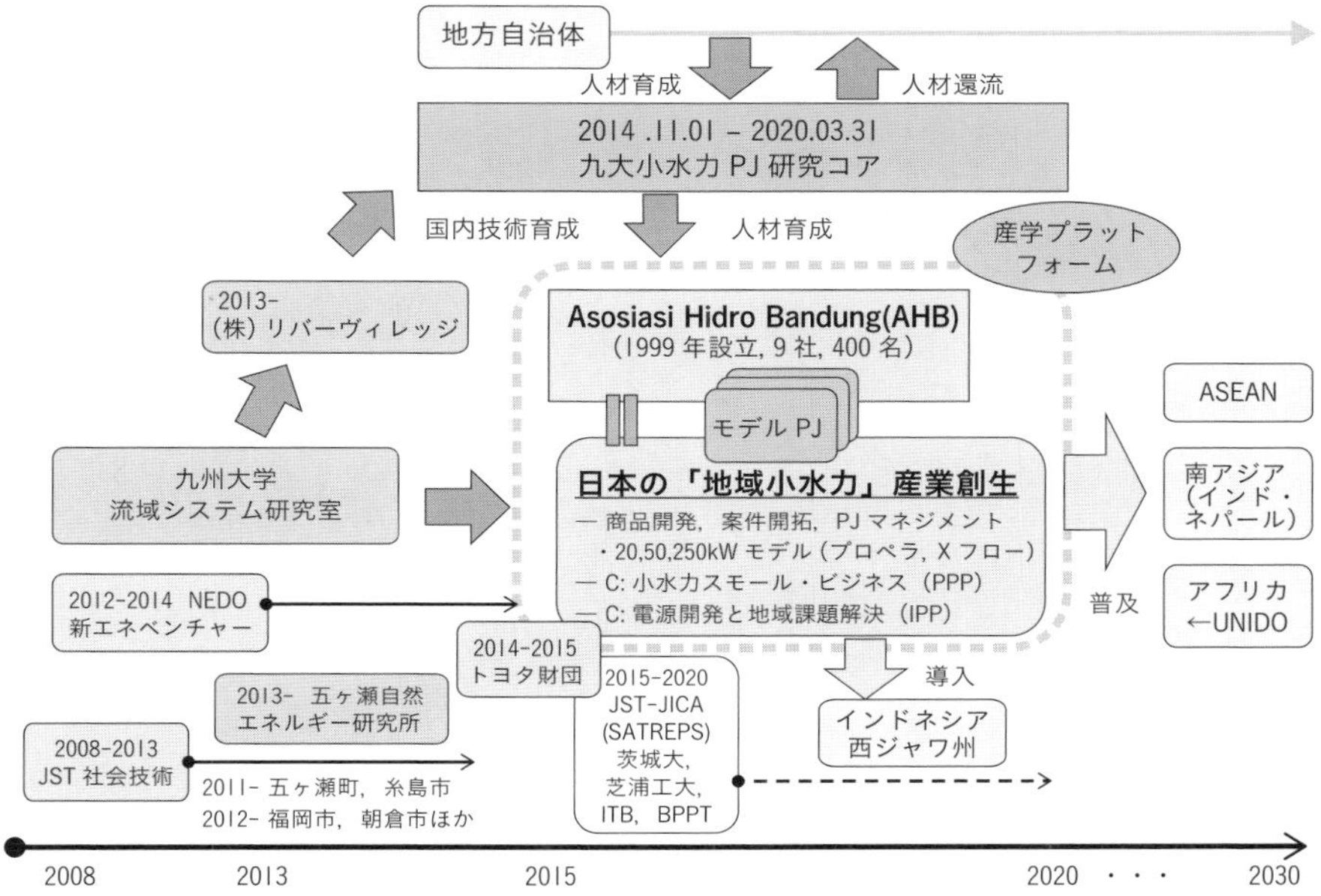

（出典）筆者作成

図 1　九州大学小水力エネルギー PJ 研究コアのロードマップ

小水力発電技術を再生する。適正価格の技術開発を目指し、水車、発電機、電気、土木といった一気通貫の工学技術開発を行う。地域産業のイニシアティブで製品開発を行い、一気に市場化する。

・社会的合意形成：小水力発電の導入を、地域住民が主体となって進める方法を開発する。小水力エネルギー活用と地域づくりに関する政策提言も視野に入れた行政と連携した仕組みづくり、自然エネルギー基本条例、基本計画の策定を支援する。

・国際連携：安価で優れた技術とコミュニティ・プロジェクトとしての志をもつインドネシアの小水力技術者とネットワークし、ASEAN、環インド洋地域（南アジアや東アフリカ）への小水力技術移転のために、若い技術者が育つ場をつくる。

以下では、水車技術の再生をフォーカスする、適正技術開発とそれを支えた国際連携に記述の力点を置くことになる。[*1]

4 国際連携
——インドネシアの技術者たち

水車技術の再生とシステム技術開発のために重要であったインドネシアとの国際連携プロセスを分析する。

適性価格、適正納期、適正技術の水車をグローバル・マーケットで探していた時、筆者は、ドイツから技術移転されていたインドネシアの水車技術のことを知った。しかしインターネットでは詳細な製品情報が得られず、二〇一三年一月、筆者はとにかく現地へ飛んだ。

インドネシア、西ジャワ州バンドンでは、一九九二年にドイツのＧＴＺ（現ＧＩＺ）から水力発電の技術移転プログラムが開始されていた。二〇一三年には、国際的な普及版であるクロスフロー水車Ｔ12を改良して独自の技術開発に成功していた。発電効率の上昇（六九％→七六％）を達成し、流量の変化に応じて効率的な発電量が得られるようになっていた。さらに水力のポテンシャル評価や土木、施工管理や運転、発電した電気の利用とコミュニティ開発といった小水力発電の総合技術が移転されており、バンドンに地域産業が形成されていた（藤本 2022a）。

バンドン工科大学（以下「ＩＴＢ」という）の卒業生を中心に、ドイツ人技術者からのトレーニングを受けたメンバーは、一九九九年にAsosiasi Hidro Bandung（バンドン小水力協会、以下「ＡＨＢ」という）を結成した。ＡＨＢは、二〇一五年二月時点で、主要七社で八五名の技術者をかかえ、ワーカーや事務職員を合わせた協会全体の雇用者は、合計で四〇〇名を超えていた。[*2]

ＡＨＢの組織憲章には、次のように記されている（AHB 1999: KIT = 藤本・島谷 2014: 77-82）。

小水力発電が、環境に良い発電技術だとい

*1 社会的合意形成部門は、株式会社リバー・ヴィレッジと五ヶ瀬自然エネルギー研究所（宮崎県五ヶ瀬町）が起業したことで、九州の小水力発電の導入に主導的な役割を果たすようになった（島谷ほか 2013）。この点は機会を改めて論じたい。

*2 Yayasan. AHB; PT. ProRekayasa; PT. Heksa Prakarsa Teknik; PT. Cihanjuang Inti Teknik; PT. Kramatraya; PT. Entec; NGO. IBEKA.

うことはすでに多くの人々、様々な方面で認められている。他のエネルギー源と比べても、経済的に安価で、身近なものである。発電コストは、グローバルな市場でも競争できる。小水力発電は、農村社会の利益を高めて、さらなる市場を獲得する技術である。市場の獲得は農村生活の質を向上させる。つまり、小水力発電は、農村生活を活性化し、社会全体の豊かさを高める。

この理念に導かれてAHBのタービンは、ASEAN、アフリカを中心に海外輸出されていた。イギリス、スイス、フィリピン、ネパール、マダガスカル、エチオピア、ウガンダ、タンザニア、パプア・ニュー・ギニア、カメルーン、ザンビア、モザンビークへの輸出実績があった。日本への輸出実績はなかったが、筆者らはこれにチャレンジした（写真2）。

5　小水力発電技術の再生

産学連携と国際連携をもとに、筆者らは、小水

写真2　井手野毘沙門堂小水力発電所
（佐賀市三瀬町、2018年3月稼働、4kW、建設費は約800万円）

力発電の技術システムを再構成していった。筆者らとの共同研究で、水車の製造と小水力発電のシステム開発を行ったのは株式会社中山鉄工所（以下「中山鉄工」という）である。中山鉄工では、世界的な水力発電研究の拠点大学である、インド工科大学（以下「ＩＩＴ」という）ルールキー校からインターンシップ学生を受け入れ、その後正社員として採用することで、社内で水車を設計できる体制を整えた。ＩＴＢからも同じくインターンシップ学生を受け入れて卒業生を採用し、ＡＨＢとの共同研究・商品開発・品質管理の体制を整えた（Watanabe et al. 2018）。

　インドネシアとインドからのインターンシップ学生が卒業後に、中山鉄工の社員となって、引き合いの相談段階から担当し、自社でラフな設計をしつつ、インドネシアの水車メーカーと相談を開始する。中山鉄工でインターンしたＩＴＢの学生が復学し、インドネシアでＩＴＢのキャンパス内に中山鉄工が設置した研究室「ＩＴＢ de ラボ」でアルバイトしたり、卒業後に現地スタッフとなり働きはじめた者もいる。

　彼女ら、彼らが受注前のコミュニケーションを行い、図面を作成し、正確な発注を行うことで、筆者らはＡＨＢの水車メーカーからの信頼を得ていった。すべての連携が円滑に行われ、これまでの取引実績から、受注すればすぐに製造に着手することができるようになった。中山鉄工でのインターン生を通じた、インドネシアとの技術協力関係の構築は適正価格と適正納期を実現し、日本での小水力発電導入の技術的障壁を大きく下げることに成功した。

　たとえば、先に論じた福岡県糸島市、白糸の滝Ｓｔｅｐ２小水力発電所（一五キロワット）において、中山鉄工の受注額は一一二〇万円（機械設備の合計：ペルトン水車三二〇万円、クロスフロー水車一五〇万円、発電機・コントロールパネル四八〇万円、配線一六〇万円）であった。Ｓｔｅｐ３（一三キロワット）では、土木・建設を含む工事費が、二二〇〇万円程度であり、条件がよければ、トータルで一キロワットあたり一七〇万円程度まで、建設費をコストダウンすることができた。納期についても、受注から六か月程度で、小水力発電システムを納

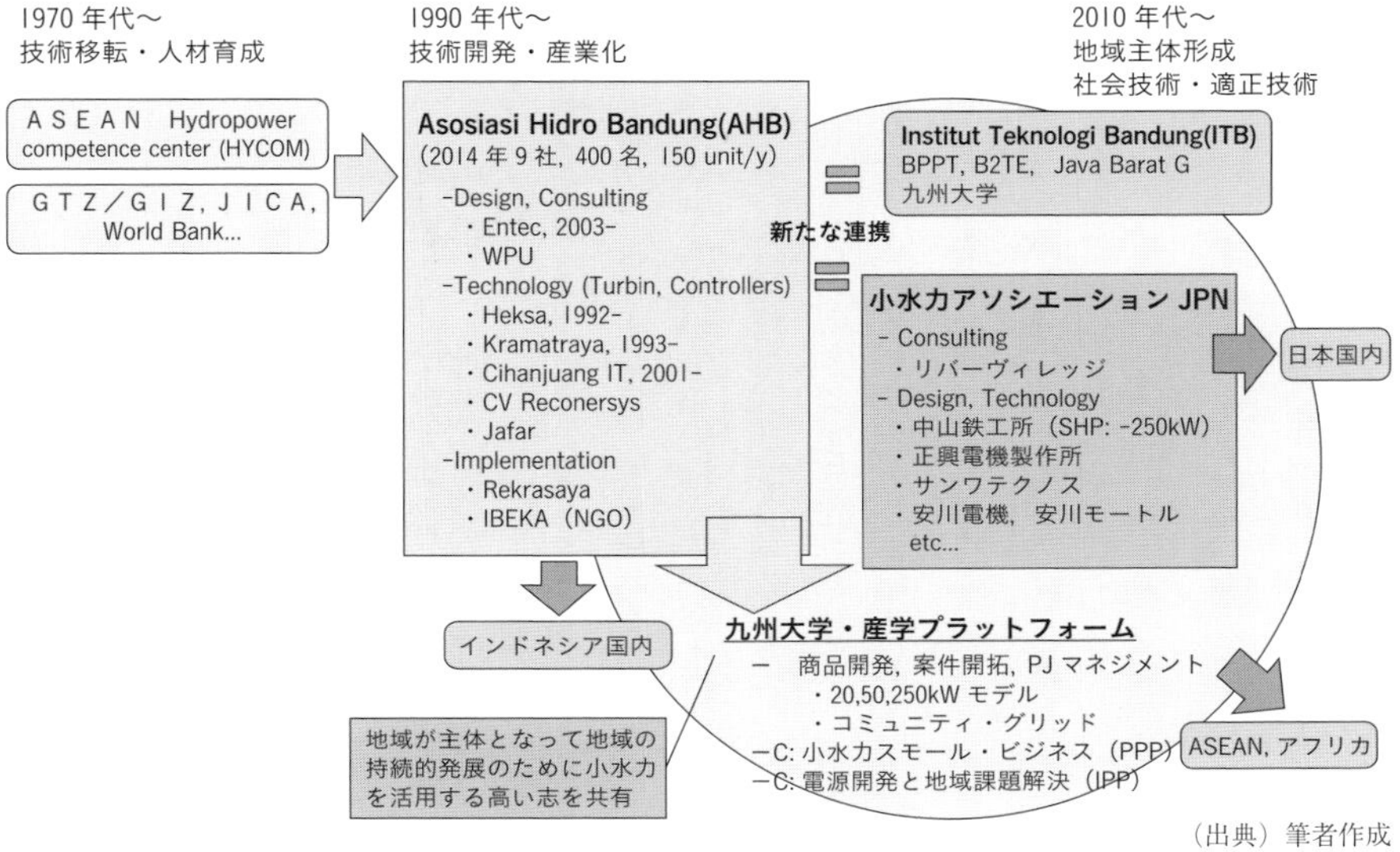

（出典）筆者作成

図2　北部九州の「地域小水力」産業創生プラットフォーム

入できるようになった。こうしてコスト、納期ともに二〇一一年時点の三分の一程度にまで圧縮することができた（藤本 2022b: 第一〇章）。それによって、これまで採算面で不採択となっていた小水力発電のポテンシャル地点についても、もう一度、発電計画を考えてみる価値が出てきた。[＊3]

図2は、インドネシアとの国際連携を基盤として、「地域小水力」の産業創生を北部九州で行うためのプロセスとネットワークのイメージを表現したものである。筆者が最初にこの絵を描いたのは、二〇一三年一〇月であった。これまでに概ね、当初の目標を達成した。

6　若手技術者の成長

「地域小水力」の技術再生にはどのような意味があったのか。

技術再生の具体的な実践は、若者、技術者を成長させた。若い技術者が主体となって、ビジネス、研究の成果を国際的に発信することで、「地域小水力」のエネルギー・コンセプ

＊3　中山鉄工は、二〇二一年一二月時点で、九州内に八か所の小水力発電所を建設し、稼働させている。

トは世界へ伝播しつつある。

インドネシアとの国際連携では、中山鉄工と株式会社正興サービス&エンジニアリングが、「コンパクト小水力発電システム」の開発に成功した(Zafar et al. 2022)。コンパクト小水力発電システムとは、水車、発電機、制御盤などの機器をコンテナの中に収納してパッケージ化した小水力発電システムである。

水車を設置したコンテナをインドネシアから輸入し、中山鉄工の工場で、電気機器を組み込んでいく。すべて工場の中で組み立てられるため、道路さえあれば、現場で設置するのみでよい。品質が安定し、責任の所在が明確化されたほか、土木と機械を現場で合わせていくことがなくなり、納期のさらなる短縮に成功した。[*4]

中山鉄工では、先に述べたように小水力発電の技術再生を課題として、二〇一五年よりインターンシップ学生の受け入れを開始し、これまでにインドネシア(ITB)から一八名、インド(IIT)から七名、イギリス・オックスフォード大学大学院、ブータン王立工業大学などその他九名の、計三四名を、外国人高度人材の長期インターンシップ生として受け入れてきた。特にIITやITBとは緊密な連携を構築した。その結果、両大学の卒業生五名が中山鉄工の正社員となり、インドネシアではITB de ラボで、元インターン生の四名が専従スタッフとなっている(**写真3**)。

ITB、IITからのインターンシップ希望者は多く、コロナ禍で渡航できないこともあり、二〇二二年一月現在四〇名ほどがウェイティングリストとなっている。長期的な視点で、小水力技術開発の人材プールが形成されている。

彼女ら、彼らは、それぞれの国で学んできた小水力発電の知識や技術を持ち寄って来日し、技術開発・商品化に取り組み、日本の農村での社会実装を経験する。単に小水力発電所を建設するだけでなく、導入の過程で、日本の農業・農村を学び、地域が主体となって、地域の未来を拓くために小水力発電を導入する、その仕方を経験的に学習していく。さらに、自身が建設した小水力発電所の運転をモニタリングし、地域住民と共に参加し続ける。その過程を省察し、地域経済や地域社会へ

*4 コンパクト小水力発電システムは、日本国内だけでなく、インドネシア、ネパール、インド、さらには、ハワイなどのアジア・太平洋の島嶼部からも、具体的な関心が寄せられており、今後の国際的な展開が期待されている。

写真3　中山鉄工のインターン技術者たち

のインパクトを分析・評価し、学術論文にまとめ、国際的な評価を問う（Zafar 2021a; 2021b）。

こうした「地域小水力」の社会実装研究は、国際的な評価を得はじめている。国連工業開発機関（ＵＮＩＤＯ）が三年に一度発行する *World Small Hydropower Development Report* の二〇一九年レポートでは、筆者らが、中山鉄工、ＩＴＢ、ＩＩＴメンバーとともに開発・導入した老竹小水力発電所（三〇キロワット、鹿児島県霧島市）のコンパクト小水力発電システムが、世界的なモデル事例として収録された[*5]（Zafar et al. 2020）。

このように、小水力発電技術の分断を、産学連携、国際連携から再生した日本のローカルなチャレンジは、日本、インド、インドネシアなどの若手技術者を育て、ネットワークした。彼女ら、彼らが国際ビジネスの視点、コミュニティ開発の視点から「地域小水力」のエネルギー・コンセプトを発信することで、単なる小水力発電所の建設というだけではない、新しい時代の価値観を形成しつつある。

＊5　二〇二二年に公刊が予定されている次のレポートでも、筆者らは、小水力発電とコミュニティ開発、Ｙｏｕｔｈ ＳＨＰ（若手技術者と小水力発電）、ジェンダー・女性の参加と小水力発電などのトピックスに参加し、レポートの制作に貢献している。モデル事例では、松隈小水力発電所（三〇キロワット、佐賀県吉野ケ里町）が収録される予定だ。

7 時代の変化の中で、地域の水を問い直す

改めて考えてみると、小水力発電は、ダムなどの大規模施設建設の必要がないため、それほど大きな投資も自然改変も必要とせず、地形と流量に依存する。そのため小水力発電は、その土地の自然に働きかけ、そこからエネルギーを取り出す技術として、その土地の自然の恵みそのものであり、地域に帰属する性格をもつ。

日本では、小水力発電の技術システム・技術者・経験の分断が起きていた。これに対して、筆者らは「地域小水力」のエネルギー・コンセプトを立てることで、小水力発電の導入と持続的な運転を、山・川・農業・林業・遊びなどを包摂した地域社会全体のリ・デザインの機会とし、公共性・公益性をもって了解しあい、その合意を地域社会の中にしみ込ませていく技術として再生した。「地域小水力」は、ローカルに、足元から地域社会を未来志向で再編していく技術となった。

こうして再生した小水力発電技術は、時代の変化の中で地域の水を問い直す意味をもつようになった。地域の水は、農業用水、工業用水、生活用水などすでに多様な形で利用されており、小水力発電のために新たに利用できる水は、いま在るもの、未利用のものに限る（藤本 2016）。

農業、発電、ダム開発など、その土地での資源利用の来歴を重ね合わせていった上で、いま何が在るのか、それを誰が、どのように利用するのが望ましいのか。このように絞り込んだところで、小さいことから、できることを、地域の力で積み上げていくとどのような未来に至るのか。

私たちはすぐに新しい発電所を開発することを考えてしまいがちであるが、いま在るものを生かし直すという視点は既設の発電所にも向けられる。昔発電所があった場所、放置された施設、消失した水利権の主体。水利権や設備には更新のタイミングがある。昔小水力発電所を開発した組織の業種転換や撤退などもあるかもしれない。その際に、たとえば、所有権を地域が主体となって再構成する、設備の更新や維持管理を地域主体の技術で引き継ぐことも考えられる。地域の水の権利、既設の発電所を所有する組織と、少しずつ良い形

でコミュニケーションしてみるのも面白い。その際、対立的な構図をつくる必要はなく、五〇年、一〇〇年をかけて、この地域を「理想国」（プラトン）とするにはどうすればよいか、〈いま、ここ〉から問いを立て、じっくりと、丁寧に共に探究すればよい（納富 2015）。

この点について、環境経済学者の植田和弘は、デンマークの農家が出資・所有する風力発電所を観察し、発電施設と地域社会との関係性がコモンズに転換していく様子を看取した（植田 2013: 148-149）。

フィジカルには同じ発電機能をもった施設ではあっても、それが迷惑施設にはならず、地域にとってなくてはならない共有財産へと変化するのである。地域のコモンズ（共有財産）ということができるが、ここでのコモンズは、施設というモノがコモンズであるというよりも、施設と地域社会との間の関係性がコモンズなのである。

日本の小水力発電技術の分断には、時代性と国家的な構造転換、それに伴う地域社会の構造変動が影響していた。それゆえ、その技術再生もまた、いかなるエネルギー・コンセプトを立て、どのような技術を再生するかによって、再構成されるものの意味内容が大きく変わることになる。

時代が変われば考え方も変わる。地域の水は誰のものか。誰がどのように利用していくことが理想なのか。新しく開発していくばかりでなく、いまある発電所を有する主体にも問いかけながら、その時々の時代の要請に応えて、所有のあり方を転換し、地域住民とローカル技術が可能とする仕方で維持していくこともありうる。地域の水の歴史を調べ、いまに生かし直すことを考えるうちに、そうした発想が生まれてきた。

こうした示唆に照らして考えるならば、小水力発電の技術は、地域社会を分断させないよう、持続的な視点をもって統合していく社会的な技術であるといえる。自分たちの手で、自分たちで出資してつくり上げた小水力発電所は、直接的な利益をその人々にうむ。これまでに発電してきた施設も、このような視点で再構成すれば、その土地に流れる水という自然の恵みを、地域住民が主体となって、その土地の暮らしの豊かさへと変換していくコモンズ型の施設として再定義することができる。

技術を小さく、ローカルに、地域住民が主体となってスケールアップできるように再構成することで、発電施設と地域社会との関係性を編みなおしていく可能性が拓かれる。小水力発電所の建設が、アイデアや夢を構想力として、意志と力を注いでかたちをつくる営為となる。さらに、地域づくりのシンボルとして機能し、地域のイメージを形成することにつながる。

「技術はね、藤本君。やった人がやっただけしか詳しくならない、わかるようにならないんだよ。面白いだろう」。島谷は、常々そう話していた。水車技術の再生に挑戦し、自分たちの手で小水力発電所を建設してみると、なるほど、と腑に落ちることがある。「地域小水力」のエネルギー・コンセプトの下で再生した小水力発電技術とは、地域社会を分断させないようにするデザイン技術なのだな、と。

【参考文献】

AHB（Asosiati Hidro Bandung）1999 KIT ANGOTTA AHB、二〇一三年一二月一二日収集資料（＝藤本穣彦・島谷幸宏 2014「バンドン小水力アソシエーションの組織憲章」『協同の発見』262）.

藤本穣彦・皆田潔・島谷幸宏　2012「中国地方の小水力エネルギー利用に観る自然エネルギーに基づく地域づくりの思想」『島根県中山間地域研究センター研究報告』8.

藤本穣彦　2016「近代河川行政の成立と水利権―『川』と『水』のマネジメントに関する基礎的考察」『社会と倫理』31.

Fujimoto, Tokihiko. 2020. "Japan." *World Small Hydropower Development Report 2019 Asia - Oceania*. United Nations Industrial Development Organization, UNIDO and International Center on Small Hydro Power, ICSHP.

藤本穣彦　2022a「小水力発電にみるジャワ世界（インドネシア）のエコロジー思想―『世界単位』論（高谷好一）アプローチ」『政経論叢』90(5＝6).

藤本穣彦　2022b『まちづくりの思考力—暮らし方が変わればまちが変わる』実生社.

諸富徹編　2015『再生可能エネルギーと地域再生』日本評論社.

納富信留　2015『プラトンとの哲学—対話篇をよむ』岩波書店.

島谷幸宏・山下輝和・藤本穣彦　2013「中山間地域における小水力発電による地域再生の可能性—宮崎県五ヶ瀬町の事例から」室田武ほか『コミュニティ・エネルギー—小水力発電・森林バイオマスを中心に』農文協.

髙木美奈・藤本穣彦・島谷幸宏　2014「日本における小水力発電技術再生の試み—ネパール・ペルトン水車の技術移転」『東アジア研究』16.

植田和弘　2013『緑のエネルギー原論』岩波書店.

Watanabe, Yoshinobu, Zafar, Alam, Raditya, Rusmiputro, Sato, Tatsuro, Arun, Kumar, & Fujimoto, Tokihiko. 2018. Combined Small Hydropower Technologies in Asia: Indonesian Turbine, Japanese Electrical Control and Indian Calculating Model. *Grand Renewable Energy 2018 Proceedings* 332.

Watanabe, Yoshinobu, Zafar, Alam, Raditya, R. Rusmiputro, Okajima, Keijiro, Yamamoto, Shigenori, Faisal, Rahadian, Arun, Kumar, & Fujimoto, Tokihiko. 2020. "30 KW Oitake Small Hydropower Plant in Kagoshima Prefecture." *World Small Hydropower Development Report 2019 Case Studies*. United Nations Industrial Development Organization, UNIDO and International Center on Small Hydro Power, ICSHP.

Zafar, Alam, Watanabe, Yoshinobu, Shazia, Hanif, Sato, Tatsuro, & Fujimoto, Tokihiko. 2021a. "Community-Based Business on Small Hydropower (SHP) in Rural Japan: A Case Study on a Community Owned SHP Model of Ohito Agricultural Cooperative." *Energies* 14 (11) No. 3349.

Zafar, Alam, Watanabe, Yoshinobu, Shazia, Hanif, Sato, Tatsuro, & Fujimoto, Tokihiko. 2021b. "Social Enterprise in Small Hydropower (SHP) Owned by a Limited Liability Partnership (LLP) between a Food Cooperative and a Social Venture Company; a Case Study of the 20 kW Shiraito (Step3) SHP in Itoshima City, Fukuoka (Japan)." *Energies* 14 (20) No. 6727.

Zafar, Alam, Raditya, Rusmiputro, Watanabe, Yoshinobu, Sato, Tatsuro, & Fujimoto, Tokihiko. 2022. "Small Hydropower Development to Civilized Rural Communities in Japan: Integrated and Combined Approach for Cultivating Water Resources, Developing Appropriate Technology and Starting Local Businesses." in Sugawara Daisuke & Yamada Kazuyoshi (eds.), *Island Civilization: Implications for the Future of the Earth*. Springer Nature Singapore.

全国小水力利用推進協議会編　2012『小水力発電がわかる本—しくみから導入まで』オーム社.

【編者・執筆者紹介】

新井　誠（あらい・まこと）＊編者
慶應義塾大学大学院法学研究科後期博士課程単位取得退学、博士（法学）。現在、広島大学大学院人間社会科学研究科教授。主著として、『議員特権と議会制―フランス議員免責特権の展開』（成文堂・2008 年）など。専攻：憲法学

友次晋介（ともつぐ・しんすけ）＊編者
名古屋大学大学院環境学研究科修了、博士（法学）。現在、広島大学平和センター・大学院人間社会科学研究科准教授。主著として、Shinsuke Tomotsugu, “After the Hegemony of the "Atoms for Peace" Program: Multilateral Nonproliferation Policy under the Nixon and Ford Administrations,” *The Japanese Journal of American Studies*, Vol. 27 (2016) など。専攻：国際関係史

横大道聡（よこだいどう・さとし）＊編者
慶應義塾大学大学院法学研究科後期博士課程単位取得退学、博士（法学）。現在、慶應義塾大学大学院法務研究科教授。主著として、『現代国家における表現の自由―言論市場への国家の積極的関与とその憲法的統制』（弘文堂・2013 年）など。専攻：憲法学

和泉田保一（いずみだ・やすいち）
東北大学大学院法学研究科博士課程後期 3 年の課程単位取得退学、修士（法学）（新潟大学）。現在、山形大学人文社会科学部准教授。主著として、「都市計画における開発利益の取り扱いと損失補償について」榊原秀訓編『現代イギリスの司法と行政的正義―普遍性と独自性の交錯』（日本評論社・2020 年）など。専攻：行政法学

岡田順太（おかだ・じゅんた）
慶應義塾大学大学院法学研究科後期博士課程単位取得退学、博士（法学）。現在、獨協大学法学部教授。主著として、『関係性の憲法理論―現代市民社会と結社の自由』（丸善プラネット・2015 年）。専攻：憲法学

西山隆行（にしやま・たかゆき）
東京大学大学院法学政治学研究科博士課程修了、博士（法学）。現在、成蹊大学法学部教授。主著として、『〈犯罪大国アメリカ〉のいま―分断する社会と銃・薬物・移民』（弘文堂・2021 年）など。専攻：比較政治・アメリカ政治

西山千絵（にしやま・ちえ）
東北大学大学院法学研究科博士課程後期 3 年の課程単位取得退学、修士（法学）。現在、琉球大学大学院法務研究科准教授。主著として、「婚姻・家族・『女性／男性』―不平等の現在」論究ジュリスト 36 号（2021 年）など。専攻：憲法学

藤本穣彦（ふじもと・ときひこ）
同志社大学大学院社会学研究科博士課程前期修了、工学博士（九州大学）。現在、明治大学政治経済学部准教授。主著として、『まちづくりの思考力――暮らし方が変わればまちが変わる』（実生社・2022 年）など。専攻：食料経済学、農村資源計画学

向井洋子（むかい・ようこ）
筑波大学大学院人文社会科学研究科国際公共政策専攻博士後期課程修了、博士（政治学）。現在、熊本学園大学社会福祉学部教授。主著として、「住民主体の復興まちづくり計画策定に関する考察―熊本県益城町櫛島地区の事例を中心に」日本復興政策学会論文集 15 号（2020 年）など。専攻：災害復興学、地域政策学

森口千弘（もりぐち・ちひろ）
早稲田大学大学院法学研究科博士課程修了、博士（法学）。現在、熊本学園大学社会福祉学部准教授。主著として、「『教師の教育権』という戦略 ―兼子仁の教育法学とその批判を素材として」遠藤美奈＝植木淳＝杉山有沙編『人権と社会的排除―排除過程の法的分析』（成文堂・2021 年）など。専攻：憲法学、教育法学

山本健人（やまもと・けんと）
慶應義塾大学大学院法学研究科後期博士課程単位取得退学、博士（法学）。現在、北九州市立大学法学部准教授。主著として、「国家と宗教」山本龍彦＝横大道聡編『憲法学の現在地―判例・学説から探究する現代的論点』（日本評論社・2020 年）など。専攻：憲法学

湯淺墾道（ゆあさ・はるみち）
慶應義塾大学大学院法学研究科後期博士課程退学、修士（法学）。現在、明治大学公共政策大学院ガバナンス研究科教授。主著として、『電子化社会の政治と制度』（オブアワーズ・2006 年）など。専攻：情報法

吉川晃史（よしかわ・こうじ）
京都大学大学院経済学研究科博士後期課程研究指導認定修了、博士（経済学）。現在、関西学院大学商学部教授。主著として、『企業再生と管理会計―ビジネス・エコシステムからみた経験的研究』（中央経済社・2015 年）など。専攻：管理会計

【編者】
新井　　誠　広島大学大学院人間社会科学研究科教授
友次　晋介　広島大学平和センター・大学院人間社会科学研究科准教授
横大道　聡　慶應義塾大学大学院法務研究科教授

〈分断〉と憲法——法・政治・社会から考える

2022（令和4）年6月15日　初版1刷発行

編　者　新井　　誠・友次　晋介・横大道　聡
発行者　鯉渕　友南
発行所　株式会社　弘文堂　101-0062　東京都千代田区神田駿河台1の7
TEL 03(3294)4801　振替 00120-6-53909
https://www.koubundou.co.jp

装　丁　宇佐美純子
組　版　堀江制作
印　刷　三陽社
製　本　井上製本所

ISBN978-4-335-35909-5